INMENSO *como el* CIELO, INFINITO *como el* ESPACIO

Si este libro le ha interesado y desea que lo mantengamos informado de nuestras publicaciones, puede escribirnos a comunicacion@editorialsirio.com,
o bien suscribirse a nuestro boletín de novedades en:
www.editorialsirio.com

Título original: Vaster Than Sky, Greater Than Space
Traducido del inglés por Diego Merino
Diseño de portada: Editorial Sirio, S.A.
Diseño y maquetación de interior: Toñi F. Castellón

www.editorialsirio.com
sirio@editorialsirio.com

I.S.B.N.: 978-84-17030-28-5
Depósito Legal: MA-1277-2017

Impreso en Imagraf Impresores, S. A.
c/ Nabucco, 14 D - Pol. Alameda
29006 - Málaga

Impreso en España

Puedes seguirnos en Facebook, Twitter, YouTube e Instagram.

MOOJI

INMENSO *como el* CIELO, INFINITO *como el* ESPACIO

— Lo que eres antes de ser tú —

EDITORIAL
SIRIO

Dedicado a todos
los que buscan la Verdad
en beneficio
de todos los seres

INTRODUCCIÓN

Este libro es fruto del deseo de compartir la sabiduría de Mooji con todos aquellos que buscan la felicidad, la paz y el amor duraderos –es decir, la Verdad, o eso que se suele llamar *autorrealización* (la realización del Ser)– pero que, no obstante, no conocen o no están familiarizados con la autoindagación o con el enfoque no-dual propio del *advaita*. Esta forma de indagar para descubrir la verdad de nuestra existencia es muy simple, directa y eficaz. Sin embargo, al principio puede parecernos compleja e intimidante, y esto se debe a que la autoindagación pone en tela de juicio todas nuestras creencias y conceptos fundamentales respecto a quién creemos ser y al modo en que percibimos el mundo que nos rodea. Mooji a menudo comparte la experiencia de su primer encuentro con la autoindagación tal y como la enseñaba el místico indio Sri Ramana Maharshi (1879-1950), a quien se le atribuye el resurgimiento de esta sabiduría espiritual ancestral:

Tras una experiencia muy intensa que tuve con un místico cristiano en 1987, mi vida experimentó muchos cambios tanto a nivel interno como a nivel externo, los cuales culminaron en mi decisión de dejar de dar clases de arte en la universidad local. Un buen día me sentí atraído a entrar en una librería del centro de Londres especializada en temas espirituales. Lo cierto es que no tenía costumbre de leer libros, pero cuando vi la foto de Sri Ramana Maharshi en la portada de uno de ellos, me sentí inmediatamente atraído por él. Su rostro irradiaba un calor y una luminosidad que me llegaron al corazón en ese mismo instante. Sin embargo, cuando abrí el libro y lo hojeé un poco, mi reacción fue: «¡Cielos! Pero ¿qué es esto?». Sus palabras me parecieron muy intelectuales y enrevesadas –tanto que de hecho pensé que tenía que haber habido algún error al imprimirlo y le habían puesto la cubierta equivocada–. La fotografía de la portada emanaba una gran serenidad, una paz y un silencio muy profundos, pero las concisas instrucciones sobre la autoindagación no era algo que mi ser pudiese asimilar por aquel entonces.

Así es que cerré el libro de Sri Ramana y lo volví a dejar en su sitio. En la misma tienda encontré otro libro cuyo título era *El Evangelio de Sri Ramakrishna*, que me llamó la atención inmediatamente. Aunque yo había recibido la educación propia de la tradición cristiana, la sabiduría del santo hindú Sri Ramakrishna era tan universal que enseguida me conmovió y conquistó mi corazón. Todas y cada una de sus palabras resonaban en lo más profundo de mi ser con gran sincronía, como si hubiera estado esperando encontrar una voz que pudiese confirmar las profundas experiencias que estaba teniendo en esa etapa de mi vida. Después pude saber también que Sri Ramakrishna no era tan solo un gran devoto –un santo *bhakti*– sino también un sabio completamente liberado, según la perspectiva y la experiencia de la senda no-dual del *jnana* –el camino del puro autoconocimiento.

En 1993, se despertó en mí el anhelo de viajar a la India y tuve la oportunidad de hacerlo. En aquel momento pensaba que el único objetivo en ese viaje era poder visitar Dakshineswar, la localidad cercana a Calcuta en la que Sri Ramakrishna vivió e impartió sus enseñanzas. No conocía nada más. No llevaba conmigo ninguna guía *Lonely Planet* ni nada por el estilo. Además, por aquel entonces ignoraba casi por completo todo lo relativo a la espiritualidad –no sabía nada de gurús, de vías espirituales, de meditación ni, ciertamente, del *advaita*–. Lo único que conocía era el amor divino de Cristo y de Sri Ramakrishna. Pues bien, a día de hoy sigo sin haber ido nunca a Calcuta. En lugar de eso, los designios del destino me llevaron a conocer a mi maestro, Sri H. W. L. Poonja, a quien sus seguidores llaman cariñosamente Papaji. Y fue únicamente a través de la gracia y la presencia de Papaji, quien fue discípulo directo de Sri Ramana Maharshi, como de algún modo fui capaz de leer y entender las enseñanzas de Sri Ramana en mi corazón. De lo que me di cuenta de forma inmediata fue de que la autoindagación es el método más directo que hay para llegar a la Verdad. Y, de hecho, *tenía* que ser realmente directo, porque mi capacidad para mantener la atención en algo es muy limitada y tan solo me atraen las cosas que son directas, simples e inmediatas.

En los años que siguieron la gente empezó a visitar a Mooji y a congregarse para estar en su presencia. Algunos simplemente se acercaban y le preguntaban si podían sentarse un rato junto a él, pues sentían mucha paz en su presencia. Otros comenzaron a plantearle dudas y preguntas relacionadas con su propia búsqueda de la Verdad. La capacidad y la habilidad de Mooji para guiarlos surgió de forma espontánea, y lo que comenzó siendo poco más que reuniones informales con poca gente no tardó en convertirse en verdaderos encuentros, o *satsangs*, a los que acudían cientos de personas.

A principios de 2012 Mooji estuvo ofreciendo *satsangs* en Tiruvannamalai, en el sur de la India, para unas quinientas personas. Entre ellas se encontraba Abe Gutmann, un norteamericano natural del estado de Colorado que rápidamente se sintió inspirado por la capacidad de Mooji para guiar a otros seres en el descubrimiento de su verdadera naturaleza con esa claridad, esa sabiduría y ese humor tan implacables. Durante los siguientes cuatro años, Abe fue transcribiendo, seleccionando y editando los *satsangs* a los que asistió tanto presencialmente como por internet. Dichas transcripciones son las que fueron conformando el libro *Inmenso como el cielo, infinito como el espacio*. En los *satsangs*, Abe solía hacer preguntas referentes a las relaciones personales, a la psicología y al lugar que ocupamos en el mundo, porque pensaba que las respuestas a ese tipo de cuestiones podrían ser de gran ayuda para los recién llegados. Este libro ha visto la luz gracias a la dedicación y la persistencia de Abe, quien ha reestructurado el manuscrito en respuesta a los comentarios de Mooji y de su equipo de publicación.

En el verano de 2015 Mooji sugirió que era el momento de terminar el libro y publicarlo. Con gran sincronía –como suele ocurrir siempre en presencia de un maestro–, a los pocos días Abe recibió un mensaje en el que la editorial Sounds True le comunicaba su interés por publicar el libro. Posteriormente el original pasó por varias revisiones y correcciones llevadas a cabo tanto por el equipo de Sounds True como por el de Mooji, las cuales también fueron consultadas con Abe. Este fue un encuentro verdaderamente internacional, con largas sesiones de edición por Skype a principios de 2016, ya que abarcó Rishikesh (India), Monte Sahaja (Portugal) y Nueva York (Estados Unidos). El proceso se fue desarrollando con fluidez y armonía durante las cinco semanas de *satsang* con Mooji en Rishikesh, al que asistieron más de dos mil personas –un hermoso reflejo del espíritu y la gracia de Mooji.

El libro que ahora tienes en tus manos es el resultado de esta colaboración. Que sea una guía de valor inestimable hacia la realización del Ser a través de la implacable luz y sabiduría de la autoindagación.

ESTE NO ES UN LIBRO PARA SER LEÍDO CON LA MENTE

La visión y las enseñanzas de Mooji son increíblemente simples, y el lugar al que nos conducen está más allá de las palabras. No es necesario aprender ninguna práctica o técnica especial; la autoindagación es como mirarnos en el espejo y reconocer nuestro rostro atemporal. Sin embargo –tal y como nos confirma la propia historia de Mooji–, esta introspección puede suponer un reto al principio, pues requiere que nos acostumbremos rápidamente al lenguaje, a la fuerza y a la inmediatez de las indicaciones hacia el verdadero Yo.

Mooji utiliza el lenguaje de una forma fluida y metafórica para ir dándonos pistas que nos van guiando hacia una experiencia interior intuitiva y directa de la Verdad que ya somos, pero de la que aún no somos conscientes. A medida que vayas leyendo, no te fijes demasiado en el sentido preciso de cada palabra, frase o párrafo individual. En lugar de eso, deja que la energía que desprenden estas palabras penetre en tu corazón y en tu ser sin las interferencias propias de la mente que nunca deja de analizarlo y de interpretarlo todo. De este modo, en algún momento, te darás cuenta de que la comprensión ocurre de forma natural por sí misma.

Las indicaciones principales se repiten deliberadamente de distinta forma a lo largo de todo el libro para poder ofrecer de este modo cierto espacio para que esta comprensión vaya madurando y siendo cada vez mayor. La principal indicación que apunta hacia nuestra verdadera naturaleza es muy simple y todos podemos entenderla, incluso los niños. Sin embargo, es muy posible que nos lleve algún tiempo vaciar y liberar nuestra mente de los conceptos sobre lo que consideramos que somos y que tanto atesoramos.

Aunque Mooji trata muchos temas diversos en este libro, en realidad siempre habla del descubrimiento de nuestra verdadera naturaleza. Suele recalcar que, cuando se trata de buscar la Verdad, no es importante saber muchas cosas. Por lo tanto, el énfasis no está puesto tanto en enseñar o aprender sino en el descubrimiento y en la experiencia directa. No te preocupes si ves que algún pasaje no está claro de forma inmediata , o si algo parece no tener sentido. Permite que así sea por el momento y mantente abierto.

Y, más importante aún, cuando encuentres algo que resuene profundamente en tu interior, tómate algún tiempo para estar completamente presente con esa comprensión.

Permite que lleve a cabo su trabajo en tu interior. Mooji suele decir que una sola indicación, si se comprende profundamente y se asimila en el corazón, es suficiente para llevarnos de vuelta al Hogar.

Inmenso como el cielo, infinito como el espacio está impregnado de la sabiduría y la visión de Mooji, y repleto de la apertura, el amor y el sentido del humor que él siempre desprende. Contiene además muchas de las historias y las enseñanzas favoritas de Mooji, así como orientaciones claras para llevar a cabo la autoindagación. El libro está estructurado de forma que sirva de guía para aquellos que no conocen las enseñanzas de Mooji, de manera que pueda ir llevándolos hacia un reconocimiento y una experiencia directa de la Verdad. Para aquellos que ya están familiarizados con estas indicaciones, el libro ofrece una gran oportunidad para profundizar en la comprensión final.

En la primera parte, «Penetrando la Unidad», se presentan las principales enseñanzas y la visión de Mooji. En concreto el capítulo «¿Lo que vemos es todo lo que hay?» transmite la esencia de la autoindagación, y, como tal, se trata de un capítulo al que hay que acudir una y otra vez hasta entender a fondo la esencia de la autoindagación y ser así capaces de usar su poder para llegar a la liberación final.

La segunda parte, «La vida en su expresión dinámica», está basada en cuestiones sobre el lugar que ocupamos en el mundo, las relaciones personales, el trabajo, las dificultades que afrontamos en la vida y temas similares. Mooji no suele prestar atención a este tipo de cuestiones, pero se ocupa de ellas porque para muchos son importantes –en particular para aquellos que se acercan por primera vez a este método profundamente sencillo de indagar sobre nuestra naturaleza atemporal–. A medida que nos va guiando firmemente de vuelta a la fuente de nuestro Ser, Mooji nos demuestra que la Verdad es eminentemente práctica y no está separada de la vida. De hecho, la Verdad enriquece todos y cada uno de los aspectos de la manifestación y, consecuentemente, de la forma en la que la experimentamos.

Este libro ha sido compilado a partir de charlas y diálogos en vivo que se han organizado en función de las temáticas que tratan con el fin de facilitar la lectura. Sin embargo, no pretende ser un tratado exhaustivo de las respuestas de Mooji a tales cuestiones. Como todos los maestros vivos, él responde de forma espontánea según las necesidades del momento y –como ocurre con todos los verdaderos maestros– sus respuestas pueden parecer inconsistentes e incluso contradictorias en ocasiones. Recuerda que, guiado por su intuición, no se limita a responder a la pregunta sino también a quien la realiza.

Inmenso como el cielo, infinito como el espacio no es un libro que esté estructurado siguiendo criterios que pudieran agradar a la mente lógica y condicionada. Mooji conoce la inteligencia innata y profunda que reside en todo ser humano y es a ella a la que apela, reconociendo de este modo en todo el mundo la capacidad para despertar a través del reconocimiento. Él conoce el valor del aprendizaje, del crecimiento y de la expansión que se producen cuando aceptamos el reto de descubrir el Ser que somos y que todo lo incluye:

> En nuestra cultura muchas veces se nos trata como si nuestra capacidad espiritual fuese muy limitada, como si no

tuviésemos ningún poder inherente a nosotros mismos, como si «los que saben» tuviesen que darnos los alimentos bien triturados para que podamos crecer. Sin embargo, es importante que el verdadero buscador comprenda que tiene que estar lo suficientemente abierto para ser profundamente desafiado a despertar la fuerte aspiración necesaria para conseguir la verdadera libertad. Si quieres ser libre vas a tener que romper todos los moldes de tu condicionamiento personal y abandonar tu capullo. ¡Todo buscador sincero tiene que estar dispuesto a pasar por la transformación necesaria que le lleve de la consciencia de la oruga a la libertad de la mariposa!

LA GRANDEZA DEL SER

Me gustaría recordarte la grandeza de Ser, de que todo lo que siempre has necesitado se encuentra en el Ser. Todo lo que buscamos en este mundo que sea verdaderamente duradero –la auténtica felicidad, la alegría, la paz, la luz, el espacio– está dentro de nosotros. Todo ello está siempre presente, pero durante un tiempo no lo vemos porque buscamos la realización y la plenitud en el ámbito de lo efímero, de lo cambiante. Tan solo en el último momento volvemos nuestra atención hacia el Ser. Postergarlo de esta forma no es sabio, aunque sí común.

Durante miles de años los seres humanos hemos estado explorando la naturaleza de lo que somos y el propósito de nuestra existencia en este planeta. Muchos han encontrado aquello que buscaban, pero miles de millones de formas que una vez se llamaron «personas» ya no están aquí, ya se han ido, y ahora es *nuestro* turno; nosotros somos la ola que está viva. Hemos entrado a la manifestación para caminar juntos por la faz de la tierra y para tener nuestra propia oportunidad de encontrar eso que hay en nosotros que es imperecedero. Todos sin excepción tenemos la oportunidad de encontrar la verdadera libertad; nadie está exento ni poco cualificado, pues la luz de la consciencia resplandece en todos por igual.

El mundo nos alienta a observar las cosas desde el muy limitado sentido de identidad personal –un punto de vista tremendamente inestable desde el que intentamos encontrar el equilibrio en un terreno que se tambalea constantemente–. Pero tenemos que aprender a mirar desde la fuente del Ser. Tu Ser ya está aquí, y es *inmenso como el cielo, infinito como el espacio*. Mira desde tu quietud, no desde tu agitación. Para encontrar el silencio y la quietud de tu Ser no tienes que moverte ni siquiera un milímetro del lugar en el que te hallas ahora mismo. Desde ahí puedes observar las corrientes energéticas que tratan de arrastrar tu atención hacia fuera, hacia el ámbito del ruido y de la identidad personal, ahí donde los seres sufren a causa del veneno de la persona, de la toxicidad propia del ego.

Por algún motivo, has elegido este libro; alguna fuerza dentro de ti te ha llevado a encontrar algo más profundo de lo que has conocido hasta ahora. ¡Y es tan sencillo! Empieza por mirar desde el lugar en el que reside tu quietud; ya está aquí presente. Si no te mezclas con ningún sentido del tiempo ni con ningún concepto, te darás cuenta inmediatamente de que te encuentras en el dominio de la neutralidad, de la amplitud, del espacio y el silencio. Incluso cuando el árbol de la mente se está agitando con toda su furia, ese movimiento es observado desde una posición de total quietud.

Aprende a cultivar el hábito de prestar más atención a la estable sensación de Ser, en lugar de prestársela a la agitada sensación de tener que *convertirte en algo*, pues el convertirte en algo nunca tiene fin. Familiarízate con la estabilidad del Ser, acostúmbrate a la sensación de vacío. Es algo que no te va a hacer ningún daño. De hecho, al honrar de este modo a tu Ser, entrarás en un campo de gran alegría, paz, amor, confianza y vitalidad. En esto consiste el verdadero respeto por ti mismo. No perderás nada en lo que respecta al mundo de las actividades –en realidad estas mejorarán, porque dejarás de perder energía y te desprenderás de tus ideas equivocadas–. Es algo en lo que siempre ganas. Me pregunto por qué motivo nos lleva tanto tiempo darnos cuenta de esto. ¿Acaso los frutos que nos ofrece el mundo son tan dulces que pueden competir con la belleza de tu propio Ser?

Esta existencia es poderosa, y está más allá de nuestras capacidades humanas comprender su pleno potencial. No obstante, podemos darnos cuenta de dicho potencial siguiendo los simples pasos que aquí se señalan y que se basan en devolver la atención a ese lugar de quietud que mora en nuestro interior. Es hora de abandonar las actitudes infantiles y comenzar a prestar un poco más de atención a lo que hay realmente aquí. Este cuerpo está sujeto al tiempo, es un cuerpo mortal, pero una presencia inmortal se mueve dentro de él. Mientras tu cuerpo aún esté caliente, usa esta vida corporal para volver a descubrir tu Ser atemporal.

MOOJI

PRIMERA
PARTE

PENETRANDO LA UNIDAD

La Verdad es lo que somos.
Es nuestra naturaleza fundamental, nuestro Ser esencial.
Es el Ser puro, el Uno sin límites,
la realidad última, la consciencia misma.
Pero nos hemos vuelto inconscientes
de la magnificencia de nuestra verdadera naturaleza
debido a lo que nos han enseñado,
a nuestro condicionamiento y nuestra educación,
los cuales dibujan una imagen muy distinta de quienes somos y de
todo lo que creemos.

¿LO QUE VEMOS ES TODO LO QUE HAY?

Hace muchos años, cuando aún iba al colegio, un chico me enseñó una pequeña ilustración. Se trataba de una imagen muy simple en blanco y negro con un tamaño ligeramente superior al de una postal. Me preguntó qué era lo que veía en ella y pensé que me estaba tomando el pelo, porque estaba clarísimo que era un jarrón blanco sobre un fondo negro. Así es que quise saber si se trataba de una pregunta con truco. Pero él me insistió:

—No, de verdad, *mírala* otra vez. ¿Qué es lo que ves?

—Es un jarrón blanco sobre un fondo negro, simple y llanamente –le respondí–. ¡Sin ningún tipo de decoración, tan solo la forma, la silueta! ¿Acaso hay algo más que ver?

—Sí. Hay algo que no ves porque te estás limitando a verlo de una sola manera. –Ahora ya se estaba empezando a impacientar, por lo que acabó revelando–: ¿No puedes ver las dos caras? Tienes que mirar del blanco al negro.

¡Ah! De pronto me di cuenta de que había dos caras idénticas de perfil mirándose la una a la otra. Luego el chico me preguntó:

—¿Y el jarrón? ¿Sigues siendo capaz de ver el jarrón?

Lo cierto es que estaba tan emocionado de haber visto las dos caras que ni siquiera me había molestado en intentar volver a ver el jarrón.

—¡No! ¡Ya no puedo ver el jarrón! ¿Qué le ha ocurrido?

—Mira de nuevo la imagen. ¿Ves? ¡Ahí está de nuevo el jarrón! –dijo el chico tratando de ayudarme.

Yo estuve un buen rato mirando la imagen con atención, hasta que, por fin, ahí estaba el jarrón de nuevo. De pronto, simplemente con un ligero cambio de perspectiva, era capaz de ver el jarrón y las caras simultáneamente.

Obviamente, la imagen no había cambiado en absoluto; el cambio estaba tan solo en mi percepción, en mi forma de enfocarla.

Todos comenzamos viendo la vida desde la perspectiva particular que corresponde a la educación que hemos recibido, la cual nos infunde toda una serie de suposiciones sobre quiénes somos. Para la mayoría de nosotros, este punto de vista condicionado sigue siendo la única perspectiva que conocemos a medida que nos movemos por la vida. Aunque en la faz de la Tierra hay siete mil millones de personas, son muy excepcionales los seres que se mueven por la vida considerando que quienes somos esencialmente, es algo más que cuerpo-mente condicionado –es decir, tan solo el jarrón–. Son muy pocos los que ponen en cuestión sus creencias sobre su identidad o su personalidad y, de este modo, dejan pasar la oportunidad de darse cuenta de su verdadera naturaleza.

La metáfora del jarrón y las dos caras ilustra muy bien cómo percibimos una realidad limitada basada en nuestro condicionamiento, pero en cierto sentido también se queda corta, pues la Verdad hacia la que estoy señalando va mucho más allá del simple hecho de ser capaces de ver las cosas, primero, bajo un nuevo punto de vista y, después, desde múltiples perspectivas; se trata de descubrir que hay una realidad mucho más profunda que lo que vemos y que esa realidad está siempre aquí. Es una Verdad que simplemente tenemos que reconocer como nuestro mismísimo Ser.

La espiritualidad es la búsqueda de la perfecta comprensión, del descubrimiento del Ser, de la Verdad, y ha de suceder justo en el lugar en el que te encuentras. La Verdad que estás buscando está eternamente presente y, por lo tanto, ya tiene que estar justo aquí.

Pero ¿qué es la Verdad? La Verdad nunca puede ser simplemente un manojo de condicionamientos, de creencias o de conceptos –por muy sagrados que estos sean–. No es ningún evento ni ningún objeto distinto a ti mismo que se encuentre en alguna cripta sagrada. Para que la Verdad sea Verdad ha de ser inalterable, inmutable, eternamente presente –aunque en realidad está más allá de toda característica–. No puede ser nada que aparezca o desaparezca, que venga o vaya, pues todo lo que cambia surge *de* ella y regresa *a* ella. La Verdad es lo que somos; es nuestra naturaleza fundamental, nuestro Ser esencial. Es el Ser puro, ilimitado, la realidad última. Es la consciencia misma. Pero nos hemos vuelto inconscientes de la magnificencia de nuestra verdadera naturaleza a causa de lo que nos han enseñado, de nuestros condicionamientos y nuestra educación, los cuales presentan una imagen muy distinta de quién somos y de todo lo que creemos.

Si abres tus ojos internos, verás claramente la Verdad que yace justo aquí, dentro de ti, más allá de todo este desplegarse efímero y transitorio de los fenómenos al que llamamos vida. Está más allá de todo cuanto podemos ver o percibir. Cuando digo *más allá* no me refiero a más allá en términos de distancia, sino más allá en términos de sutileza. La búsqueda de la Verdad no consiste en escapar de las cosas de este mundo sino en comprender claramente su naturaleza efímera. Y –más que eso– consiste también en descubrir que nuestra verdadera naturaleza es en realidad una quietud inherente, desde la cual percibimos incluso los movimientos y los cambios más sutiles de los fenómenos.

Los que descubren la realidad de su Ser más esencial disfrutan de una sensación de paz, de amor y de sabiduría que constituye su perfume natural. Experimentan su naturaleza esencial como la verdadera libertad. Aquí estás invitado a penetrar en la experiencia directa de esa realidad atemporal a través del método de la autoindagación –que constituye la esencia de este libro.

Ver desde nuestra verdadera posición, desde nuestro verdadero Ser, conlleva comprender que la aparición de cualquier fenómeno no implica que sea real por y para sí mismo. Para descubrir la Verdad tenemos que buscar a aquel que observa todos los fenómenos. ¿Puede ser visto este último observador?

¡Qué capacidad, qué poder está aquí presente, dentro de nosotros, que nos hace ser capaces de contemplar y de indagar nuestra propia naturaleza esencial con tanta sutileza! A esta forma de investigar la verdad de nuestra naturaleza y nuestro Ser también se la denomina *satsang*, que significa asociación con la Verdad más elevada. El *satsang* puede presentarse de muchas formas distintas: sentados ante la presencia física de un maestro, siguiendo las instrucciones de un libro como este, trabajando en el jardín, jugando con nuestros hijos, etc. Cuando tienes los ojos para verlo, cada momento de la vida es en sí mismo un *satsang* que te llama para que regreses a casa, a tu Ser ilimitado.

Bienvenido a *satsang*.

EL PODER DE LA AUTOINDAGACIÓN

En el método de aprendizaje tradicional, de niños, comenzamos siendo sencillos en nuestro conocimiento, y a medida que vamos creciendo, nos volvemos más complejos. Ahora, a medida que buscamos la Verdad y que volvemos el foco de atención hacia nosotros mismos, encontramos mucha complejidad al principio; sin embargo, estamos en el proceso de regresar a nuestra simplicidad original.

Algunos dicen que llegar a la realización del Ser es difícil. Yo estoy aquí para demostraros que es justo lo contrario; se trata de algo exquisitamente natural que no requiere esfuerzo alguno. Podríamos preguntarnos, y con razón: «Si la autoindagación es tan directa, entonces ¿por qué no hay más gente que descubra la verdad de quién es realmente?». Como suelo decir, la Verdad es simple, pero aquel que la busca es complejo. Hemos estado pasando por alto lo obvio porque le concedemos demasiada importancia a todo lo que aparece y desaparece en el seno de nuestro Ser. Es como ver tan solo las olas mientras nos perdemos el océano mismo.

La Verdad *está* aquí, así que vamos a echar un vistazo a lo que la oculta. Este es el poder de la autoindagación; con ella, lo que estaba oculto queda expuesto rápidamente y lo genuino se revela. Su impacto es tan inmediato que todo lo irreal no tarda en quedar al descubierto en la superficie, haciendo que seamos conscientes de todo aquello a lo que estamos apegados y de si existe en nosotros alguna resistencia al cambio. Destapamos así todos los escondites y los callejones sin salida de la falsa identidad.

Todo queda a la vista en el *aquí y ahora*. En el campo de energía del *satsang* se procesa en dos o tres días lo que de otro modo nos hubiese llevado entre siete y diez años. Lo que hacemos aquí es dirigirnos directamente a la raíz, al núcleo de la cuestión. ¿Qué necesidad hay de recomendar prácticas arduas y extenuantes que se prolongan durante años y años cuando lo cierto es que la Verdad está siempre presente como nuestro mismísimo Ser? Lo único que hace falta es que reconozcamos nuestra verdadera posición como el testigo último –inmutable y carente de forma.

Cuando digo que las indicaciones que aquí usamos para llegar a la Verdad son directas no quiero decir que el *satsang* sea como una tienda a la que podamos acudir a comprar la iluminación y de la que salgamos hermosos y relucientes. Más bien, incluso cuando somos conscientes de nuestra presencia o cuando disfrutamos de la alegría y la libertad que conlleva la realización del Ser, continúa una suave alerta o vigilancia ante los patrones variables de la mente psicológica. De esta manera, cuando aparece algo que parece velar nuestra verdadera naturaleza, es fácilmente detectado. Si se presenta algún tipo de evasión, alguna pretensión o alguna conducta astuta, se arranca de raíz rápidamente. Sabrás lo que es real y permanente y serás capaz de diferenciar esa naturaleza atemporal de lo que es transitorio.

Algunas personas están cansadas de la práctica, pero esa palabra, *práctica*, no debería ser considerada de forma peyorativa. La autoindagación en sí también es una especie de práctica. Especialmente al comienzo, requiere de una determinación firme y constante, de compromiso y de un cierto sentido de responsabilidad hacia tu propio Ser. Sin embargo, este tipo de práctica no se percibe como una carga sino más bien como una manera de mantener fresco tu propio atestiguar.

PROFUNDAMENTE EN CALMA

En cierta ocasión un grupo de gente acudió a un retiro de silencio que yo impartía en una pequeña isla de Irlanda. Una tarde, vimos uno de esos aerodeslizadores que llevan a la gente a dar una vuelta por el mar.

Estos barcos se deslizan a gran velocidad por la superficie y van dando fuertes golpes contra el agua, por lo que la tripulación siempre te asegura en el asiento con unos cinturones antes de partir. Unos ocho o diez de nuestro grupo decidimos subirnos y dar una vuelta. Como era su costumbre, la tripulación nos ató cuidadosamente al asiento. Llevábamos ya un rato disfrutando en silencio del paseo cuando, yendo el barco a toda velocidad, todo el mundo comenzó a desabrocharse los cinturones para ponerse de pie y poder así disfrutar cabalgando las olas. Sorprendentemente, el capitán no nos dijo que nos sentáramos de nuevo y nos volviésemos a abrochar los cinturones. Ya de vuelta en la orilla le dimos las gracias por ese rato tan fantástico.

Al día siguiente el capitán se presentó en el *satsang*. Justo le estaba contando a todo el mundo esta experiencia que habíamos tenido el día anterior cuando le vi entrar:

—¡Ah! ¡Ahí está el capitán en persona!

Entonces nos dijo:

—He venido porque he llevado a mucha gente a dar un paseo por el mar pero nunca antes había visto a gente tan profundamente calmada. Cuando estábamos fuera, en el agua, todo el mundo estaba muy tranquilo y a la vez disfrutando por completo de la experiencia. Este fue el motivo por el que no me importó en absoluto cuando todos comenzasteis a poneros de pie. Así es que quería venir para ver de qué trata todo esto.

Hay algo profundo en el estar en *satsang* en el corazón. No se trata meramente de algo mental, de un montón de información. De algún modo, el corazón se apropia de la mente. Es casi como si viviésemos la vida con una espiritualidad muda que habla por nosotros incluso cuando no estamos hablando de ella. Algo resplandece desde ese núcleo interno. Por eso a Buda le llamaban «El Radiante». Es algo que resplandece cuando estás libre de tu mente, del pasado, de la intención, libre del deseo y de la identidad.

LIBERANDO TU SER

Si alguien te hiciese una entrevista cada seis meses durante un periodo de treinta o cuarenta años, te darías cuenta de que lo que tuvieses que decir sobre ti mismo sería distinto en cada etapa de tu vida. También podrías reconocer que en cada una de estas etapas estabas invariablemente convencido de que tu forma de ver las cosas pertenecía a una entidad estable al escucharte decir frases como: «¡Es que soy así! ¡No se puede cambiar la naturaleza de las cosas!».

Bien pudiera ser que en un momento dijeses: «Creo firmemente que deberíamos hacer tal y tal cosa», y luego, varias entrevistas después, todo lo contrario: «Creo firmemente que *no deberíamos* hacer tal y tal cosa, y que en lugar de eso deberíamos hacer lo de más allá...». Es un panorama que cambia muchísimo. ¿Cuál de todas estas identidades es tu yo verdadero?

Si te preguntase qué pensamientos estabas teniendo hoy por la mañana exactamente a las 7:44, ¿serías capaz de recordarlo? No. No podemos siquiera recordar lo que pensábamos hoy por la mañana, pero, aun así, contamos historias de cuando teníamos quince años y les atribuimos un gran significado. Transitamos muy a menudo por el terreno altamente inestable de la memoria, que puede verse muy distorsionado. Sin embargo, durante la mayor parte del tiempo permanecemos inconscientes de este hecho.

Incluso cuando comenzamos a examinar más profundamente nuestras propias creencias sobre nosotros mismos y llegamos así a darnos cuenta de que son falsas, de algún modo seguimos convencidos de ser la persona que pensamos que somos en cada momento. A pesar de haber reconocido la naturaleza cambiante e inestable de la identidad, con demasiada frecuencia seguimos identificándonos con la mente, la cual se revuelca en el ámbito limitado del tiempo analizando el pasado en un intento de estar mejor preparada para el futuro:

- «Dije tal cosa, pero debería haber dicho esta otra».
- «Sé que no debería haber hecho eso. ¡No lo volveré a hacer nunca más!».
- «¿Por qué fui?», «¿Por qué no fui?».

Cualquier cosa que queramos conseguir lleva tiempo. Pero ¿qué es aquello que no lleva tiempo alguno y que no requiere ningún esfuerzo? ¿Qué es lo que no pertenece al ámbito del tiempo, lo que no necesita de ningún reloj? Aquí no es ni de día ni de noche. Se abre un gran espacio, y una sensación de paz impregna todo tu ser cuando descubres que eres esta consciencia atemporal, inmutable e intacta en el seno de la cual brotan todas las experiencias. Sabes de forma intuitiva que te encuentras en el lugar correcto dentro de tu verdadero Ser. Reconoces que todas estas burbujas del pensamiento –o, sin duda, cualquier otro fenómeno– no son tu Ser esencial; más bien son generadas por esta gran armonía, por esta unidad que eres, la cual las acoge en su seno.

El paso más simple

El paso que hay que dar para penetrar en la unidad es el paso más simple que pueda haber. Para darlo no es necesario en absoluto tener ninguna formación espiritual o religiosa. «Permanece en tu estado natural» es un mensaje tan claro y directo que incluso puedo compartirlo con los niños. Estos responden muy bien a él y están encantados de permanecer simplemente en esa sensación de ser, sin identificarse con las imágenes mentales o con los pensamientos y sin estar confinados al tiempo o a alguna forma en particular. Si uno simplemente permanece en ese estado, acaba convirtiéndose en algo que no requiere ningún esfuerzo.

El estado de presencia –la sensación «yo soy», «yo existo»– es natural para todo el mundo. No hizo falta que nadie te lo enseñara. Cuando esta sensación «yo soy» se combina o se vincula con otros estados e ideas, parece como si dichos estados pasaran a formar parte de lo que el «yo soy» es. Pero no son inherentes a quienes somos.

Desde una edad muy temprana comenzamos a incorporar muchas suposiciones falsas sobre el mundo, sobre la vida y sobre quién es exactamente ese que la está viviendo. El concepto «yo soy el cuerpo» constituye la creencia fundamental que adoptamos ya desde nuestra primera infancia. Una vez que hemos aceptado como cierto este concepto básico, «yo soy el cuerpo», como lo que somos realmente, entonces podemos comenzar a poner muchos otros conceptos sobre él: «Soy un hombre o una mujer», «Soy ambicioso», «Soy perezoso», «Soy interesante», «Soy intuitivo», «Soy como esto o como aquello otro». De esta forma se establece una identidad psicológica única.

Principalmente asumimos que esta identidad es incuestionablemente cierta, cuando la verdad es que esas creencias adquiridas no forman parte de nuestra naturaleza original. Nos tomamos a nosotros mismos por un cuerpo concreto con una personalidad única, y este punto de vista permanece con nosotros mientras vivimos. Al tomar como cierta esta identificación con la persona nos percibimos a nosotros mismos como una entidad separada en un mundo repleto de muchos otros objetos y entidades separadas.

TODO AQUELLO A LO QUE NOS REFERIMOS COMO NUESTRO –NUESTRO CUERPO, NUESTRA MENTE, NUESTRAS EMOCIONES– NO ES LO QUE SOMOS ESENCIALMENTE.

Si anotásemos por escrito todos los matices particulares de nuestra propia personalidad, podríamos llenar páginas y páginas: «Soy este tipo particular de persona; estas son mis tendencias e inclinaciones, mis sueños, las cosas a las que aspiro, mis posesiones; estas son las experiencias que he tenido y aquí están los certificados que así lo prueban». Pero todo aquello a lo que nos referimos como nuestro –nuestro cuerpo, nuestra mente, nuestras emociones– no es lo que somos esencialmente.

Si esto es demasiado para asimilarlo de golpe, vayamos por partes.

Todo lo que puedes percibir, incluyendo tu propio cuerpo, viene y va. Eres aquel que está viendo el tiempo, los objetos, e incluso los pensamientos y las emociones. A través de los sentidos tienes la capacidad de observar todo lo que se percibe como vida, como manifestación, como existencia. Y detrás de los ojos –en el ámbito del pensamiento, de la emoción y la memoria–, percibes todas estas cosas con tu percepción interna. La sensación de ser una persona en particular también es percibida.

Independientemente de si el objeto percibido es físico –y por lo tanto tiene un color, una forma y un tamaño que se pueden medir– o si lo que se percibe es algo más sutil, como un pensamiento, un sentimiento o una sensación, *todos* ellos sin excepción pertenecen al ámbito de los fenómenos. Es el sentido de «yo» el que los percibe. Por lo tanto, el «yo» tiene que estar ahí primero para poder percibirlos. Se podría decir que es la contraseña para entrar en el gran juego de la existencia. Únicamente después de que haya un «yo» puede haber un «tú», un «otro» –el mundo, los amigos, la educación, los deseos, la religión, etc.

De modo que ahora se debe plantear la pregunta: «¿En qué consiste este "yo"? ¿Quién o qué es "yo"?».

Cuando te plantees este tipo de cuestiones, no busques una respuesta verbal o mental; no te fíes demasiado de la mente y de todo el conocimiento adquirido. En lugar de eso, mira en tu interior y observa a qué se refieren estas palabras. La sabiduría no-dual del *advaita* te invita a que descubras por ti mismo lo que ese «yo» es realmente, independientemente de lo que asumas o imagines que es.

La mayoría de la gente tiene una sensación muy arraigada de ser individuos que conocen bien su propia realidad y están convencidos de que son ellos mismos los que determinan sus propias experiencias. Eso puede ser cierto hasta determinado punto, pero se trata de una verdad menor, una verdad relativa. La gran Verdad es que tú *eres* la consciencia en la cual aparece la idea de ti mismo viviendo una vida y *teniendo* una consciencia. En otras palabras, la «persona» que creemos ser es una idea que emerge en el seno de la consciencia como expresión de la propia consciencia. Esta idea tiene otras ideas sobre sí misma, por ejemplo: «Soy un cuerpo con consciencia que vive una vida independiente».

Este chiste ilustra muy bien este tipo de confusión: un hombre está sentado en la sala de espera del médico con una rana pegada a un lado de la cabeza. Cuando le llega su turno la enfermera le acompaña hasta la consulta del médico, el cual le pregunta al hombre:

—Muy bien, ¿qué está pasando aquí?

Y la rana responde:

—Pues mire, doctor, empezó como un pequeño bulto que me salió en el trasero la semana pasada, ¡y desde entonces no ha dejado de hacerse más y más grande!

¿No te sorprende que fuese la rana la que respondiese? ¡Hay tanto en nuestras vidas que está basado en pensamientos condicionados en los que insistimos en creer! Nos han educado para creer que *tenemos* una consciencia. ¡Yo digo que no! A nivel del cuerpo-mente y de la personalidad somos *producto* y *expresión* de la consciencia.

Pero debido a nuestros condicionamientos culturales heredados y a las formas que tenemos de pensar –todas ellas basadas en la idea de que existe una *persona*–, esta simple afirmación que acabo de hacer –es decir, que cada uno de nosotros, como persona, somos la expresión de la consciencia en lugar del que la crea o la controla– parece totalmente ilusoria, esquiva y difícil de llegar a comprender. Insistimos en que simplemente no lo entendemos. Puede que incluso lleguemos a experimentar náuseas ante esta idea al no estar para nada acostumbrados a pensar de este modo.

Estamos habituados a una cierta manera de pensar, pero hay formas de comprensión que van más allá de la mente y el pensamiento personal y que causan un profundo impacto. El poder de la mente que funciona en su estado intuitivo natural es mucho mayor que el de la mente personal. La mente natural opera de una forma mucho más amplia; no está obsesionada con la actividad ni con la identidad. Es una mente limpia, clara, vacía y fresca, de modo que la vida simplemente se despliega por sí misma. Uno permanece en un estado de completa armonía carente de toda tensión, de todo esfuerzo. La mente natural se encuentra en un estado de gracia.

Cuando estamos establecidos en y como el Ser, lo que sea que vaya a suceder simplemente aparecerá de forma espontánea en el seno de esa unidad. Cuando estudiamos y aprendemos como personas, tan solo podemos funcionar como tales, desde el nivel personal –puede ser como buenas personas, o como personas hábiles y experimentadas–, pero cuando despertamos a la Verdad comenzamos a funcionar y a movernos como todo un entorno. En el momento en el que surge alguna cosa que necesita llevarse a cabo, se reconoce y se pone en marcha un movimiento para satisfacerla. Posteriormente otras corrientes se unen a esta y acaba por convertirse en un río. Vemos como las fuerzas se unen. Entonces somos capaces de observar toda esta matriz de la vida y darnos cuenta verdaderamente de que no es sino el Uno el que está llevando todo a cabo. No nos limitamos meramente a pensarlo, sino que realmente lo vemos con los ojos de Dios.

Llegados a este punto, permite que haya un cierto espacio en el que se pueda producir la comprensión sin que interfiera tu mente lógica. Tu mente no te puede llevar ahí. Simplemente permanece vacío, sin relacionarte con ningún pensamiento, con ninguna intención, ninguna identidad. De este modo, situándote más allá de los esfuerzos de la mente, tienes la oportunidad de descubrir la naturalidad propia de la vida y del Ser.

«Soy el cuerpo» es solo un pensamiento

Por lo general nuestra experiencia de la vida no es «¡yo soy la consciencia!». En lugar de eso, suele ser «soy un cuerpo que tiene consciencia». Pero dediquemos un momento a examinar en profundidad esta idea. No es el cuerpo el que dice: «Soy consciente de ti». El cuerpo nunca ha dicho nada semejante. Tiene capacidad para producir ruidos diversos, pero hasta donde yo sé aún no ha escrito ningún libro ni ha hecho grandes declaraciones. En todo eso, el cuerpo es inocente. Más bien, eres *tú* el que dice: «Soy consciente de este cuerpo».

Todos estamos viviendo en cuerpos que están sujetos al tiempo. Desde el nacimiento de este cuerpo, cada uno de nosotros somos como una vela encendida que se va consumiendo a lo largo de la vida, hasta que, en algún momento, la llama del cuerpo se apagará. Pero *tú* no eres esencialmente el cuerpo, los sentidos o la mente, porque todos ellos le reportan a algo que los observa.

Supón que hubieras aparcado el coche fuera y alguien dijera: «Hay un coche azul con las luces encendidas». Lo que dirías en esta situación sería: «¡Oh, es *mío*!», pero no: «¡Soy *yo*!».

Del mismo modo podemos decir: «Este es *mi* cuerpo. No soy yo, porque yo estoy aquí percibiéndolo. Me veo la mano, pero mi mano no me ve a mí». Se trata de mi mano, no de mí.

«Antes mi vista era tan buena que podía leer la matrícula de un coche a cien metros de distancia, pero ahora casi no puedo ni verte a ti». Se trata de mi vista, no de mí.

«Solía creer esto y aquello, pero ahora ya no tengo esas creencias». Se trata de mis creencias, no de mí.

«Antes tenía muy buena memoria, pero ahora me cuesta incluso acordarme de lo que ha pasado hace tan solo unos días». Se trata de mi memoria, no de mí.

O una relación se termina: «Mi vida se ha acabado. No puedo vivir sin mi esposa». Lo que está acabado es mi *vida,* no *yo*.

De modo que, si dejas a un lado todas las cosas que dices que te pertenecen pero que no son *tú*, te das cuenta de que todo es considerado como secundario respecto de quién eres. El verdadero Ser es lo fundamental, lo primario.

Somos consciencia. El cuerpo es el vehículo a través del cual la consciencia puede saborear la experiencia. Y en el caso de la forma humana, la consciencia tiene la capacidad y la oportunidad de ser consciente de su propia fuente y de poder experimentarla directamente.

Ahora mismo hay una creencia en tu interior que no cesa de repetir: «Yo soy el cuerpo». Para descubrir el Ser que constituye nuestra fuente y nuestro origen tenemos que averiguar quién o qué es ese «yo». ¿Es realmente el cuerpo? La sensación «yo soy el cuerpo» tan solo es un pensamiento en sí misma. Puede que nos parezca una convicción firmemente arraigada, pero eso no hace que sea más real.

Lo que te estoy pidiendo no es que vayas más allá de la identificación con este cuerpo así sin más. No, lo que te pido es que dejes a un lado tanto los pensamientos que te dicen que *eres* el cuerpo como los que te dicen que *no* lo eres. Simplemente quiero que llegues a un punto en el que te des cuenta de que hay algo aquí que es consciente del cuerpo y de todo lo demás que se te presenta. Esa misma consciencia a la que parecen informar el cuerpo y los sentidos también es consciente de los objetos, de la percepción de la distancia, de la altura, del peso, del sentido del «yo» y «los otros», etc. Todo informa a este principio interno esencial que percibe, ¿no es así? Pero la consciencia misma no está atrapada en la burbuja de la experiencia. Es tu mismísimo Ser inconmensurable.

Mira, confirma y sé uno con el Ser consciencia.

Después del pensamiento «yo soy el cuerpo» está el que nos dice: «Yo soy el que lleva a cabo las acciones». Lo que esta idea nos está diciendo realmente es: «Si yo soy el autor de las acciones que llevo a cabo, entonces también soy el responsable de las consecuencias de dichas acciones. E igualmente voy a ser el que disfrute o padezca sus resultados». En la concepción humana, parece totalmente obvio aceptar este tipo de lógica. Así es que juzgamos a las personas basándonos en el concepto de que son ellas quienes llevan a cabo las acciones y quienes tienen los pensamientos.

Sin embargo, aquellos que han profundizado un poco más en su introspección se dan cuenta de que no es del todo cierto que seamos entidades independientes tan firmemente establecidas, por así decirlo, en el asiento del conductor. De algún modo, la fuerza vital, el poder que anima el universo, está presente en cada cuerpo y pone en marcha incluso los movimientos del pensamiento, de las sensaciones y de lo que parecen decisiones. Todo esto ocurre en presencia de la consciencia que lo atestigua, de la cual no puede decirse que sea algo que esté «ocurriendo».

Es indudable que la identificación con el cuerpo es un estado que la consciencia necesita experimentar durante un cierto tiempo, pero en algún momento, la gracia empujará a la consciencia a trascender esta limitación tan severa y la guiará de vuelta al Hogar, de vuelta a su naturaleza original.

Si continúas mirando hacia tu interior de este modo, comenzarás a ver con más claridad. La autoindagación comienza buscando descubrir si la identidad personal, con todo su condicionamiento y toda su idiosincrasia, es quien somos verdaderamente; y finaliza como un espejo en el que se refleja lo atemporal.

AUTOINDAGACIÓN GUIADA
Permanece como el «Yo Soy»

A todos nos resulta familiar la sensación de ser. Sin necesidad de practicar nada, nos referimos espontáneamente a nosotros mismos como «yo». Cualquiera puede confirmar «yo soy», «yo existo». Soy se refiere a existir, a ser. La sensación de existencia está presente de forma natural y nos sentimos totalmente cómodos con ella. Es el inicio de la percepción, y funciona mientras estamos despiertos como el testigo, como el observador sin esfuerzo de todo lo que surge. Esta sensación «yo soy, yo existo» es la forma natural en la que, sin necesidad de que nadie nos lo enseñe, reconocemos nuestra propia existencia.

Pero ¿quién es ese «yo» que soy, ese «yo» que existe? Bien, exploremos juntos esta cuestión. La práctica de la autoindagación es lo suficientemente poderosa como para hacerte abandonar totalmente la identificación con el cuerpo y llevarte hasta una paz estable e inamovible.

> LA PRÁCTICA DE LA AUTOINDAGACIÓN ES LO SUFICIENTEMENTE PODEROSA COMO PARA HACERTE ABANDONAR TOTALMENTE LA IDENTIFICACIÓN CON EL CUERPO Y LLEVARTE HASTA UNA PAZ ESTABLE E INAMOVIBLE.

Comienza con la sensación «yo existo». No lleva tiempo, pues ya está aquí presente de forma natural antes de que aparezca ningún pensamiento. No se encuentra a ninguna distancia de ti mismo, por lo que no has de ir a ningún sitio a buscarla.

No busques el «yo soy»; ¡tú *eres* el «yo soy»! Está aquí de forma natural como consciencia. Simplemente sé consciente de ti mismo.

No permitas que este sentimiento natural de presencia se mezcle con ningún otro concepto, pensamiento o intención. Deja a un lado todas las intenciones del tipo: «Quiero conseguir esto o aquello», «Espero que esta indagación funcione» o «Quiero convertirme en un iluminado». Quédate tan solo con la vibración de la presencia –no meramente con las palabras, sino con la sensación intuitiva y subjetiva de ser– *Soy. Estoy aquí*. Eso es todo.

Puede que la mente se cuele nuevamente y diga: «Bueno, yo no veo nada; esto no funciona» y, a continuación, empiece a hacer de las suyas como siempre, produciendo todo ese ruido relacionado con la persona para volver a captar tu atención. Cuando eso suceda, limítate a permanecer con la sensación de ser, «yo existo». No te preocupes si tu atención comienza a ir a la deriva. Simplemente tráela de vuelta a la sencillez del «yo soy».

Practica esta indagación durante cortos periodos de tiempo, unos cinco o siete minutos cada vez. Al llevarla a cabo da igual si tienes los ojos abiertos o cerrados, si estás sentado o caminando. Al principio es posible que te resulte más fácil realizar esta práctica estando solo. Intenta disponer de un tiempo y un espacio en los que sea poco probable que te molesten, aunque en realidad esto no es ningún requisito o condición previa que sean estrictamente necesarios. Recuerda que, estés donde estés, tu sensación de presencia debe estar ahí. Está siempre ahí sin necesidad de ningún esfuerzo en absoluto. El hecho mismo de que puedas ser consciente de que estás vivo y despierto se debe a que la sensación de «yo soy», o la presencia, ya está ahí en primer lugar.

Tan solo limítate a centrar tu atención en aquello a lo que apunta este ejercicio. Quédate simplemente con la sensación natural «yo soy», con la sensación de ser. Al principio puede que te sientas cansado, como si tuvieses que hacer un gran esfuerzo para evitar que este sentido del «yo soy» se mezcle con otros pensamientos. Ciertamente, habrá otros pensamientos que quieran unirse al juego, pero no te involucres en ellos. Permanece tan solo con la sensación «yo».

Con un poco de práctica, irás viendo de forma gradual que la sensación «yo soy» permanece por sí misma, sin intrusión alguna, y comenzarás a tener una clara sensación de expansión y de paz. Se irá desarrollando en ti un deseo natural de querer permanecer más y más en este estado, pero empieza con estos breves periodos de cinco o siete minutos de autoobservación.

Los frutos de la autoindagación

Si continúas con la indagación poniendo en ella todo tu corazón y toda tu mente, verás como esa identificación tan fuerte con el cuerpo y con el condicionamiento social cambia de forma radical. Ese es un cambio en la idea de quién soy «yo»; se trata de un cambio de orientación que va de ser el propio condicionamiento, del «soy este cuerpo, soy esta persona, soy el hijo de..., soy la madre de...» a ser el testigo, aquel que carece por completo de cualquier sistema de creencias, ese que es sinónimo de la capacidad misma de observar. Llegarás a la comprensión de que eres la alegría misma, y de que todo lo que haces brota de esta alegría, de este espacio inmenso, de esta luz, de este amor. A medida que el sentido de ser una persona condicionada se va debilitando comienzas a experimentar la vida de una forma mucho más amplia, más panorámica. Al principio la vida, tal y como es percibida por la mente personal, puede parecerte muy real; te consideras a ti mismo un «yo» individual que toma sus propias decisiones y vive su vida en función de ellas. Pero después es posible que comiences a verla como una representación teatral que, de algún modo, se va desplegando sin esfuerzo alguno. Llegará un momento en el que te des cuenta de que no es más que una especie de «eseidad».*

Todas estas observaciones no pretenden mistificar tu mente sino llevarla hasta la completa simplicidad de Ser. Aquí puedo hablar así, pero en mi vida diaria no pienso en estas cosas en absoluto. No me voy a la cama por la noche pensando: «Oh, sí, es cierto; la consciencia pura y la mente...». No obstante, siento la necesidad y el impulso de hablar de ello mientras siga sin estar claro para aquellos que buscan la Verdad viva.

---

* N. del T.: *Is-ness* en el original inglés, término creado al efecto que intenta hacer referencia a la propia cualidad de ser, a la inmanencia del existir.

Solemos creer que es muy importante mantener una cierta manera de comportarnos y de hablar. Yo digo que no; hay espacio más que suficiente en mi Ser para ver un poco la tele, disfrutar escuchando música *reggae* o tomarme un refresco de vez en cuando. ¿Por qué no? ¿Cómo podría salirme de mi propio Ser? No hay ninguna necesidad de ser especialmente religioso. Ni siquiera tengo que ser «espiritual». No hay nada que tenga que ser o hacer. Ni siquiera tengo por qué ser yo mismo. Para mí, esto es libertad, más allá incluso del propio concepto de libertad. Soy el Ser inmutable.

Es increíble lo simple que es la vida hasta que se empiezan a volcar sobre la mente las creencias y la identidad. Toda la esfera de la mente, que de forma natural es tan mágica, se ve saturada de energías cuyo propósito es manifestar una existencia personal mundana y limitada. Sin embargo, más allá de la mente cultivada hay otras formas de ver y de percibir más elevadas y refinadas que pertenecen al ámbito del ser despierto. Aquí, todo forma parte de la alegría, de la luz y de la paz. Yo no tengo que vivir la vida, ni tampoco «tengo» una vida que vivir; yo *soy* vida.

YO NO TENGO QUE VIVIR LA VIDA, NI TAMPOCO «TENGO» UNA VIDA QUE VIVIR; YO SOY VIDA.

Llegará un momento en el que te darás cuenta de que este cuerpo nunca ha impuesto ninguna limitación respecto a lo que somos o a lo que existe. Todas esas limitaciones tan solo han sido soñadas. Todo –incluso la aparente falta de armonía o las dificultades– forma parte de esta consciencia mágica y magnífica. Todo es mágico, pero también, de alguna manera, todo es aparentemente normal. Sin embargo, aquel que se libera habita más allá del ámbito de la dualidad como el observador intacto, como la consciencia no nacida.

AUTOINDAGACIÓN GUIADA
No eres nada que se pueda percibir

Cualquier cosa que percibas no puede ser lo que eres.

Simplemente observa este hecho internamente hasta que la mente lo confirme de forma natural. Tú eres anterior a todo lo perceptible. Permanece como esta consciencia. Date cuenta de que todos los pensamientos y las sensaciones, todos los fenómenos, vienen y van en tu presencia.

Sé consciente de que tú ya estás aquí antes de que nada aparezca en la pantalla de la consciencia. Para percibir esto no tienes que realizar ningún esfuerzo. Es como si el ordenador ya estuviera encendido, pero tú no iniciaras la sesión. Simplemente observa. Sentirás cómo una amplitud interna se abre en la inmensidad del Ser. Lleva este ejercicio contigo mientras estés haciendo las cosas de la vida diaria: mantén la atención en la sensación de ser en lugar de ponerla en las apariencias que surgen en el espacio de la mente.

El hecho de permanecer en este estado de presencia revelará fuerza interna y consciencia pura. Sin embargo, es posible que notes que tu mente intenta escapar de ello. Cuando así sea, limítate a observar esa tendencia. Al principio, la fuerza de la distracción puede parecerte difícil de resistir, porque la atención está acostumbrada a ir a la deriva, sin rumbo, pasando constantemente de una actividad mental a otra y enfocada en trivialidades.

A medida que vayas siendo cada vez más consciente de esta tendencia, surgirá una comprensión cada vez mayor. Al continuar atestiguando todo de forma desapegada, el impulso de escapar se irá haciendo cada vez más débil y se sentirá una mayor sensación de presencia. Te encuentras en el mismísimo umbral del despertar, pero no olvides que los hábitos, las tendencias y los engaños propios de la mente psicológica no se trascienden tan fácilmente.

No se trata de que tengas que suprimir esta energía de la mente. Más bien, permanece en el estado del testigo, con su sencilla naturaleza espaciosa y omnipresente. Ese es tu verdadero Ser. Por lo tanto, no pierdas energías ni tiempo intentando controlar la mente; tan solo permanece como la consciencia impersonal. A medida que vayas observando, comenzarás a darte cuenta de que la identidad misma no es más que un pensamiento que va pasando de una historia a otra como un mono que salta de rama en rama. Puede que en el pasado este proceso constante durase horas y horas sin que tú fueses consciente de ello en absoluto. Por el contrario, cuando permaneces como consciencia, descubres que tu propia vibración pasa a ser más abierta, más amorosa y libre; tu propia consciencia se eleva a niveles superiores. Ahora te resultará mucho más fácil pescar a la mente, porque en cuanto tu identidad comience a actuar, se activará en ti una señal de alarma interior que hará que rápidamente te des cuenta de ello. Ahora bien, la cuestión realmente importante es «¿qué o quién es lo que observa y es testigo del actuar de esta identidad?». No dejes que la mente responda por ti. En lugar de eso, intenta comprender lo que se está planteando aquí realmente. No te apresures por encontrar una respuesta; continúa prestando atención. Comprueba y verifica la sensación natural «estoy aquí». ¿Cómo qué estás aquí? Y podrías contestar: «No puedo ver nada en particular, simplemente es una sensación de ser».

Continúa regresando a esa posición de tan solo ser. Desarrolla la costumbre de observar desde y como la presencia, en lugar de hacerlo desde la persona. A través de este estado de presencia crecerán rápidamente tu sabiduría y tu conocimiento intuitivo interno. Comenzarás a vivir en el elevado reino de la presencia, por encima de la región de la mente psicológica en la que reside el sentido de identidad personal. Aquí –en la presencia– la mente personal no puede respirar. Su aparente poder para influir en la presencia se desvanece.

Cuando la idea «yo soy una persona» se depura, lo que queda es simplemente la presencia «yo soy».

Deja tiempo para marinarte en este profundo estado de consciencia-ver-ser. Es el estado de *Satchitananda* –*sat* significa existencia, *chit* es la consciencia y *ananda* se refiere a la dicha o la alegría pura–. Todos los seres aman este estado divino. Todo el juego de la identidad personal emana de él y es sustentado por él durante un tiempo, hasta que surge la madurez suficiente en el estado de persona como para volver a disolverse en el seno de la presencia. Todo esto es el juego divino –*maya*, el juego de Dios.

Más allá de la presencia

Cuando llega el momento adecuado, se produce una maduración aún mayor de la presencia. En el interior del Ser puede surgir la comprensión de que el «yo soy» también es visto, que el «yo soy» también es percibido; se siente también el sentido de presencia. De forma intuitiva se percibe un espacio más profundo, más allá de la presencia, totalmente no fenoménico. Esta maduración de la presencia también es resultado de la acción de la gracia y, como tal, no puede ser comprendida por la mente. No te apresures por llegar a esto. Llegar a la sensación de la presencia pura, sin más, ya es algo tremendo; te encuentras en el terreno de la gracia.

Recuerda que la presencia «yo soy» es el principio divino. «Yo soy» es la luz de Cristo, el ser de Shiva, la consciencia de Krishna. No puede disiparse como una mera ilusión. Es el Ser-Dios activo, la expresión dinámica de la consciencia absoluta. Sin ella no podría haber ningún experimentar, ni la realización del Ser.

Lo Absoluto no se revela mediante el esfuerzo humano. En el momento adecuado, la presencia simplemente comienza a fundirse en él. Si intentamos forzarlo, traeremos de vuelta a la mente y a la persona. Parecerá como si la mente hubiera conseguido un logro tremendo, pero no será más que una falsa realización, un mero estado mental.

La introspección que aquí se ofrece resulta beneficiosa para todos los buscadores. Entrégate completamente a ella con dedicación, y a medida que vayas profundizando en tu indagación verás cómo se despliega de forma natural, como la vida misma se desarrolla sin que tú mismo traces o planees tus movimientos, sin que te midas a ti mismo por los fenómenos que aparecen en tu mente. Todo se vuelve fresco, nuevo, y la atención ya no anda dispersa y sin rumbo como antes; ahora, de forma natural y sin esfuerzo, es una con el Ser inmutable.

Esta autoindagación es tu trabajo interno, el trabajo interno que te llevará a la satisfacción eterna y que te revelará el Ser atemporal.

Ya lo has intentado por el camino difícil…
Ahora, durante un tiempo, inténtalo por
la senda sin esfuerzo, la senda del corazón.
Yo no estoy aquí para poner más peso a tu espalda,
sino más bien para liberarte de la idea de que
necesitas hacer algo para ser tu Ser.
Lo Divino no está ni a un solo milímetro de distancia de ti.
No puede estar nunca separado de ti.
Es el mismísimo centro de tu propio Ser.

LA SENDA DEL CORAZÓN
HACIA LA VERDAD

Algunas personas se sienten muy fuertemente atraídas por la espiritualidad, mientras que otras piensan que los buscadores espirituales no son más que unos debiluchos. Nunca resulta sencillo establecer la causa concreta que hace que surja la atracción por el Ser puro. En la mayoría de los casos esta atracción no conduce a un destello repentino de descubrimiento del Ser, sino a una maduración gradual y progresiva.

Papaji, mi propio maestro, solía contar una historia que ilustra muy bien este punto.

Las pescaderas y la florista

Había un grupo de pescaderas que estaban acostumbradas a atravesar el bosque a pie para llegar al mar. Una vez en la costa, esperaban a que los pescadores regresaran con las capturas. Entonces estas mujeres ponían todo el pescado en unas cestas y lo llevaban sobre sus cabezas de vuelta a la aldea para venderlo.

Un buen día, después de haber puesto todo el pescado en las cestas, tres pescaderas estaban andando por el bosque para volver al pueblo cuando de pronto estalló el monzón sobre sus cabezas. El cielo se llenó de rayos y empezó a llover torrencialmente. El viento soplaba con mucha fuerza y las pescaderas temían que algún coco les cayese encima. Encontrándose todavía en el bosque, y presas del pánico, se encontraron una pequeña cabaña. Era la casa de una florista, y también hacía las veces de tienda. La florista, al ver a las pescaderas corriendo, les gritó:

—¡Aquí! ¡Venid! ¡Refugiaos en mi casa! –Rápidamente, las tres pescaderas corrieron hacia su casa–. No podéis continuar vuestro camino con esta tormenta. ¡Sería demasiado peligroso! Os ruego que paséis aquí la noche. Podéis dejar el pescado fuera para que se mantenga fresco.

Las pescaderas aceptaron con gusto la invitación y pusieron las cestas con el pescado en la veranda. La florista les mostró una habitación que estaba llena de todo tipo de flores: lavanda, jazmín, rosas, etc.

—Pasad aquí la noche, estaréis bien –les dijo.

Así es que las pescaderas se tumbaron en la habitación, pero ninguna de ellas pudo conciliar el sueño. Una de ellas estaba particularmente inquieta y no paraba de moverse.

—¿Qué te ocurre? –preguntó la más anciana de las tres.

—¡No puedo dormir con este olor tan horrible!

—¡Yo tampoco puedo dormir con la pestilencia de todas esas flores en mis narices! ¿Qué podemos hacer? –preguntó la tercera pescadera.

De modo que la más anciana tuvo una idea:

—¡Ya sé lo que podemos hacer! –Se asomó a la veranda, agarró una de las cestas llenas de pescado, la puso un momento bajo la lluvia, luego la agitó un poco para escurrirla y finalmente la metió dentro de la habitación. Ahora, por fin, las tres pescaderas consiguieron dormir como si fuesen bebés. Así de acostumbradas estaban al olor del pescado.

El olor del pescado reconfortaba a estas mujeres y les producía una sensación de bienestar. Para ellas la fragancia de las rosas, del jazmín y de la lavanda era horrible. No eran capaces de disfrutar de las flores. Y eso mismo es lo que nos ocurre a nosotros. Es casi como si tuviésemos que recuperar el gusto por nuestra propia naturaleza superior. Es por esto por lo que la mayoría de las personas se encuentran durante la mayor parte de sus vidas en un estado que podríamos denominar de «cocción a fuego lento»: al estar tan completamente identificadas con su personalidad, si de pronto su identidad se disolviera en la consciencia pura les resultaría totalmente insoportable.

LA LLAMADA DE TU SER INTERNO

Aunque la Verdad está eternamente presente, el aparente trayecto que recorremos para hacernos conscientes de ella tiene lugar en el ámbito del tiempo y el cambio. Cuando te sientes atraído por la Verdad, puede que al principio haya una etapa en la que explores distintos caminos hasta que finalmente encuentres uno que resuene en ti profundamente. Cuando esto ocurre es muy posible que de forma natural aparezca un sentido de compromiso, pero este compromiso no debe ser el resultado de una elección tomada bajo la presión de la idea de que uno *tiene que* tomar obligatoriamente una decisión de este tipo para poder sacar algún beneficio de su propia búsqueda. No; simplemente parece que ahora te arrastra una ola mayor. No es tu cabeza la que elige, sino tu corazón.

Si en tu caso no se produce ninguna elección de este tipo, entonces disfruta de la exploración. Bien pudiera ser que como resultado de ella te dieses cuenta de que el mismo hilo conecta todos estos caminos como si fueran parte del mismo collar, por así decirlo. Una vez que alcanzas la cumbre de la montaña –la cumbre de tu Ser– puedes ver con perspectiva todos esos caminos. Algunos de ellos son cortos y directos, otros son más largos y tortuosos, pero todos ellos son expresiones auténticas de la consciencia.

En 1987 conocí a Michael, un joven que, para mí, era un santo. Solía reunirse con un grupo de gente para rezar y realizar prácticas devocionales, así que empecé a ir con él. Los miembros de su iglesia eran sobre todo gente joven, personas muy dinámicas y sinceras. El único problema que encontré fue que no me gustaba nada el pastor que predicaba en el grupo; sentí que era muy estrecho de mente. En aquel momento los musulmanes se estaban introduciendo en la comunidad jamaicana de Londres, una comunidad que hasta entonces se había caracterizado por su orientación netamente cristiana, y este pastor predicaba que había que tener cuidado con ellos y oponerse a ellos activamente. Yo no sentía que un rechazo así fuese necesario en absoluto, así que la campaña en su contra me resultaba muy molesta. Por este motivo empecé a alejarme del grupo: primero dejé de sentarme en el centro, después me ponía aún más hacia los extremos, luego en el recibidor y, finalmente, al lado de la puerta principal... Acabé por salirme del todo y nunca regresé.

Entonces empecé a moverme por mi cuenta, pero no había ningún problema en ello, porque ya se había producido en mí un fuerte impacto y comenzaba a hablarle a Dios directamente; viví la más bella historia de amor con Dios, y esto fue lo que me dio fuerzas para seguir adelante. Sin embargo, aún me asaltaba alguna pequeña duda de vez en cuando respecto a si había hecho lo correcto abandonando aquella congregación. A veces me encontraba con algún miembro del grupo y me decían asombrados: «¿Qué? ¿Has abandonado a Cristo?».

Cuando empleaban este tipo de lenguaje, yo también me cuestionaba a mí mismo: «¿Será eso lo que he hecho?». Pero después miraba en mi interior y veía claramente que no, que no había abandonado a Cristo. De hecho él estaba –y aún está– muy vivo en mi corazón.

Aun así, pasé por muchas dificultades y todavía me quedaba mucho por aprender, pero siempre recibía desde mi propio interior la orientación que me hacía falta. Ahora, echando la vista atrás, me doy cuenta de que mi vida entera ha sido un desplegarse en el que mi mapa interno siempre me ha mostrado únicamente el camino hacia delante, nunca hacia atrás; todo lo que necesitaba para nutrirme y crecer llegaba a mí de un modo u otro.

Así es que estoy a favor de que la gente explore por su cuenta hasta que encuentre algo que la conmueva profundamente.

Cuando esto ocurre, se percibe como algo que entra en nuestra vida de forma totalmente natural. Puede que te guste el *advaita* y el budismo, o puede que te sientas atraído por alguna otra cosa. Todo eso está muy bien. No te fuerces a asumir un compromiso con ningún método o escuela en particular. Encuentra al Buda o al Cristo en ti mismo. Buda no fue budista, Cristo no fue cristiano. Dirígete a la fuente; no está lejos de ti. No tienes que dar ni un solo paso para llegar a ella, pues está en su totalidad aquí, justo ahora. Encuentra esta Verdad y, cuando lo hagas, puede que descubras que sigues deleitándote y valorando todas esas diferentes expresiones de la espiritualidad. Puedes seguir disfrutando de ellas, pero ahora estarás asentado en el mismísimo corazón de aquello que las une.

ENCUENTRA AL BUDA O AL CRISTO EN TI MISMO. BUDA NO FUE BUDISTA, CRISTO NO FUE CRISTIANO. DIRÍGETE A LA FUENTE; NO ESTÁ LEJOS DE TI.

Por lo tanto, lo que digo es que dirijas tu atención hacia tu interior. No es la religión lo que te está llamando; más bien la llamada proviene de tu propio Ser interior. Puede que en ocasiones aparezca cierta resistencia por parte de tu identidad psicológica, pero, si perseveras, acabarás por descubrir la Verdad última de tu Ser, la fuente de la alegría, la paz y la libertad verdaderas.

LA DEVOCIÓN Y EL AUTOCONOCIMIENTO: DOS ALAS DE UNA MISMA AVE

En cierta ocasión, una mujer que estaba teniendo dificultades a la hora de llevar a cabo sus oraciones acudió a mí en busca de consejo. Me dijo que era algo que antes le encantaba hacer y que confiaba plenamente en el poder de la oración. Sin embargo, cuando comenzó a practicar la autoindagación, empezó a sentir que cuando rezaba su sensación de unidad disminuía –a la par que aumentaba su sentimiento de dualidad–. En su mente, seguía albergando la creencia de que para poder rezar hacen falta dos: por un lado, el que reza, y, por otro, Dios. Pero la autoindagación estaba revelando que tan solo existe una única consciencia que se manifiesta como «muchos». Así es que comenzó a rechazar la oración porque pensaba que la mantenía atrapada en la dualidad.

Este tipo de proyección resulta muy común cuando percibimos las cosas a través del filtro de la mente. Pero desde la posición del Ser puro, las oraciones y los himnos de alabanza al Supremo no son en modo alguno diferentes a la contemplación no-dual. Cualquiera que sea el concepto que tengamos sobre Dios, su realidad pura siempre está más allá de cualquier concepto que podamos albergar. Incluso los no creyentes pueden verse rezándole a un poder superior en momentos de desesperación o de necesidad, pues reconocer este poder forma parte del propio instinto de los seres humanos. Más allá de «yo» y «tú» tan solo existe Uno. Sin embargo, cuando aún estamos atrapados en las garras de la mente, no nos encontramos en posición de descartar a Dios; simplemente todavía no estamos listos o preparados para fundirnos en la unidad.

La oración también puede brotar de forma espontánea a partir de un sentido de intimidad o de confianza en el Supremo cuando hay en nuestro interior un anhelo o una urgencia por descubrir la Verdad. Así es que puede que te veas a ti mismo diciendo cosas como: «Pongo a tus pies todo lo que concibo que soy. Absórbeme en Ti». Aquí es donde se encuentran la indagación y la oración, y una petición de ese estilo resulta tan poderosa que no puede ser denegada. Puede que no tenga sentido para la mente, pero llegarás de forma espontánea a la comprensión y, de este modo, serás transportado a la presencia de Dios. En última instancia no existen diálogos en el mundo; todo es un monólogo divino. Porque en realidad no hay dos. Solo existe la realidad única en su apariencia como muchos. Podríamos decir que, si la dualidad tiene algún sentido, este es el de venerar al Supremo, que, en el sentido más elevado, no es más que el Supremo alabándose a sí mismo.

EN ÚLTIMA INSTANCIA NO EXISTEN DIÁLOGOS EN EL MUNDO; TODO ES UN MONÓLOGO DIVINO. SOLO EXISTE LA REALIDAD ÚNICA EN SU APARIENCIA COMO MUCHOS.

En el caso de que recitar oraciones se considere una práctica, esta ha de ser transformada en algo extremadamente inocente. Cuando un niño llama a su madre: «¡Mami! ¡Mami!», ¿podríamos considerar esta llamada como una práctica? La oración es una súplica, un ruego. Su alma está en el anhelo que subyace tras la petición. Sin embargo, a veces la gente no se siente identificada con la oración. Así es que, si no sientes el impulso de orar, yo te digo que no tienes que hacerlo. También puede ser que no sientas una inclinación natural hacia la oración, pero sí una fuerte atracción hacia la autoindagación. En ese caso, has de saber que la gracia y el poder que te permiten mirar en tu interior también provienen de Dios.

No te hagas tatuajes con ninguna enseñanza

Podríamos decir que la autoindagación es una senda sin senda, y he descubierto que es el camino más directo que existe hacia la Verdad. No obstante, esto no quiere decir que esté en contra de otras vías espirituales, especialmente si en última instancia te guían al Hogar. Cuando recorremos un camino que conlleva la realización de muchas prácticas, por supuesto que con el tiempo podemos llegar a conseguir nuestro objetivo, pero lo que suele ocurrir es que acabamos embarcándonos en un viaje muy largo. También es posible que estés esforzándote bajo el enorme peso que supone llevar una mochila cargada de conceptos y de creencias, y eso también tiene sus riesgos, porque en esas creencias hay muchísimos procesos de pensamiento ocultos y nociones preconcebidas que pueden engañarnos y hacernos tomar un camino equivocado.

En mi caso, cuando la espiritualidad llegó a mi vida, al principio sentí que mi temperamento era más propenso a la devoción, al *bhakti*. No tenía el tipo de mente que quiere comprender y controlar la vida, sino más bien el que prefiere dejar las cosas en manos de Dios. En mí se dio de manera muy natural el ver y aceptar que todo es obra de Dios y vivir en ese estado de humildad y de entrega a su voluntad. Mi actitud siempre ha sido: «Dios, no tienes ninguna necesidad de ponerme a prueba, porque Tú ya sabes que voy a fallar. Todo es Tú y todo es Tuyo».

Como ya he mencionado anteriormente, en mi ciudad de Inglaterra conocí a un hombre de fe llamado Michael y su presencia me conmovió profundamente. Yo crecí en Jamaica, en el seno de una cultura cristiana en la que era muy normal que la gente hablase de Dios y de la fe. La comunidad jamaicana de Inglaterra en la que viví desde mi adolescencia no era distinta respecto a esto. En ella uno podía encontrarse con gente de muy distintas confesiones. Se hablaba bastante de religión y mucha gente se mostraba abierta y flexible, pero otros interpretaban esa apertura como una indicación de estar «disponible para ser convertido», por lo que intentaban persuadir a esas personas y convertirlas en prosélitas de su confesión particular o, al menos, hacer que adoptasen sus creencias respecto a la espiritualidad y a Dios. Así es que yo estaba acostumbrado a este tipo de debates.

Pero este hombre, Michael, era diferente. Al hablar con él no tenías la sensación de que te estuviese intentando convertir para que adoptases su sistema de creencias. Lejos de eso, había algo curioso y particular en su presencia que hacía que me preguntase: «¿Qué es lo que tiene de especial este hombre?». Me sentía reconfortado por su presencia, y esa calidez produjo una chispa que encendió en mi interior un interés por la fe viva que él personificaba. Yo le hacía preguntas y él acogía de buen grado mi curiosidad y calmaba todas mis dudas e inquietudes; me sentía saciado por su presencia y por lo que tenía que decirme.

Entonces, un buen día, vino a visitarme a mi casa. Éramos cuatro personas en total y pasamos un rato muy agradable. Cuando ya estaba a punto de marcharse, le pregunté:

—Michael, la próxima vez que reces, ¿rezarás por mí?

A lo que él me contestó:

—Sí, pero, ¿por qué no lo hacemos *ahora* mismo?

Así que puso su mano sobre mi cabeza y comenzó a rezar. Cuando ya estaba terminando su oración, me di cuenta de que yo mismo también le estaba rezando a Dios. La súplica brotó por sí misma de mi propia boca:

—¡Dios, por favor, ayúdame! ¡Ayúdame!

Ese momento supuso un punto de inflexión en mi vida. Algo ocurrió en mi interior y, de repente, me sentí profundamente alegre, ligero, en paz. Aquella noche no quería irme a dormir, pues creía que si me quedaba dormido esa sensación tan hermosa se desvanecería.

Pero cuando abrí los ojos a la mañana siguiente, aún estaba ahí. En mi habitación había una pequeña ventana, el sol brillaba y se colaban por ella pequeños rayos de luz. Fue como si estuviese contemplando los rayos del sol por primera vez en mi vida, como si alguien hubiese aumentado un regulador de la sensibilidad en mi interior y me hubiese capacitado para percibir a un nivel mucho más alto la sensación de belleza y de armonía que ya estaban ahí presentes. Una paz profunda había inundado todo mi ser –una paz que ha permanecido ahí desde entonces.

Como consecuencia de esto mi vida comenzó a cambiar, y ahora ya nadie tenía que convencerme de lo que yo sabía de forma intuitiva que era la Verdad. Me sentía como si estuviese sentado en el regazo de Dios. Cuando sobrevino ese sentimiento, fue totalmente claro: esto se siente bien. No me hizo falta devanarme los sesos ni pasar por ningún tipo de contorsión mental; supe de inmediato que le ofrecería a esto toda mi existencia. Tal vez aquello fue debido a mi temperamento, pues yo no era un tipo dado a la filosofía con un montón de ideas complejas y sofisticadas. Mis sentimientos eran muy simples; para mí, o bien algo me gustaba o no me gustaba. Puede que esta falta de grados intermedios, de zonas grises

–mi incapacidad para percibir complejidades–, me resultase beneficiosa, porque de este modo no estaba siempre preguntándome cosas como: «¿Es este el estado más elevado de consciencia que puede haber?». En todo caso, en aquel momento no habría sido capaz de responder a ese tipo de cuestiones. Palabras como *consciencia* o *lo Absoluto* ni siquiera formaban parte de mi vocabulario, todavía.

En las primeras conversaciones que mantuve con Michael, él no intentaba convencerme de nada. Todo se daba de una forma muy natural y fluida. Nos poníamos a hablar y sus palabras eran muy simples y sencillas, como si estuviese contándole un cuento a un niño.

Yo le decía cosas como:

—A veces tengo este tipo de sentimiento...

Ni siquiera recuerdo con exactitud lo que le preguntaba, pero era así de simple. Nunca se trataba de nada impresionante o con una gran carga filosófica.

Entonces él me respondía algo del estilo:

—Yo no me preocuparía por eso. Simplemente lo dejaría en paz.

A lo que yo le respondía:

—De acuerdo. Gracias.

Todo era así de directo, sin necesidad alguna de respuestas o explicaciones elaboradas. Yo simplemente comprendía.

También se produjeron cambios en la forma que tenía de moverme por el mundo y de vivir mi vida. El ego aún asomaba la cabeza de vez en cuando, pero yo no lo llamaba ego; simplemente sabía que era la parte falsa de mí –la parte que acarreaba los problemas.

Al principio creía que podía elegir y seleccionar a quién quería dirigir mis bendiciones. Pero este enfoque no funcionó, y lo único que conseguía era complicar las cosas. Lo que yo percibía como mis errores me hacían sentir muy afligido y humillado. El dolor que me producían era mucho mayor de lo que pudiese haber sido antes. Para mí estas lecciones fueron muy intensas y dolorosas; era como si Dios me estuviese dando un manotazo a modo de reprimenda. Realmente era así de simple.

En este proceso de crecimiento no me dediqué a estudiar ningún gran libro. Compré algunos, pero en realidad no tenía ni idea de qué leer. Uno de estos libros trataba sobre las runas, y sencillamente no entendí ni una palabra de lo que decía. En otro, un sacerdote y un filósofo debatían sobre diversos temas, y al leerlo pensé: «Pero en el nombre de Dios, ¿de qué están hablando?». Ese tipo de discusiones me eran totalmente extrañas. Yo estaba centrado en el sentimiento –tan real, tan vivo y tan despierto–, mientras que la vibración y la sensación de las palabras de ese libro me parecían realmente pesadas y opresivas. Me preguntaba quién podría querer seguir esos argumentos de especulación filosófica. ¿Tendría que seguirlas yo? Solo pensar en ello me abrumaba.

Un buen día, en una librería espiritual del centro de Londres, me sentí atraído por una fotografía de Sri Ramana Maharshi que había en la portada de un libro. Su rostro irradiaba un calor y una luminosidad que me llegaron al corazón en ese mismo instante. Sin embargo, cuando abrí el libro y lo hojeé un poco, mi reacción fue: «¡Vaya! ¿Qué es esto?». Sus palabras me parecieron muy intelectuales y enrevesadas –tanto que de hecho pensé que tenía que haber habido algún error al imprimirlo y le habían puesto la cubierta equivocada–. La fotografía de la portada emanaba una gran serenidad, una paz y un silencio muy profundos, pero las concisas instrucciones sobre la autoindagación no era algo que pudiese ser asimilado por mi ser por aquel entonces.

Así es que cerré el libro de Sri Ramana y lo volví a dejar en su sitio. En la misma tienda encontré otro libro cuyo título era *El Evangelio de Sri Ramakrishna*, que me llamó inmediatamente. Aunque yo había recibido la educación propia de la tradición cristiana, la sabiduría del santo hindú Sri Ramakrishna, un devoto de la feroz diosa Kali, era tan universal que enseguida me conmovió y conquistó mi corazón. Por aquel entonces yo era bastante ingenuo espiritualmente hablando –no sabía nada de gurús, de vías espirituales, de meditación ni, ciertamente, de la autoindagación o el *advaita*–. Sin embargo, sentí como todas y cada una de sus palabras resonaban en lo más profundo de mi ser de una manera dulce y mágica. Además llegó en el momento justo, pues por aquel entonces lo que yo quería era encontrar alguna voz que pudiese confirmar las profundas experiencias que estaba teniendo en esa etapa de mi vida.

Después pude saber también que Sri Ramakrishna no era tan solo un gran devoto –un santo *bhakti*– sino también un sabio completamente liberado, desde la perspectiva y la experiencia de la senda no-dual del *jnana* –el camino del puro autoconocimiento.

Todo esto ocurrió simplemente por sí mismo y algo en mí simplemente confió en el proceso que estaba teniendo lugar. Algo tocó mi corazón y penetró profundamente en él, y yo sabía que no se trataba de algo que ocurriese todos los días; era muy fuerte e intenso, y yo sencillamente entré en esa vibración. ¡Cómo podría uno no entrar en ella! Estaba llena de una paz desbordante. Esta sensación de amor era como si una sutil corriente eléctrica me estuviese atravesando el cuerpo, pero de una manera profundamente pacífica. No quería ni irme a dormir para poder continuar en este sentimiento.

En algún momento apareció en mí la necesidad de ir a la India. No tenía dinero, pero la gracia me asistió, esta vez a través de mi hermana, quien me pidió que le pintase un mural con paisajes de nuestra Jamaica natal en el baño de su casa en Londres. Ella era discapacitada, por lo que su movilidad estaba muy reducida. Los dos habíamos crecido al lado del mar en una selva tropical, así que recreé ese tipo de ambiente en el mural y esto a ella la reconfortó mucho. Anteriormente ya había trabajado como artista callejero pintando retratos y como profesor de arte en la universidad, así que me puse manos a la obra con el mural con toda mi atención y mi devoción.

Cuando terminé de pintarlo mi hermana me dio bastante dinero, así que compré inmediatamente un billete para ir a la India. En aquel momento pensé que el único objetivo de ese viaje era poder visitar Dakshineswar, la localidad cercana a Calcuta en la que Sri Ramakrishna vivió e impartió sus enseñanzas. Sin embargo, en lugar de ir a Calcuta, los designios del destino me llevaron a conocer a mi maestro, Papaji, que era discípulo directo de Sri Ramana Maharshi. De lo que me di cuenta de forma inmediata fue de que la autoindagación es el método más directo que hay para llegar a la Verdad. Y, de hecho, *tenía* que ser realmente directo, porque mi capacidad para mantener la atención en algo es muy limitada y tan solo me atraen las cosas que son sencillas, simples e inmediatas.

Es posible que la gente pregunte: «Si Dios es Supremo y lo encontraste en 1987, ¿por qué eso no fue suficiente para ti? ¿Por qué te hizo falta ir a la India y conocer a Papaji, otro ser humano, para poder llegar a la verdad a través del *advaita*?». Probablemente fuese porque en 1987 aún no estaba preparado para relacionarme con mi realidad más íntima. Yo ya sabía que Dios estaba en todas partes y en todas las cosas, pero aún no estaba listo para aceptar mi unidad con este poder supremo.

Michael me había ayudado a abrirme a Dios y a toda la creación mediante la devoción y la oración, pero a partir de 1993, con Papaji, aprendí a reconocer a ese mismo Dios tanto en mi propio corazón como en el mundo que me rodeaba. Entonces, por algún tiempo, me sentí atraído únicamente por esta práctica no-dual de la autoindagación. Y ¿qué es lo que esta indagación me llevó a descubrir? Me di cuenta de que todo es uno: la oración, la indagación, Dios y el Ser. Ya sea mediante la entrega y la rendición verdadera o mediante la autoindagación auténtica, el resultado es siempre el mismo: la liberación de la influencia del ego y del confinamiento que supone la identidad personal al despertar del estado de hipnosis producido por el condicionamiento. La oración y la indagación, la devoción y el autoconocimiento, *bhakti* y *jnana* son como dos alas de una misma ave: el ave de la Libertad.

En la vía de la indagación es posible que llegues a un estado profundamente contemplativo en el que todos esos conceptos que tanto nos enredan queden al descubierto, pues dicha vía tiene el poder de abrirlos y desintegrarlos por completo. En otras ocasiones puede que lo rechaces *todo*, incluida la propia idea de ti mismo. Y en otras puede que te veas rogándole al Supremo: «Libera mi mente del ego y haz que me funda en Ti. Sustituye mi yo por Ti». Y luego puede que tomes la decisión de recitar mantras. Pero no haces todas estas cosas porque tengas algo así como un listado de prácticas que llevar a cabo; más bien se despliegan y se desarrollan por sí mismas. Todo esto también eres tú. Simplemente en un momento aparece de una cierta manera y en otro momento de otra. Pueden darse muchas actitudes y enfoques diferentes a lo largo de este camino, así es que ¡no te tatúes ninguna enseñanza! En lugar de eso, acéptalo todo.

MÁS ALLÁ DE LA MENTE PSICOLÓGICA

Por lo general, solemos creer que ese sentido de nosotros mismos como autores de las acciones ha de estar presente para que las cosas se puedan llevar a cabo. Sin embargo, cuando permanecemos quietos y en calma –y con eso me refiero a cuando no nos involucramos en la actividad del pensamiento y, en lugar de eso, descansamos en la sensación natural de ser–, descubrimos rápidamente que la fuerza vital se expresa por sí misma y que lo hace de forma totalmente espontánea, sin ninguna intención en absoluto. Si le das verdaderamente una oportunidad a esta perspectiva, sentirás la belleza y la armonía de la vida que surgen cuando estás enraizado en el Ser en lugar de en el hacer.

Antes, es posible que la mente tuviese una influencia mucho mayor. Si te decía: «Venga, vamos», tú ibas. Si te advertía sobre algo diciéndote: «No vayas», entonces no te movías del sitio. Podríamos decir que eras el siervo y el esclavo de la mente. Pero a medida que te vas fundiendo cada vez más en el corazón de la unidad, la voz de la mente psicológica se va apagando, hasta no ser más que un lejano murmullo.

Recuerda que cuando digo *mente* no me estoy refiriendo a la mente en su aspecto puramente práctico y funcional. Esa parte seguirá estando presente y activa –y no hay absolutamente ningún problema en que así sea; la mente práctica no es la que deja tras de sí el hedor de la identificación.

En cambio, la mente *psicológica* es ese aspecto de la consciencia que está totalmente identificado con la historia personal y que además está confinado en ella, limitado por ella. Es la parte de la mente que habla del pasado y que proyecta eventos en el futuro, la que intenta controlar la vida y hacer que esta se ajuste a las ideas que tiene sobre cómo deberían ser las cosas. Te ofrece todo tipo de sugerencias, de excusas y de distracciones, pero en realidad deriva su existencia únicamente de tu propia atención e interés en ella; su vida depende de que creas en ella. Puede que incluso llegue a decir que no eres lo suficientemente bueno como para alcanzar la autorrealización.

Y en realidad puede que no esté del todo equivocada, porque tú –como la idea que tienes de ti mismo– ¡ciertamente *no eres* lo suficientemente bueno! Si quieres ser libre tienes que trascender el aspecto personal de la mente. Date cuenta de todas esas sugerencias que te va haciendo la mente y, aún más importante, sé consciente de a qué «yo» se está dirigiendo. ¿A quién le está hablando la mente? ¿Se dirige al verdadero Ser?

En el caso de la mujer que estaba teniendo problemas con la oración de la que hemos hablado antes, ¿qué es lo que había en ella que era capaz de observar y percibir la disminución de la sensación de unidad y el aumento de la sensación de dualidad cuando rezaba? ¿Qué es lo que observa esos cambios, esas fluctuaciones? ¿Qué tamaño tiene, y con qué vara podríamos medirlo? Este tipo de cuestionamiento es la esencia de la autoindagación.

Mantente en calma, tranquilo, en reposo, y simplemente observa. Encontrarás que la respuesta a todas estas preguntas eres *tú*, pero no tú como ego. El ego también tiene la capacidad de atestiguar, pero lo hace por propio interés. Cuando nos damos cuenta de esto, es como si un espacio mucho más profundo se abriese por detrás del ego y nos quedásemos tan solo con un atestiguar desnudo, con el puro presenciar. Esto es lo que eres tú en realidad, la consciencia «Yo soy», que es testigo de todos los fenómenos, incluyendo también al ego y al aumento de la sensación de dualidad. Vemos que se trata tan solo de movimientos que tienen una duración momentánea; si no les haces demasiado caso, ni siquiera contarán como cosas que hayan ocurrido.

EL EGO TAMBIÉN TIENE LA CAPACIDAD DE ATESTIGUAR LO QUE OCURRE A SU ALREDEDOR, PERO LO HACE POR PROPIO INTERÉS.

Hasta que –y a menos que– la mente diga que algo está ocurriendo, a nivel de la experiencia no está ocurriendo nada. Cuando le conferimos fuerza a la mente psicológica al darle importancia, esta nos intimida y sufrimos por la tiranía que ejerce sobre nosotros. Es como una nación que vende armas a sus enemigos. No obstante, incluso esto no es más que una apariencia. En realidad, no es cierta; *tú* eres el que determina si un fenómeno particular tiene fuerza y es relevante o no. La mente que está circunscrita al marco psicológico no puede de ningún modo intimidar al Ser puro;

únicamente puede intimidar a la idea que tenemos respecto a lo que somos.

De modo que, si te sientes atraído hacia la autoindagación, deja de lado todos esos conceptos con los que juegas y te entretienes y limítate a indagar. Si tienes inclinación por la oración, entonces reza. Pero no asumas la idea de que estos dos enfoques son mutuamente excluyentes. No te aferres ciegamente a ninguna idea ni a ninguna expresión particular. ¡No seas un caballito que sabe solo un truquito! Simplemente sigue las indicaciones y experimenta los resultados. No tienes por qué llegar a ninguna conclusión como: «Muy bien: creo en este o en aquel método». El objetivo no es creer en nada sino llegar a ese espacio que está más allá de las creencias, alcanzar la perfecta comprensión. No obstante, si las creencias te ayudan a romper las superestructuras de la identidad egoica, entonces están sirviendo a su propósito. El sabio mantiene una mente abierta hasta que la comprensión le llega de forma natural y sin forzarla.

LA SENDA DEL CORAZÓN HACIA LA VERDAD

Toda práctica espiritual, o *sadhana*, debe surgir a partir de un auténtico anhelo interior. No debería provenir meramente de una proyección mental, de un deseo de llegar a algo concreto o de sacar ningún beneficio particular de ello; la *sadhana* no es algo que se deba realizar de forma mecánica.

Algunas prácticas espirituales son lentas y complejas, mientras que otras, como la autoindagación, son totalmente directas e inmediatas. Cada una de ellas se adecua al temperamento particular del buscador. Hay buscadores que, aunque disfruten de la vía de la espiritualidad, secretamente pueden tener miedo a alcanzar realmente su destino, mientras que otros están hartos de practicar y lo único que desean es descubrir de una vez la Verdad. Esta última actitud –la de la inmediatez– está viva; me gusta cuando veo que la gente tiene esta sensación de urgencia, porque es precisamente en ese punto cuando el milagro de la existencia puede comenzar a revelarse a sí mismo.

Yo hablo directamente y sin rodeos porque no quiero poner ningún obstáculo entre el buscador y aquello que busca; siempre que se presenta la ocasión de apuntar de forma directa a esta Verdad, aprovecho la oportunidad. En última instancia, aquello que imaginamos que obstaculiza nuestro acceso a la Verdad no es real, porque nosotros mismos *somos* la Verdad. Soy perfectamente consciente de que esto no es fácil de entender, pues albergamos una creencia muy firme en nuestra propia identidad como la persona que está buscando la Verdad. Pero no necesitas ir a ninguna parte para encontrar la Verdad. ¿Cuál es el objetivo de tus esfuerzos? ¿Qué estás intentando conseguir con ello? La Verdad es exactamente lo mismo que ese que percibe el esfuerzo que se está realizando.

Cuando comprendas lo que digo, te darás cuenta de que todos los esfuerzos se realizan únicamente para intentar encontrar a ese que está observando los esfuerzos; todos los esfuerzos que haces son observados en ti, en tu interior. La Consciencia misma absorbe todos los ejercicios y todas las prácticas.

Aunque algunas prácticas pueden resultar beneficiosas para el cuerpo físico y el energético, es sobre todo a la mente a la que le gusta realizar esos ejercicios. Es ella la que quiere llevar a cabo las *vasanas*, la que se desplaza por los *chakras*, la que hace ejercicios de respiración, la que limpia el aura por medio de cristales y de luces azules... A la mente le gusta estar ocupada y tener el mando, por lo que todos esos esfuerzos te hacen sentir que eres tú el que está *haciendo algo* para llegar a la realización del Ser. Pero créeme si te digo que es mejor que abandones la idea de que tú puedes realizar alguna práctica para llegar a la iluminación, pues esta idea no es más que una trampa y lo único que consigues con ella es reforzar tu sensación de ser una persona.

La mayoría de las veces, nos posicionamos como socios de la mente en vez de contratar sus servicios como empleada, y esto hace que pueda vetar cualquier cosa que propongamos. Yo te estoy señalando la consciencia directamente, pero la mente quiere evitarla y hacer que sigas dormido. ¿Por qué? Pues porque la mente no quiere renunciar a su poder. Parece adueñarse y reclamar para sí todo lo que ve –tanto lo que es físicamente visible como todo aquello que pertenece al ámbito de las emociones y de los recuerdos–. Pero, en última instancia, a la mente no le queda más remedio que admitir: «Puedo engullir cualquier cosa, cualquier fenómeno, pero no puedo devorar a la consciencia, pues es ella la que me engulle a mí».

La vía sin esfuerzo

Es posible que hayas llevado a cabo muchas prácticas diversas y que hayas obtenido algún beneficio de ellas, pero ahora te has sentido atraído por el camino simple y directo de la autoindagación. No te voy a dar un sistema con diecisiete pasos que seguir ni nada por el estilo. ¡No tienes que dar ni un solo paso! Depón tus armas por un instante, abandona todas tus técnicas durante un momento y descansa un poco. Siente nuevamente tu corazón.

Ya has intentado ir por el camino difícil... Ahora, durante un tiempo, prueba a recorrer la senda del corazón, el camino sin esfuerzo. Yo no estoy aquí para echarte más peso a la espalda, sino más bien para liberarte de la idea de que necesitas hacer algo para ser tu Ser. Lo Divino no está ni a un solo milímetro de distancia de ti. No puede estar nunca separado de ti. Es el mismísimo centro de tu propio Ser.

No hay nada que pudiese hacerme más feliz que ver cómo se abren los corazones de todo el mundo para descubrir el Ser. Y lo cierto es que no veo ningún impedimento real para que se produzca este despertar salvo el miedo, la obstinación o la fuerte identificación con la propia sensación de ser una persona autónoma e independiente. Pero estos obstáculos aparentes no son nada nuevo, así que a estas alturas ya deberíamos conocer bien sus puntos débiles. Todos ellos se pueden eliminar, pues ninguno es más grande que el Ser. Puede que de vez en cuando vuelvan a formarse, pero puedes hacer buen uso de estos retos si los consideras como espejos en los que ver reflejado tu propio Ser.

La simplicidad del Ser, la naturalidad del Ser, no requiere de técnica, estrategia, plan, conocimiento o aprendizaje alguno. Deja de cultivarte. Tan solo permanece quieto y en calma durante un instante. He descubierto que vivir en esta inmediatez es vivir en la cima del mundo. Pero la humanidad se ha olvidado de confiar en que el viento de la gracia hinchará sus velas y, en lugar de eso, ha puesto una enorme cantidad de energía en sus inútiles esfuerzos.

¡No te preocupes demasiado por las cosas! Cuando dejamos de preocuparnos, nuestros ojos vuelven a resplandecer, nuestro corazón se abre, se vuelve claro y puro y sentimos que en la vida el viento siempre sopla a nuestro favor. La gracia va contigo y te acompaña allá a donde vayas; es la que te lleva a lo largo del camino. De hecho, la gracia ya está ahí incluso antes de que tú llegues al lugar al que te lleva.

La Divinidad está justo aquí, justo ahora, y sin embargo parece que no somos capaces de encontrarla; aunque debería ser obvia, nuestros hábitos parecen ocultar lo Real. Sigue este simple consejo y sal por fin de la jungla de la mente. Descubramos juntos esta Verdad. Yo tan solo te estoy recordando la simplicidad de tu Ser, ese Ser que nunca puede corromperse o volverse impuro, que nunca se equivoca, que jamás podrá ser destruido, que nunca podrá caer en manos del diablo y que nunca morirá. No puedes dañarlo, ni tampoco mejorarlo, pues siempre es perfecto. Ábrete a su presencia; no es distinta a ti. Es la gracia la que te ha traído hasta aquí, y es la gracia la que te está asistiendo en tu despertar.

A lo que estoy apuntando es a *Brahman*, la Realidad Suprema.

Brahman es como el sol, que simplemente siendo hace posible que todas las formas de vida surjan en sus diferentes manifestaciones, cada una respondiendo a la misma luz. Todo florece en un estallido de formas y colores y, sin embargo, al sol no le preocupan las flores ni el agua, las nubes o la lluvia. No obstante, gracias a él todas las formas de vida pueden desplegarse en su manifestación dinámica.

Del mismo modo, una vez que somos conscientes de nuestra totalidad, de nuestra plenitud, dejamos de ser los cuidadores de algún aspecto particular de la existencia. Así de poderosa y de grande es la manifestación, la presencia y la fuerza vital de aquellos cuyo papel en la vida es ser los sirvientes de esa totalidad.

Tan solo *Brahman*, la Realidad Suprema, es real.
Más allá de todo género, de todo opuesto,
y en cuya presencia,
mediante la consciencia y la mente,
tiene lugar la danza de los opuestos interrelacionados.
Pero *Brahman* en sí mismo
no está contenido en ese juego de los fenómenos.
Brahman es la Realidad Suprema, intacta.
Es *Brahman*, e incluso cuando se proyecta a sí mismo
como el instrumento
a través del cual la dualidad puede manifestarse,
no puede dejar su propio Ser.

A *Brahman* no le preocupa directamente
lo masculino o femenino, la izquierda o la derecha,
la estabilidad o el desequilibrio.
No sabe nada de todo eso.
Todas estas cosas son para los humanos, no para Dios,
que está más allá de todas las preocupaciones.

Está completamente más allá:
un más allá que se refiere a la sutileza, no a la distancia;
pues a medida que la mente se va haciendo más sutil
y la consciencia más refinada,
las transacciones conceptuales van cesando;

las especulaciones, las proyecciones y
las interpretaciones llegan a su fin.
Lo único que permanece es la pura percepción impersonal
surgiendo en la majestuosidad del Ser.

Toda dualidad se acaba
cuando nos disolvemos en *Brahman*
mediante la perfecta comprensión.
Ya no hay ninguna sensación de una entidad
que necesite decidir nada.
Somos la plenitud misma y avanzamos como la Unidad.

A lo largo de milenios ha habido muchos seres
que han buscado la Verdad,
la raíz de su propia existencia,
y ahora sus cuerpos han perecido.
Ahora es nuestra oportunidad para vivir
en la búsqueda de la Verdad.
Al dar prioridad a esa búsqueda,
nos situamos en la vanguardia
de la experiencia humana.
¿Encontraremos por fin aquello
que es imperecedero, inagotable,
atemporal e indestructible
–aquello que verdaderamente somos?

TRASCENDER NUESTRO CONDICIONAMIENTO

La idea que tenemos respecto a lo que somos configura el mundo que percibimos y la manera en la que nos vemos tanto a nosotros mismos como a los demás. La gente suele creer que su forma de ver el mundo es la correcta. Pero ¿son verdaderamente objetivas las ideas que tenemos sobre lo que consideramos que somos y nuestra concepción del mundo tal y como lo conocemos?

Si fuesen objetivas y estuviesen basadas en hechos reales, entonces aquello que considerásemos como cierto tendría que ser cierto también para todos los demás. Pero eso no concuerda con nuestra experiencia. Del mismo modo que no podemos compartir nuestros sueños con nadie más, ni siquiera por medio de describirlos –pues compartirlos poniéndolos en palabras no equivale a tener la misma experiencia íntima del sueño–, igualmente todo aquello que vivimos cuando estamos despiertos es único y exclusivamente nuestro.

Asumiendo un punto de vista personal el mundo nunca se va a poner de acuerdo en nada; a nivel del cuerpo-mente y de la personalidad, siempre va a haber desacuerdos en el seno de toda nación, de toda tribu, e incluso dentro de cada familia, porque las olas mentales y las corrientes de interpretación son únicas y distintas para cada uno. Dos personas nunca pueden percibir algo de forma idéntica.

La gente suele decir que tenemos que llegar a ser una gran familia. Pero ¿no es simplemente una fantasía espiritual que seamos capaces de unirnos y formar un único mundo en el que las personas se amen las unas a las otras?

Para empezar, en el mundo hay muy pocas personas que quieran realmente que la humanidad llegue a ser como una gran familia. Mucha gente dedica su vida entera a asegurar que el amor universal y la cooperación no lleguen a producirse: «¡No queremos que se unan a nosotros! Somos nosotros los que sacamos provecho, así que, ¿por qué tendríamos que compartirlo con ellos?».

No es posible conseguir un amor universal y omniabarcante a través de la mente; solo puede suceder a través del corazón. Y para poder habitar en el corazón tenemos que ir más allá de las limitaciones de la personalidad y del ser condicionado.

Suelo decir que uno ha de ser como la vaca que saltó sobre la luna. Crecí escuchando esa canción infantil que dice: «Tirintintín, el gato y el violín, la vaca por encima de la luna saltó». ¿Puedes ser tú la vaca que salte por encima de la luna? Y ¿cuál es la luna por encima de la que has de saltar?: tu mente. Confía en que lo que puede parecerle imposible a la mente es totalmente posible para tu Ser más íntimo. Has de ir más allá del funcionamiento del cuerpo-mente, porque en ese dominio absolutamente nada es estable; tienes que saltar por encima de la luna de tu mente. Has de saltar totalmente fuera de este dominio. Y, una vez que consigas salir de él, serás plenamente consciente del lugar en el que siempre has estado.

A veces uno necesita que le provoquen un poco para hacer cosas que, como persona, nunca haría. De otro modo, todo tu progreso quedará limitado al ámbito de la mente. Si permaneces únicamente como persona, la mente acabará siendo un campo de minas. *¡Boom!*

Tú no eres ni la persona ni la mente. Ambos no son más que movimientos que tienen lugar en el seno de una consciencia mayor. Lo que estoy haciendo es volver a dirigir tu atención hacia la consciencia, tu Ser más puro.

TRASCENDER LOS CONDICIONAMIENTOS CULTURALES

Los condicionamientos culturales determinan lo que creemos que somos en cada etapa de nuestras vidas. Son pocos los que en algún momento ponen en duda o superan las creencias que han recibido de la familia y de la sociedad durante sus primeros años. Tan solo cuando volvemos a establecernos nuevamente en el núcleo central de nuestro corazón podemos decir que somos un ser universal. Hasta ese momento, todos nos limitamos a ser tribales. Pertenecemos a tribus conformadas por distintas normas culturales que no solo nos imponen una serie de expectativas y de inhibiciones particulares, sino que también fomentan ciertas ambiciones en nosotros.

El hecho de ser la consciencia expande nuestro sentido de ser. Dejamos de ser tan propensos a permanecer en este ser tan sumamente localizado y definido, con sus ideas tan estrechas. Nuestro ser no tiene tamaño alguno, pero mediante el proceso de la culturización es como si quedase apretujado y constreñido dentro de una forma rígida. Lo que estoy haciendo ahora es soltar las correas de esa camisa de fuerza.

Cuando hablamos de Cristo, de Buda o de Krishna, nos referimos a aquellos que han conseguido dejar atrás todo condicionamiento. Pero esos seres también estaban hechos de carne y hueso como tú y como yo. Disfrutaron igual que tú lo haces de la contemplación de la luna y del olor de la lavanda. Entonces, ¿qué es lo que tenían de distinto estos seres? Únicamente que trascendieron las limitaciones impuestas por el condicionamiento –incluyendo el condicionamiento fundamental de ser una persona– y despertaron de la hipnosis de todo aquello que parecía interponerse en el camino del autodescubrimiento, del descubrimiento del Ser.

Cuando hablo de condicionamientos culturales, he de reconocer que no todos los condicionamientos son malos. Además, sin duda, son también inevitables –del mismo modo que todos los peces del océano están mojados, todos los seres del mundo están condicionados–. Algunos condicionamientos pueden ser positivos. Yo mismo podría decir eso respecto de ciertos aspectos de mi propio condicionamiento, como por ejemplo el respetar a los ancianos, ser amable con los demás o abrazar las enseñanzas de Cristo. Son formas de condicionamiento que me alegro de haber recibido.

Sin embargo, a medida que vamos creciendo y recibiendo una educación, se nos inculcan muchos malos hábitos e ideas falsas a las que nos apegamos. Cuando llega el momento de ir verdaderamente más allá de los límites de nuestro propio condicionamiento cultural, esas ideas tienden a quedarse adheridas a nosotros como si fuesen velcro; queremos quitárnoslas de encima, pero hagamos lo que hagamos siguen ahí. Puede que nos digamos mentalmente que deseamos librarnos de ellas, pero el apego hace que la propia mente se refrene y no consiga su propósito. Es entonces cuando acudimos a alguien que realmente lo haya hecho y que pueda mostrarnos la manera fácil de conseguir aquello que a nosotros nos parece imposible. Y por ese motivo el *satsang* cumple su función en este gran juego al que llamamos vida; su propósito no es reemplazar los condicionamientos culturales por los espirituales, sino hacer que reconozcas y percibas tu propia e inherente naturaleza ilimitada.

La manera más eficaz de trascender las limitaciones culturales consiste en regresar al espacio de la consciencia. En lugar de centrarte en llegar a ser universal, pon tu atención en descubrir la consciencia misma. Entonces estarás inmerso de forma automática en tu universalidad y dejarás de verte restringido y oprimido por ningún tipo de condicionamiento.

Siguiendo el paradigma de una cultura particular puedes llegar muy lejos y alcanzar grandes logros, pero si a la postre sigues albergando en tu interior la idea de *nosotros* y de *ellos*, entonces no has completado tu despertar, porque la consciencia pura está más allá de toda categoría. Ni siquiera se trata de creer que hemos trascendido los prejuicios culturales, sino únicamente de estar abiertos a otros puntos de vista, porque ahora tenemos la capacidad de entrar en distintos modos de consciencia y de percibir las cosas desde ángulos diferentes. Poder comprender cómo los demás ven las cosas desde sus diferentes puntos de vista constituye una forma de vivir extremadamente compasiva. Y cuando la gente ponga de manifiesto las distorsiones del pensamiento culturalmente limitado, incluso si no dices nada, si no cuestionas a esas personas ni intentas guiarlas hacia un punto de vista más universal, la propia apertura de tu corazón y la inmensidad de tu Ser las afectarán enormemente.

Una vez que ya has descubierto el espacio de la consciencia como tu Ser, tu verdadera naturaleza aún sigue expresándose a sí misma de una forma única y puede conservar todavía un cierto aroma de la localización de la consciencia a la que llamamos cultura. Las culturas también son hermosas y forman parte de la danza de la vida. Todas ellas tienen su lugar en el gran tapiz del mundo manifiesto. Es algo bello, pero ya no lo es tanto cuando la única perspectiva que se conoce es la de esa cultura en concreto –la de la cultura particular en la que nos haya tocado vivir.

Hemos de llegar a conocer la base, el fundamento, la raíz, la matriz misma de la que nacen todas las culturas y a partir de la cual toman su expresión. Y esa matriz no es otra que tu propio Ser. Expresar este tipo de cosas me llena de alegría, pero aún me alegra más ver cómo esta comprensión florece en el mundo. No se trata de que le pidamos a la gente que vaya predicando esto por el mundo. No. Basta con que *seas* esto. ¡Tú *eres* esto! Algo que sucede de forma automática es que, a medida que vas descubriendo tu naturaleza esencial, tu propia existencia se va ensanchando y tu forma de percibir se vuelve panorámica.

Percibimos lo que concebimos. Si tus concepciones están basadas en paradigmas culturales –y, por lo tanto, están limitadas por ellos–, entonces es como si vivieras en una especie de carril fijo del que no puedes salir. Como resultado directo del hecho de permanecer circunscrito a esta forma de ver las cosas, es muy probable que consideres que los otros paradigmas culturales están de algún modo descarrilados o equivocados. Muchas veces el propio contraste en sí es visto como una oposición, y esta tendencia genera muchos conflictos.

> PERCIBIMOS LO QUE CONCEBIMOS. SI TUS CONCEPCIONES ESTÁN BASADAS EN PARADIGMAS CULTURALES –Y, POR LO TANTO, ESTÁN LIMITADAS POR ELLOS–, ENTONCES ES COMO SI VIVIERAS EN UNA ESPECIE DE CARRIL FIJO DEL QUE NO PUEDES SALIR.

Aquel que trasciende el ámbito de la dualidad entra en un campo mucho más amplio y amable: el descubrimiento del Ser universal, de la consciencia pura en sí misma. Es algo que me hace sentir profundamente feliz. Es como si el mundo de lo manifiesto existiese primordialmente en el reino de la mente, e incluso en sus más altas formas de expresión –lo que podríamos denominar la mente cósmica– dicho reino sigue estando fundamentalmente conectado con nuestra mente. Pero, en cambio, la consciencia está más allá de toda categoría y de toda característica. De hecho, es la esencia y el corazón de todas las cualidades.

¿Acaso hay algo cuyo descubrimiento pudiese producirnos más alegría que esto?

MÁS ALLÁ DEL TRIBALISMO RELIGIOSO

Estamos condicionados no solo por las expectativas culturales de la sociedad a la que pertenecemos, sino también por las influencias de las religiones propias de esas culturas. Al igual que ocurre con la identidad étnica o nacional, podríamos decir también que toda religión es una tribu. No hay nada de malo en ello, pues todas las formas de expresión religiosa han surgido a partir de la cultura humana. Podríamos decir que es el Ser Supremo el que las crea por compasión para atender a cada pueblo en función del temperamento particular de cada cultura. Dentro de esta gran variedad de expresiones culturales, podemos ver los grandes ríos religiosos de la vida, de creyentes y no creyentes, todos fluyendo hacia el gran mar del Ser inefable.

> DENTRO DE ESTA GRAN VARIEDAD DE EXPRESIONES CULTURALES, PODEMOS APRECIAR CÓMO LAS GRANDES RELIGIONES –TANTO DE CREYENTES COMO DE NO CREYENTES– SON TODAS ELLAS COMO RÍOS QUE FLUYEN HACIA EL GRAN MAR DEL SER INEFABLE.

Sin embargo, todas las religiones *son* tribus. Aquello que los cristianos encuentran milagroso puede no llamar la atención en absoluto a los musulmanes, a los budistas o a los ateos. Aun así, todos proclaman al menos de forma implícita: «Nuestra religión es la mejor», lo cual es como decir: «¡La comida china es la mejor!». Bueno, puede que pienses eso si eres chino, pero entonces los italianos dirían: «Ya, ¿y qué hay de la pizza?».

Sería un error –de hecho, sería pésimo– si algún día solo existiera una única religión en el mundo. Se trataría del plan más fascista que pudiésemos imaginar. Mientras la raza humana siga necesitando recibir educación, seguiremos precisando de la religión. Cada religión nos muestra algo distinto y desde un ángulo diferente, de modo que nuestro desarrollo y nuestra comprensión puedan ser universales.

Yo animo a la gente a que adopte un punto de vista más universal. Todos hemos sido educados en el seno de nuestra propia tradición y nadie está libre de los prejuicios que esas tradiciones nos han inculcado. Nuestro condicionamiento –especialmente el espiritual– es eminentemente tribal. Cuando nos limitamos únicamente al ámbito personal, no es tan fácil trascender nuestros propios prejuicios. Es como si corriesen por nuestras venas, como si impregnasen el mismo aire que respiramos. Pero esa trascendencia no tiene por qué ser difícil. De hecho, es mucho más sencilla desde el espacio de la consciencia, porque la propia consciencia no tiene nada que trascender. Las cosas más importantes y más hermosas de la vida siempre son las más sencillas, porque lo universal es muchísimo más natural que lo personal.

Podríamos decir que toda religión, tal y como es comprendida generalmente por sus seguidores, está incompleta en cierto modo. No es posible encontrar la Verdad cuando es tan solo parcial y sesgada: «*Nosotros* hemos encontrado la Verdad, pero en lo que se refiere a los musulmanes...». Este tipo de ideas no son ciertas. Si crees que has encontrado la Verdad como budista, como cristiano, como judío o como musulmán, pero que las demás religiones «están equivocadas», entonces no has encontrado la Verdad en absoluto. El Ser puro se encuentra en el mismo corazón, en la misma esencia de todas las religiones. A partir de ese núcleo esencial, cada religión particular apunta con el dedo a la Verdad, pero el dedo no es lo mismo que aquello a lo que señala. ¡No hay que mirar al dedo sino al lugar hacia el que apunta!

No hay nada de malo en formar parte de una tribu, pero a nivel interno has de ir más allá de ella. Tú eres el Ser, y el Ser es universal. La Verdad está más allá de la religión. En el mejor de los casos, lo único que puede hacer la religión es facilitar ese reconocimiento de la Verdad, pero el objetivo por alcanzar no es ser religioso. Cuando seas consciente de la Verdad de tu propio Ser, entonces habrás trascendido todas las limitaciones tribales. No estarás en contra de nadie. De hecho, estarás *a favor* de toda la existencia, porque, ahora, eres uno con ella.

¡Es algo tan hermoso!

Disuélvete en el océano de la Unidad

Tres pequeños seres se encontraron viviendo en una playa. Aunque siempre habían vivido y jugado allí, en la orilla del mar, no sabían cómo habían ido a parar ahí. Por su aspecto, parecían pequeñas muñecas. Una de ellas estaba hecha de agua, otra de arena y la tercera de sal.

Una noche de tormenta las tres tuvieron unos sueños muy reales e intensos. Tanto que parecían no haber terminado cuando se despertaron por la mañana. Se miraron entre ellas, y todas parecían inusualmente introspectivas. Al darse cuenta de que las demás también estaban muy pensativas, comenzaron a preguntarse por qué. La muñeca de arena fue la primera en hablar:

—¿Qué es lo que ocurre?

—No lo sé –respondió la muñeca de agua–. Es tan solo que acabo de tener un sueño muy raro.

—¿Tú también? –preguntó la muñeca de arena–. Yo también he tenido un sueño muy extraño.

Finalmente, la muñeca de sal dijo:

—Esto es realmente curioso. ¡Yo también he tenido un sueño muy peculiar!

—Pero, entonces, ¿qué habéis soñado? –dijeron las tres a la vez, preguntándose unas a otras.

—Yo he soñado que venía de este océano –explicó la muñeca de sal.

—¿Acaso he estado hablando en sueños? –preguntó sorprendida la de arena–. Porque yo también he soñado que era el océano, que siempre he estado aquí, que era tan antigua como el océano mismo.

—¡Tenéis que estar bromeando! –exclamó la muñeca de agua–. He tenido que ser yo la que ha estado hablando en sueños y vosotras dos me habréis escuchado, ¡porque yo también he soñado que provenía directamente del océano!

Incrédulas, se miraron unas a otras y dijeron a la vez:

–¡Oh, Dios mío! ¿Queréis decir que todas venimos del océano? ¡Pero si somos muy distintas! Me pregunto cuál de nosotras será la que se parece más al océano.

Ahora sí que estaban realmente emocionadas, ¡pues todo este asunto se estaba convirtiendo en una competición!

—Creo que yo soy la que se parece más al océano –afirmó la muñeca de arena–. Basta con echar un vistazo: ¡hay arena por todas partes!

—No, no, mira todo esto –aclaró la muñeca de agua–. Soy yo. ¡Solo hay que mirar toda esta agua!

Finalmente, la muñeca de sal también dio su opinión:

—No podréis competir conmigo. No tenéis más que sacar la lengua y ¿a qué sabe el océano? ¡A mí! ¡A la sal!

—Entonces, ¿qué podemos hacer para comprobar cuál de las tres es más parecida al océano? –preguntaron las tres al unísono.

No cabía ninguna duda de que eran unos seres a los que les encantaba participar en juegos, así que tuvieron que utilizar unas ramitas de distintas longitudes para decidir quién de ellas sería la primera. La muñeca de agua sacó la ramita más corta, por lo que le tocó ser la primera en participar. Tenía alas, así que empezó a volar y a subir tan alto, tan alto, que casi no se la podía ver. Entonces, justo encima del océano, se lanzó al agua, *¡chof!*, y eso fue todo.

Las otras dos muñecas se quedaron esperando en la orilla.

—¿Por qué tarda tanto? ¡Ahora me toca a mí! ¿Dónde se ha metido? Puede que haya decidido explorar un poco el océano, porque es tan inmenso...

Al final, la muñeca de sal se impacientó y dijo:

—¡No puedo esperar más! Voy a ir a ver dónde se ha metido. Si vuelve, dile que he ido a buscarla.

Así que se marchó en su busca con su precioso vestidito y su sombrero. Comenzó a caminar hacia el océano, pero, según avanzaba, todas las partes de su cuerpo que tocaban el agua iban desapareciendo: sus pies diminutos, las rodillas, los brazos... Finalmente tan solo quedó un pequeño sombrero de sal flotando en la superficie y, un instante después, nada en absoluto.

La muñeca de agua no regresó, ni tampoco la muñeca de sal, así es que la muñeca de arena empezó a pensar: «¡No sé si me gusta este juego! ¿Cuánto va a durar? Ni siquiera hemos desayunado todavía. No tiene pinta de que vayan a volver pronto, así que me echaré una siestecita en la playa».

Transcurrió toda la mañana y toda la tarde, llegó la noche y la muñeca de arena seguía plácidamente dormida. Cuando apareció la luna y comenzó a subir la marea, la muñeca aún no se había despertado. Poco a poco las olas comenzaron a lamerla dulcemente y a llevársela con ellas, primero sus diminutos pies, luego las piernas, las caderas, y así hasta que desaparecieron hasta sus pequeños deditos.

Al final, no quedó nadie para determinar cuál de las tres se parecía más al océano.

En esta historia, cada muñeca representa un cierto tipo de temperamento personificado en cada religión o en cada vía espiritual concreta. Dejemos que las muñecas jueguen hasta que se disuelvan por completo. Todo buscador que investigue de verdad su propia esencia acabará disolviéndose aquí, en el océano de la unidad.

ROMPER EL HECHIZO DEL CONDICIONAMIENTO PERSONAL

Para ser lo que eres no tienes que lograr nada en absoluto. Lo que eres ya está firmemente establecido sin esfuerzo, sin tiempo. Sin embargo, esto es algo que tenemos que reconocer y confirmar por nosotros mismos, pues así es como podemos romper el hechizo o la hipnosis del condicionamiento personal que nos hace creer que somos algo distinto de aquello que somos realmente.

A menos que seamos conscientes de este estado natural del Ser, siempre nos parecerá que experimentamos una especie de agitación de fondo. Especialmente en la cultura occidental, siempre estamos corriendo incansablemente de un lado para otro impulsados por la sensación de que siempre tenemos que estar activos.

Cuando somos conscientes de nuestra «yo-soy-dad»,* estamos en paz. Cuando alguien se dirige a ti y te habla, es la «yo-soy-dad» la que a nivel energético realiza la escucha y la que responde espontáneamente. Tú, como persona, no tienes que hacerlo. La persona es un personaje que siempre está ocupado y atareado, mientras que la «yo-soy-dad» nunca está ocupada, ni siquiera cuando está haciendo un montón de cosas. Como presencia, uno se da cuenta de que es la energía vital que reside en el cuerpo la que lleva a cabo todas las actividades.

Tan solo llegaremos a comprender lo que significa encontrarse en este estado neutral y natural cuando estemos realmente listos para entrar en él. Si yo te dijera: «No hagas nada», en lugar de eso *intentarías* inmediatamente no hacer nada, lo cual sería, obviamente, ridículo. Así es que no voy a aconsejarte que *no hagas nada*. En lugar de eso, permite que tus actividades ocurran de forma natural y mantén tu atención enfocada en el «yo soy».

Si cometes el error de creer que las actividades pueden alterar el estado de presencia, entonces comenzarás a tratar de evitarlas. Pero las actividades simplemente surgen y se desarrollan en el seno del «yo soy» que es el testigo de todas ellas, por lo que estar activo ya no será algo que te perturbe. Es algo muy natural.

* N. del T.: *I-am-ness* en el original inglés, término creado al efecto que intenta hacer referencia al hecho primordial de la propia experiencia de uno mismo.

Podrías preguntarte si es suficiente con aceptar las cosas tal y como se presentan. Yo te diría que nada es suficiente hasta que no estés estabilizado en tu propio Ser. Una vez que estés firmemente establecido en este espacio, entonces todo lo que surja se corresponderá de forma natural con tu Ser; ya no serás una persona que trata de hacer algo. Pero mientras el sentido personal siga siendo el que tiene el control, siempre estará dudando. Estará insatisfecho incluso con la presencia «yo soy»:

> Te dirá: «No entiendo de qué se trata esto de la "yo-soy-dad". ¡Será mejor que pruebe otra cosa!».
> Así que comenzará a cantar *Om namah shivaya*
> sin parar hasta dormirse...
> Escalará una montaña sagrada hasta quedar exhausto...
> Después descenderá y se bañará en el Ganges
> hasta congelarse de frío...
> Y entonces empezará a entonar himnos devocionales
> hasta que también se canse de eso...

Mientras sigas intentando «llegar a ello», no dejarás de hartarte de todos y cada uno de los estados por los que pases. Pero si prestas atención –y eso es algo que puedes empezar a hacer hoy mismo–, irás siendo cada vez más consciente de esa sensación natural «yo soy». Y no tienes que ir a ningún sitio a buscarla. De hecho, ir en busca de ella sería un error, porque entonces ya estarías siendo nuevamente embaucado por los trucos de la mente. Tú *eres* el «Yo soy».

¡Es una verdad tan simple y natural!

La Verdad no lleva tiempo

Por la fuerza de la costumbre, el «Yo» ha sido entregado al ego y a la mente, de manera que nos comportamos como si la persona fuese todo lo que somos. Sin embargo, lo cierto es que no lo es; puede *comportarse* como si lo fuese, puede *creerse* que es así, pero, en lo esencial, el pequeño ser no es nuestra realidad última. «Yo» significa presencia, presencia sagrada; *no* puede nunca dejar de ser verdad. Tan solo es posible soñar que es alguna otra cosa. El *satsang* es el espacio en el que puedes confirmar por ti mismo que esta presencia es verdadera, y esta constatación te aporta una gran paz y una enorme alegría.

Muchos seres están buscando la forma de estabilizar esta paz y esta alegría. Aunque este impulso puede parecer sincero y creíble, yo siempre digo que primero uno tiene que descubrir quién es ese que pregunta. No te olvides de esta cuestión. La presencia ya es estable por sí misma. Pero sigue habiendo algo que aún cree en el que hace la pregunta y se identifica con él: «¿Cómo puedo estabilizarme en la presencia?». El mismo lenguaje ya pone de manifiesto una sensación de separación.

En todo caso, ¿de dónde viene esta sensación de distancia? Es resultado del condicionamiento y de la identificación con el sentido de ser personal. Esta división imaginaria entre tú y Dios –entre tú y la Verdad– es la creencia más tóxica que uno puede albergar, precisamente porque es la que contamina y envenena todo lo demás. Si crees que hay algo en ti que está fundamentalmente equivocado, entonces siempre estarás intentando trabajar sobre ti mismo, siempre tratando de arreglar lo que está «estropeado».

Lo que estoy señalando es que la creencia misma en la dualidad es errónea desde su misma concepción. Pero algo dentro de ti sigue siendo leal a esa vieja identidad que duda de sí misma: «No estoy seguro de entenderlo. Debe de estar hablando en acertijos o *koans* propios del zen». Vamos a terminar con todas estas tonterías para que semejante lenguaje y pensamientos ya no te causen molestias.

No es que una vez que despiertes al Ser vayas a empezar a hablar como una voz divina que declara: «¡Yo soy el "Yo soy"!»; sin embargo, *sí habrá* una nueva fragancia que emane de tu presencia, porque habrás regresado a tu Hogar real, al lugar en el que de verdad puedes prosperar. Esta vida es para que vuelvas a rescatar tu libertad de su cautiverio en la falsa ilusión.

Podrías preguntar: «¿Esto me podría suceder a mí ahora mismo?». Bien, la presencia misma ya es perfecta. Por lo tanto, lo que estás preguntando es si ese que es imperfecto –que en sí mismo no es más que una idea– puede de algún modo soltarse a sí mismo para poder darse cuenta de que lo que queda es su Ser natural. Mientras sigas identificándote con ese «yo» al que le podría ocurrir esto, entonces puede tomar algún tiempo.

Pero la Verdad no lleva tiempo. La presencia está eternamente aquí; simplemente puede que te lleve algún tiempo descubrir lo atemporal debido a los engaños de la mente. Creamos estructuras de creencias que luego han de ser desmanteladas de algún modo para poder deconstruir todos esos mitos. Como si de un acto reflejo se tratase, volvemos de un salto a la identidad personal. Es únicamente este drenaje gradual de lo falso lo que puede llevar algún tiempo.

A lo largo de milenios ha habido muchos seres que han buscado la Verdad, la raíz de su propia existencia, y cuyos cuerpos ahora ya han perecido. Ahora es *nuestra oportunidad* para vivir en busca de la Verdad. Al dar prioridad a esa búsqueda, nos situamos a la vanguardia de la experiencia humana. ¿Encontraremos por fin aquello que es imperecedero, inagotable, atemporal e indestructible –aquello que verdaderamente somos–? Utilicemos nuestro tiempo para descubrir lo atemporal. Deja que todo lo que está sujeto al tiempo forme también parte de ti, pero no intentes aferrarte a ello. Esto es lo que dice el tiempo:

> Todo lo que ves, de los ojos hacia fuera y también de los ojos hacia dentro en el ámbito de las emociones, los pensamientos, los recuerdos y la imaginación, incluso el mismísimo lugar en el que nacen los conceptos, todo eso me pertenece a *mí*. Yo soy el tiempo, y me llevaré todo eso conmigo. Y, si no tienes cuidado, ¡también te llevaré a *ti*!

El tiempo es capaz de devorar y enterrar civilizaciones enteras. Algunos reinos antiguos están enterrados a tanta profundidad que tan solo los arqueólogos son capaces de encontrarlos y de sacarlos de nuevo a la luz con gran esfuerzo, y no ha sido sino el tiempo el que los ha devorado y enterrado. El tiempo modificará, devorará y tragará absolutamente todos los nombres y las formas que conoces. Pero el tiempo también dice: «Devoraré todo lo que puedes percibir, pero no puedo devorar a la consciencia misma; es ella la que me devorará a mí».

Así es que hay algo que el tiempo no se puede llevar con él. Hasta que no reconozcas plenamente esta atemporalidad como tu verdadero Ser, el tiempo seguirá arrastrando con él todo lo que crees tener y todo lo que crees ser. Tu existencia llegó aquí para acabar disolviéndose por completo en la unidad.

Así es que sé *Eso*. ¿Qué necesidad tienes de nada más?

FÚNDETE CON EL INFINITO

A pesar de que no es cierto que seamos simplemente la suma de todos nuestros pensamientos, la mayoría de los seres viven como si así fuera. Tú eres la consciencia, este espacio en el que los pensamientos se manifiestan y son percibidos. Lo que somos realmente es esta inmensidad inmaculada. No es algo que tengamos que aprender; más bien es algo que uno reconoce, algo con y en lo que nos fundimos, como Eso mismo. Paradójicamente, es precisamente la indagación la que hace posible este profundo reconocimiento, esta profunda convicción que yace en el corazón del Ser, aunque la propia naturaleza del Ser –que no tiene ninguna característica– está más allá de la indagación.

A la mente le asusta la idea de fundirse con el Infinito, porque actualmente funciona como un ser personal cohesionado por una matriz de conceptos y sentimientos localizados en el interior de un cuerpo físico. Tememos que esta fusión signifique la disolución de nuestra forma y de nuestra identidad. Pero ese miedo a la disolución es en sí mismo señal de que lo irreal se está desvaneciendo. Es señal de que el reconocimiento de tu Ser ilimitado se está desplegando.

Para este reconocimiento intuitivo de la consciencia inmutable la mente actúa como un velo, como una niebla de ignorancia y de arrogancia. Siempre está calculando, siempre está intentando navegar en lugar de fluir como la vida misma. Mientras continúes navegando de esta manera, prácticamente ciego, tu aroma será el intenso olor de la agitación. Pasarás por alto la obvia perfección de la existencia.

¿Puedes mirar las cosas sin elaborar juicios sobre ellas? ¿Puedes, sencillamente, percibir de forma neutral? Cuando somos capaces de ver las cosas con esta clase de neutralidad, las vemos como realmente son. Desaparece la necesidad de emitir juicios porque ahora vemos y percibimos desde el Ser. Muchas veces observamos la vida con una actitud reactiva. Nos creamos nuestra propia historia a medida que la vamos viviendo. Pero ¿es posible limitarse a *ver*, a mirar, sin prejuicios, sin juicios parciales, sin preferencias?

EN EL ESPACIO DE LA PERCEPCIÓN PANORÁMICA IMPERSONAL NO HAY JUICIOS NI REACCIONES PERSONALES. EN AUSENCIA DEL EGO, LO ÚNICO QUE HAY ES EL SER.

Resulta agotador percibir el mundo de esta forma tan reactiva y crítica, pero es el modo en el que funcionan la gran mayoría de los individuos. La noción de que son ellos los que están viviendo la vida –en lugar de darse cuenta de que *son* la vida misma– los deja exhaustos.

En el espacio de la percepción panorámica impersonal no hay juicios ni reacciones personales. En ausencia del ego, lo único que hay es el Ser. Este estado resulta mucho menos agotador, y cuando estamos en él nos damos cuenta de que necesitamos dormir mucho menos que antes. Pero entonces la mente objeta: «¡No, no! ¿Dormir menos? ¡Pero si me estoy quedando dormido ahora mismo con tan solo escucharte! Este estado de ecuanimidad del que hablas es tan aburrido... ¡La vida debería ser apasionante!».

En el campo energético del *satsang,* uno puede llegar a sentir cómo es habitar en el cuerpo cuando ya no se está al servicio de la mente. ¡Resulta increíble la facilidad y la naturalidad con las que fluye la vida!, cómo se expanden nuestros horizontes cuando dejamos de estar contraídos y ansiosos. Cuando estamos ausentes de manera personal, ¡qué ligera, qué espaciosa y generosa se vuelve tu propia existencia! En realidad, es algo muy sencillo; ya no te alteras con facilidad y todos esos juicios, miedos y ansiedades persistentes que tenías habitualmente dejan de estar presentes. Ahora te mueves arropado por la gracia. La vida se despliega serenamente como un estado de presencia radiante en movimiento. Este estado de Ser emana del silencio del verdadero Ser absoluto.

La Verdad no es una creación. Por lo tanto, eliminar lo falso no crea la Verdad; simplemente disipa aquello que impedía que la Verdad preexistente fuese reconocida.

Tú, como consciencia, tienes la capacidad de contemplar la realidad más elevada. Una vez que llegas a ver dicha realidad, te das cuenta de que tus acciones son las acciones del universo, no de un individuo. Incluso cuando te identificas con la persona, tus acciones siguen siendo las acciones del universo, operando a través de la mente de forma muy similar a las olas, pues cada ola particular siempre tiene el océano entero bajo ella. Toda ola se origina en el océano, por lo que no es más que un movimiento de este. ¡Pero tú eres el océano, no simplemente una de sus olas!

Todos tus impulsos, todas tus acciones, no son más que olas que surgen en tu Ser oceánico. Eres *tú* el que las ve, el que las percibe, no son ellas las que te perciben a ti. No tienes ninguna existencia independiente de ti, de aquel que percibe las olas de la mente. Reconoce esta Verdad, sé uno con ella y observa las olas de iluminación que brotan a partir de tu Ser oceánico.

La mente convierte la realización del Ser en una lucha, en una pugna por «llegar ahí», pero esto no tiene nada que ver con llegar a ningún sitio o con convertirte en algo diferente. Tú *ya* eres el Ser inefable. Simplemente has de reconocer, confirmar y verificar tu posición real como la fuente observadora, el vacío a partir del cual surgen todos los fenómenos.

Vacío no es más que otro nombre para lo que eres. Nos pasamos la vida entera intentando ser el mejor «alguien» posible, pero ahora estamos descubriendo que en realidad somos «nadie». Se trata del descubrimiento más profundo y relevante que puede hacer un ser humano; en este descubrimiento está la libertad, la alegría y la paz verdaderas. No existen referencias para aquel que es consciencia no nacida. Es simple, único, original, y sin embargo está más allá de conceptos como *original* o *único*; es la pura consciencia de Uno mismo en el más verdadero sentido de la palabra. El auténtico sabio en tu interior es esa fuente observadora que es previa a la mente. Si dejas que este sabio te acompañe y te guíe, te llevará a emprender un viaje del que podrías no regresar nunca. ¿Te gustaría recorrerlo hasta el final? ¿Qué tal si pudieras simplemente continuar profundizando más y más en sabiduría, en intuición, mientras vas desapareciendo como identidad personal, en caída libre hacia el estado de puro vacío y dicha? ¿Qué amenaza podría haber en ello? ¿Qué tienes que perder? Puedes perder todo lo demás, pero nunca puedes perder la consciencia que eres. Lo que amamos realmente es esta consciencia del Ser, y esta consciencia es suprema porque no depende de nada que se pueda percibir.

> *Tú* mismo eres el sabio que estás buscando.
> *Tú* mismo eres el tesoro de la sabiduría
> que no se puede describir ni definir.
> El viento sopla, pero nadie sabe de dónde viene ni a dónde va.
> Así ocurre también con esta sabia presencia;
> prometedora, impredecible e imposible de rastrear.

Cuanta más atención pongas en analizar
tus condicionamientos y en preguntarte
qué es lo que aún ha de ser expulsado de tu existencia,
más estarás creando las condiciones adecuadas
para que esas cosas crezcan como el moho.

Dices que quieres librarte de todo esto,
pero hazte un favor:
deja de intentar extirpar
los pensamientos uno por uno.

Eso es como tratar de podar
una gran higuera india hoja por hoja:
cuando crees que has quitado la última,
ya han brotado muchas otras hojas nuevas tras de ti.

EL TRABAJO DE LA PERSONA NUNCA TERMINA

La luz del Ser está siempre presente. Es la fuente de toda manifestación. En este sentido, tú siempre eres el Ser, pero a menos que el reconocimiento directo de nuestra verdadera naturaleza tenga lugar en ti, aún no eres el Ser. Cuando estás verdaderamente despierto, eres consciente de tu atemporalidad, eres consciente de la vida como la unidad, de la Totalidad experimentada más allá de los fenómenos sujetos al tiempo. Vives en y como *Eso*.

Aparentemente, se trata de una paradoja: ya somos perfectos pero, aun así, sigue habiendo algo que debe ser reconocido para poder despertar a nuestra perfección inherente.

Date cuenta de que cuando digo que ya eres perfecto no es que te esté haciendo un cumplido. No te estoy mostrando que seas perfecto del modo que le gustaría a tu mente: *como persona* no eres perfecto. Lo que digo es que descubras la perfección atemporal que constituye tu Ser original. Cuando lo hagas, ¡*tú* me lo mostrarás *a mí*!

Has de descubrir esta Verdad por ti mismo. Entonces te darás cuenta de que su poder no es simplemente una teoría, verás que no se trata de un engaño.

Y no quiero retrasar tu realización de esta Verdad. No, esto es lo que eres *hoy mismo, ahora*.

Puede que algo en tu interior responda: «Ya, pero ¡yo no lo siento!». Lo cierto es que ni siquiera sentirlo es suficiente; has de llegar a conocerlo, en tu corazón. Lo único que hago es señalarte constantemente hacia ese reconocimiento no fenoménico.

¿Pudiera ser que ya fueses rico?

Había una vez dos hombres de mediana edad que habían sido amigos íntimos desde la infancia. Eran de esa clase de amigos que se cuentan todo el uno al otro, incluso cosas que no le contarían ni a sus propias familias.

Uno de ellos le dijo al otro:

—Tú eres mi mejor amigo y la persona en la que más confío. Quiero contarte un secreto por si acaso me ocurriese algo. He conseguido una gran cantidad de dinero gracias a una inversión que hice y lo he enterrado debajo de mi casa. Me resisto a contárselo a mi esposa porque no es muy prudente con el dinero, y tampoco se lo he contado a mi hijo porque, sinceramente, ya está echado a perder.

Poco después, el confidente de aquel hombre se fue de viaje y no regresó a su hogar hasta pasados muchos años. Un buen día, se llevó una gran sorpresa al encontrar a la mujer y al hijo de su amigo mendigando en la calle y hurgando en las basuras en busca de comida. Horrorizado, se acercó a ella y le dijo:

—Disculpa, mujer. ¿Te acuerdas de mí?

Ella levantó la vista, y le contestó:

—¡Pues claro! ¡Eres el mejor amigo de mi esposo!

—Pero ¿qué estáis haciendo mendigando y hurgando en las basuras?

—Ah, ¿no lo sabes? Hace dos años mi esposo falleció repentinamente. El dinero que teníamos nos alcanzó durante un tiempo, pero ahora tengo que pedir en la calle para poder comer. Gracias a Dios que por lo menos aún conservamos la casa.

—Tengo algo que decirte –le dijo él–. Antes de irme de viaje tu marido me confesó que había dejado mucho dinero para vosotros. En su momento no se decidió a contártelo porque temía que lo gastases de forma irresponsable. Me pidió que te lo contase cuando fuese el momento apropiado.

En cuanto escucharon la noticia, la madre y el hijo se pusieron eufóricos, pues sabían que podían confiar en esta persona.

Casi no había ni terminado la frase cuando ya habían dejado de sentirse pobres.

Entonces el hombre les apremió:

—Venga, vamos. Os lo enseñaré. No hay que perder ni un minuto. ¡Demasiado tiempo habéis pasado ya siendo pobres! ¡Vamos a desenterrar ese cofre del tesoro!

Así que se dirigieron a la casa, retiraron los tablones del suelo y empezaron a cavar. De pronto oyeron un ruido seco, *¡clanck!*: la pala había golpeado algo duro. El corazón se les salía del pecho cuando por fin desenterraron la caja, la sacaron del agujero en el que se encontraba, abrieron los cerrojos y –oh, sorpresa– ¡estaba rebosante de dinero!

Pero lo cierto es que este tesoro había estado ahí, en su propiedad, desde antes del fallecimiento de su esposo, por lo que siempre les había pertenecido. Sin embargo, antes de desenterrarlo, ¿eran ricos la madre y el hijo? No. El tesoro escondido siempre había estado ahí, pero no eran conscientes de ello, por lo que no tenían acceso a todo lo que este dinero hubiese hecho posible.

Pues bien, nosotros somos como esta mujer y su hijo. Somos libres. Siempre hemos sido libres. No somos absolutamente nada más que este Ser puro y perfecto, aunque no seamos conscientes de ello. Sin duda hace falta una cierta dosis de confianza, pues hay fuerzas operando que intentan distraernos. El hecho de que no sea tan fácil descubrir este tesoro que ya es nuestro forma parte del juego de la consciencia; si fuese demasiado fácil puede que no lo valorásemos. Algunas personas se preguntan por qué tenemos que pasar por todo esto. Si ya somos perfectos, ¿por qué no hemos sido capaces de manifestar esta perfección? Bueno, lo que ocurre es que *somos* perfectos, pero de algún modo todos nos encontramos inmersos en este sueño de *maya* y estamos apegados a él. Incluso mientras queremos despertar, también queremos seguir soñando.

EL TEATRO DE LA CONSCIENCIA

La metáfora del despertar resulta muy adecuada cuando hablamos de la realización del Ser, porque todos estamos familiarizados con el hecho de soñar. Si, por ejemplo, soñamos que estamos muertos de sed bajo un sol abrasador en el desierto, ese sol nos parece totalmente real. El miedo, la sed, el deseo de que ocurra un milagro para salvarnos... Todo nos parece real. Sin embargo, en cuanto nos despertamos ¡todo desaparece instantáneamente! Enseguida nos damos cuenta de que ese estado que percibíamos no era más que un sueño.

Diariamente, la consciencia pasa por tres estados: la vigilia, el sueño y el sueño profundo –cuando estamos dormidos, pero sin soñar–. El estado de vigilia es lo que llamamos normalmente «nuestra vida». Sin embargo, esta vida y todo lo que en ella experimentas, incluyendo el sentido de ser tú mismo, no son más que el contenido y el juego del estado de vigilia.

Si, por ejemplo, te llamas Juan, no puedes ser Juan las veinticuatro horas del día, porque cuando llega el estado de sueño profundo, incluso la sensación «yo soy» desaparece y, con ella, toda consciencia del cuerpo y de la mente. Durante el sueño profundo no eres musulmán, cristiano, judío o hindú, y tampoco eres un hombre o una mujer; en ese estado no hay nada que te acompañe. Pero para que podamos ser conscientes de dicho estado, debe permanecer en él alguna forma sutil de consciencia. Y lo cierto es que todos disfrutamos del sueño profundo. Hasta compramos el mejor colchón que podemos para entrar en este estado en el que nos olvidamos de todo.

¿Qué es lo que nos está diciendo esto? Nos muestra que este hermoso y fascinante estado de presencia –la consciencia que resplandece en el interior de este cuerpo como el sentido y la sensación «yo soy» y que actúa como el observador imparcial de la manifestación de la vida– no es la realidad última.

Cuando comienzas a reflexionar un poco sobre estas cosas, surge un nuevo entendimiento respecto a lo que denominamos «yo» y respecto a la vida. Empiezas a darte cuenta por ti mismo de que esta consciencia propia del estado de vigilia también es fenoménica –es decir, también es vista o percibida–. Todas las mañanas nos despertamos de nuestros sueños, pero para estar verdaderamente despiertos debemos despertar también del estado de vigilia.

El estado de vigilia –nuestra vida diaria– es una especie de teatro de la consciencia en el que aparecemos en el escenario como uno de los actores en esta gran obra teatral llamada *Vida*. Todo aquello a lo que denominamos «nuestra vida» forma parte de esta función que se representa cada día durante dieciséis horas. A las 6:00 de la mañana suena el despertador. ¡Se encienden las luces y comienza la función! Tan solo un minuto antes, a las 5:59, en el estado de sueño profundo, no te preguntabas en absoluto quién eras. Pero ahora vuelve a surgir el sentido del «yo» y, de algún modo, te adueñas de esa sensación: «Oh, sí; aquí estoy. Soy un ejecutivo y hoy tengo una reunión importante. Todo irá bien». A lo largo del día interactúas con los demás, ríes, lloras, te asustas... Pero, de forma muy similar al público que asiste a la función, tú también eres capaz de verte a ti mismo haciendo aparentemente todas estas cosas.

¿Realmente podemos ser al mismo tiempo actor y público en el despliegue de la vida? Claro que sí, pero para ello previamente tenemos que ser conscientes del verdadero lugar que ocupamos en todo esto como el observador intacto.

Lo que caracteriza al Ser es la pura observación, libre de todo interés propio, y esa es la comprensión a la que han llegado todos aquellos que se han estabilizado en el verdadero conocimiento del Ser. A la luz de la pura consciencia del Ser uno sigue experimentando la vida y el sentido del «tú» y el «yo», pero ahora el impacto de esta sensación de dualidad se hace mucho más superficial en lo que respecta a sus efectos.

> Lo que caracteriza al Ser es la pura observación, libre de todo interés propio.

El observar neutral de todo lo que surge diariamente en el estado de vigilia es a lo que yo denomino *presencia*, y la persona misma es también observada en el seno de dicha presencia. Gran parte de la práctica espiritual –de la *sadhana*– consiste en llevar el ser que se identifica con la persona de vuelta a su estado natural de presencia. El paso final –que no es un paso en absoluto, sino un reconocimiento no fenoménico– consiste en comprender que en el ver definitivo, la sensación natural «yo soy» o «yo existo» también es fenoménica.

No obstante, excepcional es el que ha ido más allá de este estado sin estado del «yo soy» y ha entrado en ese otro ámbito en el que incluso la presencia «yo soy» es observada. Ahí nos encontramos en el terreno de lo Inefable, la Verdad sin palabras que es nuestra realidad absoluta.

No quiero que creas en nada de todo esto. Quiero que lo seas.

LAS CREENCIAS HAN DE CONVERTIRSE EN REALIDADES

Las creencias pueden ser útiles para abrir nuestro corazón y para avanzar hacia el abrazo pleno de la Verdad, pero no constituyen un fin en sí mismas; las creencias han de convertirse en realidades. Has de reconocer, sentir, palpar y confirmar la Verdad mediante tu propia experiencia interior. Y esto es posible hoy mismo. ¿Por qué? Porque aquello que estás buscando ya se encuentra aquí. No es algo que tú puedas crear, ni un trofeo que te vaya a ser entregado después de algún tipo de esfuerzo por conseguirlo. Tienes que reconocerlo como la realidad.

La mente es como el viento, y tu Ser real como el espacio. La naturaleza del viento consiste en soplar, pero necesita del espacio para poder hacerlo. Eres consciente del viento tan solo por los efectos que puedes ver, sentir y oír cuando algo se interpone en su camino. Del mismo modo, eres consciente de la mente tan solo porque hay una identidad ahí. El espacio no se mueve, no se desplaza, no va a ninguna parte; está presente en todas partes. El espacio puede existir sin el viento, pero el viento no puede existir sin el espacio. El viento siempre está soplando en diferentes direcciones. ¿Es posible determinar hacia dónde soplará? Sople hacia donde sople, no puede salirse nunca del espacio.

Del mismo modo, tú nunca puedes alejarte de tu Ser. Cuando llegas a saber esto de una forma tan profunda que se convierte en una especie de conocimiento más allá del pensamiento, entonces eres libre; puedes moverte como te plazca, porque no puedes salirte de tu Ser. Todo lo que se mueve es transitorio por naturaleza. Sin embargo, tú eres lo constante en el seno de lo transitorio, percibiendo la sensación de movimiento. Eres lo invisible dentro de lo visible, pero apareces también como lo visible.

Al poner tanta atención en aquello que está sujeto al cambio, intentamos todavía controlar y cuidar algo que, por su propia naturaleza, no puede nunca ser estable. La identidad personal tendrá la noción de estabilidad durante un tiempo, pero luego se pondrá de nuevo en marcha y perderá dicha estabilidad. Tal es la naturaleza de lo cambiante. Deja que lo variable responda a su propia naturaleza y permanece como eres. Algunos conceptos nos impelen a tener la ilusión de que somos tan solo esa imagen vacilante que tenemos de nosotros mismos, pero la verdad es que *lo somos* y *no lo somos* simultáneamente.

Los dos pájaros

Hace algún tiempo vi un cuadro que mostraba una parábola del Bhagavad Gita. En él podían verse dos pájaros en un árbol, y uno de ellos estaba construyendo un nido. Este pájaro vuela lejos en busca de materiales, dispone las ramitas y las entrelaza –es el pájaro activo, el que hace muchas cosas.

Sobre él, en otra rama, hay otro pájaro. Parece idéntico al primero, pero este no está construyendo nada. Tan solo está observando. No elabora ninguna imagen de sí mismo a partir de su percepción, ni tampoco está muy interesado en ningún aspecto concreto de lo que ve. Su percibir ocurre de una forma muy espontánea, sin ningún esfuerzo o juicio. El silencio está presente, esa sensación de Ser sin pensamiento. Tan solo tiene lugar la observación.

Se trata de un hermoso retrato simbólico de lo que somos. Estos dos pájaros están conectados. El primero de ellos representa nuestro ser dinámico, el ser que está involucrado en el mundo, el que se interesa en crecer, en el futuro y el pasado. Es el aspecto de nuestro ser que vive la vida con el sentido de «mi familia, mis hijos, mi trabajo», etc. El segundo pájaro representa ese atestiguar consciente que hay en nosotros. Es la capacidad de observar todo lo que está teniendo lugar en la vida, todas las actividades que se producen en ella, pero él mismo no está haciendo nada realmente. Aunque está en el mismo cuerpo, no manipula. No dice: «Tengo la esperanza de que suceda esto, temo lo de más allá...». No, está profundamente en calma. Simplemente está ahí, y su visión es panorámica. No ve tan solo el primer pájaro sino también el viento que sopla en los árboles y el cielo; lo observa todo con una especie de neutralidad.

Al principio, el primer pájaro está muy identificado con la construcción del nido. Puede que ni siquiera se haya dado cuenta de la presencia del segundo pájaro. Pero tan pronto como es capaz de estar quieto y en silencio, se da cuenta de la existencia del segundo pájaro, que, en realidad, es él mismo, pero en un nivel interno más profundo. Cuando la mente del primer pájaro se sincroniza con el segundo, sus actividades pasan a ser mucho más refinadas. Hay una sensación de integridad, de unidad. En el seno de esa armonía, es muy posible que el trabajo siga teniendo lugar, pero ahora ya sin obsesión, sin miedo, sin la sensación de necesitar controlar las cosas. Ocurre simplemente porque la vida hace que esta actividad ocurra. Es como si hubiese otra fuerza que estuviese ayudando a que las acciones se lleven a cabo.

El segundo pájaro representa el cambio de perspectiva del modo persona al estado de presencia. Cuando nos involucramos tan profundamente en las actividades de la vida que nos parece que la rutina diaria es lo único que existe, somos como el primer pájaro, el que construye el nido, ajeno por completo al punto de vista del segundo pájaro. Ven al lugar del segundo pájaro, asume la posición de aquel que está observando, y verás cómo ese que está ocupado labrándose una vida se irá volviendo poco a poco cada vez más transparente, hasta que al final no quede más que el propio funcionar, la acción misma sin nadie ahí que la realice. Las actividades siguen produciéndose, ahora de una manera más hermosa, pero el sentido de autoría –que no es sino el sentido del ego– se va desvaneciendo. Las actividades simplemente suceden, nuestra propia imagen como persona simplemente ocurre, pero nuestro verdadero Ser no es un suceso. De hecho, el verdadero Ser es una tercera posición, que no es un pájaro, sino el espacio en el cual surgen y son vistos ambos pájaros.

Si llegas a ver y a aceptar esto a lo que estoy apuntando, si puedes aminorar un poco la marcha, ir un poco más despacio, tu atestiguar se volverá muy sereno y te darás cuenta de que las actividades de la vida simplemente están teniendo lugar por sí mismas.

COMO AÚN PERSISTE LA IDENTIDAD CON ESTA SENSACIÓN DE «YO SOY EL AUTOR DE MIS ACCIONES», ESTE EQUÍVOCO ES EL QUE ENGENDRA Y ALIMENTA OTROS CIEN ERRORES MÁS.

El viento no proclama: «¡Voy a soplar en este árbol!». Del mismo modo tus pensamientos y la sensación que te dice internamente «tengo que hacer esto o aquello» simplemente suceden por sí mismos. Pero como aún persiste la identidad con esta sensación de «yo soy el autor de mis acciones», este equívoco es el que engendra y alimenta otros cien errores más.

Puedes descubrir la Verdad de quién eres, y lo puedes hacer ahora mismo. ¿Qué te lo impide? Únicamente tu lealtad a ese antiguo régimen de pensamiento, a la costumbre y a la creencia de que sigues siendo el mismo que eras ayer o que fuiste el mes pasado. También es posible que te parezca un gran riesgo aceptar algo que pudiera resultar demasiado transformador. Puede que sientas que no vas a poder con tanto –y este pensamiento parece estar firmemente asentado en tu interior.

Quieres mucho, pero ofreces muy poco de ti mismo a cambio. Sediento como estás, quieres beber un buen trago de agua, pero acudes a la fuente con tan solo una cucharilla en tu mano.

Quizá te estés preguntando lo siguiente:

—¿Me estás diciendo que no tengo que hacer nada en particular, y que yo ya soy Eso?

—Sí –sería mi respuesta.

—Pero ¿cómo puedo ser Eso si mi mente está llena de sinsentidos y no hace más que gritar?

—Deja que grite.

—Pero estoy seguro de que Buda no tenía una mente tan ruidosa.

—¿Y cómo sabes si Buda no tenía una mente ruidosa, o si simplemente la ignoraba?

Te pido que comprendas que ignorar los pensamientos no quiere decir intentar detenerlos o suprimirlos de algún modo. Simplemente distánciate de ellos, no les prestes atención. Algunos pensamientos, sin embargo, siguen apareciendo una y otra vez sin importar hacia dónde dirijas tu atención; es como si tuviesen un abono de temporada completa para acceder a tu atención siempre que así lo deseen. Y es aquí cuando te digo: «Lo que no puedas ignorar, simplemente obsérvalo».

El propósito de la observación

Llegados a este punto, permíteme aclarar que si te limitas a observar de forma mecánica, entonces no has entendido lo que significa observar de verdad, y, de una forma u otra, te vas a ver impelido a volver al escenario una y otra vez. ¿Cuál es el propósito de la observación? Se te da la instrucción de observar para que puedas verificar, y así clarificar, que sea lo que sea lo que estés viendo o experimentando, siempre se trata de algo meramente transitorio. No puede ser quien tú eres. Cuando observas la mente turbulenta, ciertamente parece totalmente real. Los efectos que produce, en su punto álgido, parecen estar muy íntimamente conectados con quien crees ser; es como si fuesen la sangre misma que fluye por tus venas o el aire mismo que circula por tus pulmones. Sin embargo, esto no es evidencia suficiente de que nada de eso sea real, porque al cabo de un momento o dos, ese aliento de identidad egoica ya habrá sido totalmente exhalado y la mente ruidosa habrá desaparecido.

Así es que limítate a establecer tu fundamento en el observador indiviso.

AUTOINDAGACIÓN GUIADA
La identidad lleva implícita la entidad «yo»

Los problemas o las emociones habituales o persistentes alimentan la formación de una persona, un «yo-individual» tras ellos. Por eso digo que donde existe una identidad siempre está presente también la entidad «yo».

Si notas un olor extraño en la habitación, tu sentido del olfato puede indicarte: «Huele a gas», y después sigues el olor hasta dar con la fuga. De la misma manera que podemos seguir un olor hasta localizar su fuente, también podemos usar las emociones fuertes tales como la ira, la culpa, el miedo, la mente alterada, etc., para olfatear nuestra identidad. Independientemente de cuáles sean en tu caso las circunstancias que provoquen la aparición de la identidad personal, utiliza la presencia energética de ese sentimiento en particular en el cuerpo para ver si puedes localizar a esa entidad «yo» que parece sentir el impacto de lo que está sucediendo.

Sea cual sea el sentimiento, dirige tu atención hacia el interior y pregúntate: «¿Puede una entidad, un "yo" real ser hallado? ¿Quién está sufriendo, quién se está quejando? ¿Es posible localizar al culpable y presentarlo?».

Dirige tu atención hacia el interior y simplemente permanece en reposo, en calma.

No añadas ninguna opinión a la indagación.

No modifiques la pregunta y sé consciente de la tendencia de la mente a distraerse con cualquier otra cosa.

Tan solo intenta identificar claramente a ese que está alterado o que sufre.

¿Puede ser percibido, puede ser visto?

¿Puedes encontrar un «yo» que sufre?

¿Es tangible?

¿Pudiera ser que esa sensación tan intensa de ser una entidad, un «yo», no fuese al fin y al cabo más que eso, una sensación, que ha sido envuelta con los ropajes de la identidad –como *el que soy*– y que, en realidad, no haya nadie ahí que esté sufriendo?

Los seres humanos llevan miles de años buscando esta entidad, esta «persona», a ese que sufre, pero nadie ha sido capaz de encontrar ninguna entidad tangible.

Y, respecto a aquel que está haciendo este descubrimiento –que en realidad no hay nadie ahí que sufra–, ¿puede ser encontrado?

Dirigir la atención al interior para escanear nuestra propia sensación de ser, en busca de ese «yo individual» que creemos ser, hace que todas las falsas ilusiones se consuman por completo y nos lleva a descubrir que no hay nada que encontrar, de modo que nuestro verdadero Ser queda revelado.

Para la mayoría de la gente la actividad mental se ha convertido en algo compulsivo, en una adicción y una angustia, una voz parlante que sencillamente no se calla nunca. La autoindagación no es algo que tenga que realizarse mentalmente. No consiste simplemente en repetir «¿quién soy?, ¿quién soy?, ¿quién soy?» con la esperanza de que aparezca una respuesta o un objeto en forma del Ser. ¡Debes mirar de verdad!, sin tener ninguna idea preconcebida respecto a lo que pudieras encontrar. La indagación ha de ser nueva y original cada vez que se realiza. No esperes nada, no albergues esperanzas –ni siquiera esperanzas basadas en el recuerdo de lo que sucedió la última vez que indagaste o de ese hermoso vislumbre que tuviste hace tiempo–. ¡No! ¡Tienes que permanecer completamente fresco! Por eso aconsejo permanecer tan solo en la neutralidad atemporal de la consciencia. Tu neutralidad lo neutralizará todo y lo llevará de vuelta a su naturaleza esencial y fundamental.

TU NEUTRALIDAD LO NEUTRALIZARÁ TODO Y LO LLEVARÁ DE VUELTA A SU NATURALEZA ESENCIAL Y FUNDAMENTAL.

Lo que ocurrirá a medida que vayas despojándote del control obsesivo será que desaparecerán las falsas ilusiones, la depresión que no te deja ver con claridad, la sensación de estar en el lugar equivocado, la preocupación por el futuro, el miedo a la muerte y, también, el miedo a la vida: todo esto es historia cuando asumimos y aceptamos el pleno potencial de nuestro Ser.

Únicamente la gracia puede llevarte a esta libertad, a esta profunda calma interna –y la gracia no te va a tener esperando–. En la naturaleza podemos esperar que llueva. ¿Eres así también, como la tierra seca que espera la llegada de la lluvia? Hay algo para lo que no tienes que esperar porque ya está aquí presente, en la raíz y la esencia de quien eres. ¡Es una gran noticia! Tienes que esperar para todo lo demás: para casarte, para tener hijos, para conseguir un buen trabajo, para que te paguen el sueldo... Hasta para la cena de esta noche. Pero la gracia es algo para lo que no tienes que esperar en absoluto.

Hay un dicho de San Francisco de Asís:

> Aquello que buscas está ya en el lugar desde donde lo estás buscando.

Y Rumi dice:

> He estado llamando a la puerta y, cuando se ha abierto, he comprendido que estaba llamando desde dentro.

Son dos pistas importantes, dos indicadores profundos que señalan hacia la Verdad de lo que somos. Pero, entonces, ¿por qué nos parece un acertijo? Sencillamente porque no podemos creer que pueda ser tan simple. Se convierte en algo extraordinariamente difícil tan solo porque queremos llegar al vacío a través de la mente, que es inestable y voluble.

No tiene por qué ser difícil

La realización del Ser no implica que tengas que irte a vivir desnudo a una cueva y alimentarte tan solo de bayas y de frutos secos hasta que lo consigas, pero la gente se aferra a estos ideales tan monumentales y cree que «sin sacrificio no hay beneficio» y cosas por el estilo. Tan solo hay que ver todas las penalidades y las dificultades que los buscadores espirituales se imponen a sí mismos. Aunque en algunos casos puede tratarse de una etapa necesaria, en general no hace falta en absoluto llegar a esa clase de extremos. Para descubrir nuestra verdadera naturaleza no es necesario sufrir penurias, someternos a dificultades o renunciar a las cosas que nos gustan.

Todo lo que vemos en la vida ha surgido del útero de Dios, y Dios está más allá del *nosotros* y del *ellos*, de los gustos y las aversiones. Y, sin embargo, todos podemos seguir disfrutando de esa misma dualidad cuando la percibimos del modo correcto. La dualidad puede ser divertida, pero si consideras que tan solo eres una persona individual, entonces la experiencia que tengas de la vida sin duda va a ser intensa –o incluso trágica o cruel.

Aquí, en la vida –especialmente en tu vida interior–, no hay absolutamente nada que puedas percibir de lo que pueda decirse que sea un hecho, una realidad. Todo existe en el ámbito de la posibilidad, y tanto la calidad como el contenido de tu vida interior estarán determinados por quién sea *ese* que la percibe. No hay nada en la vida que tenga un significado único inherente, sino que más bien todo tiene distintos significados para distintos seres, en función de sus condicionamientos, de su identidad, etc. Nada de esto es estable, pero, no obstante, todo ello forma parte del propio funcionar de la consciencia.

Participas como actor en tu propia obra y, simultáneamente, eres su más atento espectador, un espectador que se deja conmover por la historia, al que le intriga la trama y que también se muestra crítico con las actuaciones y con el guion. Hasta que un buen día te fundes con el observador puro y trasciendes tanto el papel de actor como el de espectador crítico. Entonces tú y la vida sois uno. Cuando estés vacío de ego, irás por el mundo contento, feliz, sin carga alguna sobre tus hombros.

DISOLVER LOS RESIDUOS DE LA MENTE

Incluso cuando sientes que ya te has vaciado de la persona, los residuos de la mente pueden seguir manifestándose durante un tiempo. Lo que quieres es terminar con ello, estar inmaculadamente limpio, pero estos residuos son persistentes. Su persistencia es directamente proporcional a lo intenso que sea tu apego a la identidad.

Todo residuo se irá disolviendo gradualmente a medida que tu identificación con el sentido de ser una persona se vaya debilitando. Por lo tanto, si vas penetrando cada vez más en el espacio del Ser y dejas que esto se vaya produciendo de una forma natural, entonces llegará un momento en el que estas tendencias ya no podrán ejercer la misma influencia que antes tenían sobre ti.

Cuanta más atención pongas en analizar tus condicionamientos y en preguntarte qué es lo que aún ha de ser expulsado de tu existencia, más crearás las condiciones adecuadas para que crezcan como el moho. Dices que quieres librarte de todo esto, pero hazte un favor: deja de intentar extirpar los pensamientos uno por uno. Puede que eso te funcione –más o menos–, pero es como tratar de podar una gran higuera india hoja por hoja: cuando crees que has quitado la última, ya han brotado muchas otras hojas nuevas tras de ti. Es un método agotador, lento e ineficiente.

La forma más rápida y efectiva es simplemente recordar tu Ser. Es un poco como escuchar tocar a una orquesta centrando nuestra atención únicamente en los violines. Si te pidiese que hicieras algo así, podrías hacerlo sin problema. No tendrías que decirles a los demás músicos de la orquesta que tocasen más bajo para poder escuchar tan solo los violines. No, de algún modo, simplemente ajustarías tu atención a los violines.

Pues bien, de una forma muy parecida, también puedes ajustar tu atención al Ser. Pero tan solo puedes hacer esto si reconoces ese silencio –ese estado sin estado sublime que es el Ser–, de manera que, aunque estés inmerso en los movimientos y los cambios que ocurren en la vida, tú puedas permanecer como aquello que *no* se mueve ni cambia, aquello que no sucede en absoluto. El Ser no es un objeto, y tampoco es una entidad o un evento. Es más bien esa consciencia espaciosa en cuyo seno se experimenta todo lo que cambia, pero que permanece en sí misma intacta. Así que no alimentes todas estas pequeñas cosas que aparecen en tu mente, porque lo único que consigues de ese modo es convertirlas en una historia, y no olvides que en el Ser no hay historias.

Una vez que hayas visto algo con claridad gracias a la indagación, confírmalo justo ahí, en ese mismo momento. No lleva demasiado trabajo; simplemente pon la atención en lo que estés viendo. ¡Míralo de verdad! Una vez que hayas visto algo verdaderamente, ya no tienes que volver al terreno que ya has conquistado, lo que significa que ya no tienes por qué dudar de tu propio ver. Por ejemplo, si vieses claramente cómo alguien te roba algo, ¿tendrías alguna duda respecto a quién es el ladrón realmente? No, no la tendrías. De una forma muy parecida, ahora has visto con claridad que esa sensación de ser una persona no es real. Por lo tanto, siempre que vuelva a surgir, la reconocerás como el ladrón que está intentando robarte tu paz inherente.

Tu atestiguar continuará haciéndose cada vez más y más profundo, más sensible. Tu capacidad de discernimiento se agudizará hasta que la energía de la ilusión de que existe una persona ahí esté lo suficientemente debilitada como para ser trascendida. Sin embargo, no estás esperando que eso ocurra; tú no eres un «alguien» que esté esperando. Tú estás aquí, descansando tan solo *en* y *como* el Yo atemporal. Al ser uno con el Ser, todo se desarrolla en armonía de forma espontánea.

En cambio, si continúas como personalidad, siempre estarás haciendo esto, modificando aquello o ajustando lo de más allá, ¡porque el trabajo de la persona nunca termina!

Cuando ves todo como consciencia, dejas de cambiar constantemente las cosas de sitio, dejas de estar permanentemente «talando árboles y apagando fuegos». En lugar de eso, simplemente observando desde tu propia fuente, desde tu Ser, comprendes que los pensamientos no son más que imágenes danzantes que se proyectan en la pantalla de la consciencia; los ves como lo que realmente son, y te das cuenta perfectamente de que esta forma de verlos no es tan solo una mera creencia.

Date cuenta de lo transitorios que son los pensamientos; están aquí un momento, y al siguiente ya han desaparecido. Por lo tanto, ¿por qué enamorarse de una nube? ¿Cuánto puede durar un matrimonio así? Todos los fenómenos son como nubes a la deriva.

La persona te envenena; no vayas tras ella

Muchas veces durante el *satsang* alguien hace una pregunta, y ya en la misma pregunta puedo darme cuenta de que quien la hace aún está muy fuertemente identificado con su propia sensación de ser una persona. Por ejemplo, una vez un hombre comentó que veía constantemente cómo le pasaba por la mente una especie de película con todos sus fracasos, tanto que hasta soñaba con ellos. Se sentía culpable e indigno, y quería liberarse de todos esos remordimientos.

No es el único que tiene ese tipo de deseos; hay mucha gente que se siente así. Pero es tan solo la persona la que dice: «Estoy atrapado en esta vida, pero quiero acabar con todo esto». En realidad, no te estoy pidiendo que dejes de identificarte con esa persona, sino simplemente que seas consciente de dicha identificación y te preguntes a ti mismo: «¿Qué se da cuenta de esa identificación? ¿Tiene alguna historia eso que es consciente de "mi" historia?».

Deja que la historia personal siga ahí, pero reconoce que le has dado un significado y una relevancia enormes y que, consecuentemente, ha tenido una influencia muy negativa sobre la calidad de tu propia vida. Ahora bien, puede que ya seas consciente de esto, pero que aún así haya alguna parte de ti que no acabe de comprender del todo la importancia de simplemente estar consciente. A lo que me refiero no es a ser *consciente de* algo, sino a la *consciencia* misma. En cuanto vuelves la atención y la diriges hacia la consciencia te das cuenta de que la atención misma también es observada desde y en esta consciencia. Pero son pocos los que valoran esta consciencia, incluso a pesar de que no es sino la fuente de nuestra propia existencia.

Existe un espacio en tu interior que es como una especie de terreno neutral desde el cual puedes observar todos los aspectos de tu vida. Ni siquiera tienes que ir en su busca, pues todas las cosas aparecen por sí mismas como flotando en el campo de la visión.

Aprende a mirar, pero ten cuidado con la tendencia que tenemos a interpretar los eventos. En la vida nos ocurren muchas cosas que no son más que eso, cosas que ocurren en el día a día y que no revisten mayor importancia. El verdadero veneno está en la tendencia a interpretar, que se coloca en primer plano y confiere un sentido concreto a esas expresiones. Y ese tipo de interpretaciones siempre giran en torno a la esfera de lo personal:

- «Esta vez no he sido lo suficientemente bueno».
- «Se están riendo de mí».
- «Me han vuelto a excluir».
- «Por segundo año consecutivo me ha enviado una postal navideña reutilizada; ¡ha borrado el nombre y ha escrito el mío encima!».

Esta tendencia a tomarnos las cosas personalmente hace que busquemos precisamente lo que nos lastima, pues ese es el veneno del que se nutre la persona. Es especialmente buena a la hora de crear agravios imaginarios. Tan solo observa, y puede que, al observar, seas capaz de contar la historia. Eres consciente de la historia que se está desarrollando en tu cabeza, pero no te sientes arrastrado por ella porque en este espacio mayor desde el que observas no hay ninguna historia en absoluto.

Verás cómo, al darte cuenta de esto, comienza a producirse un cambio de orientación en la forma en la que percibes. No tardarás en referirte a «lo que te preocupaba» como tus «exproblemas».

CONFÍA EN LA VIDA

La mayor parte de la gente atraviesa momentos en su vida en los que parece que los desafíos y los problemas llegan de todas partes –en lo personal, en lo profesional, en lo espiritual, etc.–. En esos momentos puede resultar difícil confiar en que estas transiciones son en realidad oportunidades para que se produzca un enorme crecimiento, e incluso para que tenga lugar el despertar. No podemos determinar la forma en la que van a ser las cosas en cada coyuntura particular de la vida, ni saber cuál va a ser el resultado de algo o cómo se va a resolver un aspecto en particular. Sin embargo, demasiado a menudo actuamos como si lo supiésemos.

El rey y su consejero

Había una vez un rey que tenía un sabio consejero. Ciertamente, no podía decirse del rey que fuese una persona demasiado sabia, pero era lo suficientemente sabio como para saber que su consejero sí que lo era. El consejero acompañaba al rey prácticamente a todas partes, excepto cuando este iba al cuarto de baño, pero incluso en estos casos se quedaba esperando fuera.

Dio la casualidad de que una mañana el rey se levantó de la cama –era un tipo bastante regordete– y cuando estaba a punto de calzarse sus zapatillas reales, se resbaló en el suelo de mármol y cayó sobre su codo, el cual se rompió. Gritó de dolor, tan fuerte que todo el mundo en el palacio le oyó, pero antes de llamar a la reina o al médico real, el rey llamó a su consejero.

—Mi señor, ¿qué le ha sucedido?

—¡Mira cómo se me ha quedado el brazo! ¿Por qué me ha tenido que pasar esto?

El consejero echó una ojeada al codo roto y concluyó:

—Mi señor, es algo bueno.

Al oír estas palabras, el rey se puso hecho una fiera.

—¿Cómo te atreves a decir algo así? ¡Fuera de mi vista! –Llamó a la guardia real–: ¡Guardias, lleváoslo de aquí!

Los guardias le agarraron, le arrastraron hasta las húmedas y lóbregas mazmorras y cerraron de un portazo el pesado portón, *¡blam!*

Los médicos vendaron el brazo del rey, quien tuvo que pasar la siguiente semana guardando reposo en cama. Una mañana se despertó sintiéndose mucho mejor y no pudo soportar seguir ahí tumbado sin hacer nada. Era un buen jinete, así que pidió que le trajeran los caballos reales y escogió a su corcel blanco preferido. El mozo del establo le ayudó a ensillar el caballo y a montar y, al instante, ya estaba cabalgando hacia el resplandeciente sol de la mañana con el brazo roto cómodamente ajustado al torso bajo la pesada túnica mediante un cabestrillo.

Aquella mañana el rey se sentía feliz de volver a montar, por lo que cabalgó y cabalgó hasta alejarse bastante. De hecho, llegó tan lejos que, al atardecer, sin darse cuenta, cruzó las fronteras de su propio reino y acabó adentrándose en una tierra extraña y salvaje.

Allí vio un ciervo blanco y quedó tan cautivado por tan rara y hermosa visión que se dio contra la rama de un árbol. Cayó pesadamente sobre la tierra y empezó a hacer mucho ruido, gimiendo, lamentándose y pidiendo ayuda, cuando de pronto se vio rodeado por una tribu de aspecto salvaje que rápidamente le ató de pies y manos. Vio que sus captores llevaban adornos hechos con huesos humanos, y entonces cayó en la cuenta de que se encontraba en el territorio de los caníbales.

Los miembros de la tribu que le habían apresado ya habían enviado un mensaje por medio de tambores al poblado, «tantatán tantarantán», que significa: «¡Hemos pillado a uno bien gordo!». El rey estaba horrorizado al ver cómo le llevaban al poblado, aplaudiendo y bailando al ritmo de los tambores. Al llegar, los caníbales fueron recibidos con júbilo por sus familiares, que ya habían preparado un enorme fuego. Metieron al rey en una cabaña y fuera empezaron a realizar sus ritos y celebraciones salvajes. El rey miró por una diminuta ventana que había en la cabaña y pudo ver cómo se reían mientras hacían gestos inconfundibles con una enorme brocheta. Estaba aterrorizado hasta la médula.

—¡Oh, no, no, no! –gritaba.

Entonces, llegó el momento. Le arrastraron fuera de la cabaña y le llevaron hacia el fuego. El rey empezó a gritar incluso más que antes al ver que ya tenían preparada la sal y la pimienta negra. En el último momento, justo cuando le estaban empujando hacia el fuego, se le desprendió la manga de sus vestiduras reales y todos los caníbales pudieron ver su codo ensangrentado y en cabestrillo. De pronto, los tambores dejaron de sonar. Todos se miraron consternados:

—¡Vaya! Es imperfecto. ¡No podemos sacrificarlo!

Y así fue como, sintiéndose sumamente contrariados por haberse quedado sin su jugoso festín, le arrojaron encima de su montura y le dieron una palmada al caballo para que se fuera de ahí. El traumatizado rey se agarró con todas sus fuerzas con el brazo bueno al caballo, que galopaba furiosamente hacia casa.

Transcurrido un buen rato, el rey, exhausto, llegó a las puertas de su palacio. Los guardias corrieron a su encuentro y le ayudaron a desmontar.

—¿Qué le ha ocurrido, su majestad? ¡Sus vestiduras están rasgadas y, por su aspecto, parece que ha pasado un calvario!

Ya en sus aposentos, el rey se derrumbó bajo el impacto de ese encuentro tan cercano con la muerte. Entonces, cuando empezó a pensar en la suerte que había tenido por tener un codo roto, recordó las palabras de su consejero: «Mi señor, es algo bueno».

Se levantó inmediatamente y se dirigió a las mazmorras: «Mi pobre consejero. ¡Lleva una semana entre rejas! Tengo que verle ahora mismo». Al llegar a la mazmorra vio que el consejero estaba ahí sentado, tranquilo y en calma.

—Oh, mi consejero, ¿qué es lo que te he hecho?

El consejero se puso en pie:

—Pero, su alteza, ¿cuál es el problema?

Entonces el rey le contó la historia de su captura y terminó diciéndole:

—Sin duda eres mi mejor consejero. Hace una semana, tú, en tu sabiduría, pudiste de algún modo saber que romperme el brazo fue algo bueno, pero yo te encerré por ello. Lo siento mucho. ¿Cómo podría compensarte?

A lo que el consejero respondió:

—Mi señor, está bien, ha sido algo bueno.

—Pero ¿cómo va a ser bueno estar encerrado entre rejas una semana? –profirió el rey.

—Bueno, su alteza llevaba ya algún tiempo deseando dar un largo paseo a caballo, y yo siempre le acompaño a dondequiera que vaya. Por lo tanto, los caníbales nos habrían capturado a ambos, y, al darse cuenta de que no podían sacrificarle a usted, me hubiesen sacrificado a mí en su lugar. Así es que en realidad estar aquí ha sido algo bueno para mí.

La moraleja de este relato es que nunca se sabe cómo van a salir las cosas. A veces sacamos conclusiones prematuras apresuradamente y damos por sentado que las cosas han ido mal. Pero si simplemente te quedas en calma y confías en la vida –sin esperar algo–, te darás cuenta de que cuanto más aquietado estás, más capacidad tienes para ver las cosas como realmente son, y tu corazón no tardará en sentirse colmado de gratitud por esa sabiduría.

La mente siempre está actuando de forma prematura y es muy rápida a la hora de juzgar. Consecuentemente, siempre malinterpreta. No obstante, lo que puede parecerte en principio como un problema o un desafío de la vida, en realidad puede abrirte a la posibilidad de que tu mente perciba las cosas de otra forma, de que vea toda la belleza propia de este nivel más sutil de la consciencia que posiblemente no hubieses apreciado de haber seguido en la situación anterior –que te parecía más favorable–. De hecho, estos terremotos que se producen en nuestras vidas pueden constituir grandes motivaciones, pueden facilitarnos el acceso a una comprensión más profunda de nuestra propia naturaleza. Todo esto forma parte de la vida. Es natural que las cosas vayan mal de vez en cuando; van mal para poder ir bien.

Acoge al león en tu camino

Papaji solía contar la historia de una jovencita que estaba a punto de contraer matrimonio. La boda se iba a celebrar al día siguiente, así es que estaba muy emocionada, inmersa en los preparativos. Esta mujer vivía en el bosque, por lo que comenzó a caminar hacia el pueblo, que no quedaba demasiado lejos, con la lista de personas a las que aún tenía que visitar: el panadero, la florista, la modista y el sacerdote. Era primavera y todo estaba en flor. Radiante de alegría por la vida, iba saltando por el bosque, totalmente absorta pensando en el rostro de su amado, en la boda inminente, en los hijos y los nietos que tendría y en lo dichoso que iba a ser su futuro rodeada de todos aquellos que la amaban.

Entonces, un león hambriento apareció de pronto en el camino frente a ella. Estaba tan cerca que podía sentir y oler su aliento. En un instante, ¡desapareció el panadero!, ¡desapareció la modista!, ¡desapareció la florista! Incluso su amado, la luz de su vida, ¡había desaparecido por completo! En ese momento estaba absolutamente sola: sin tiempo, sin futuro, sin intenciones, sin pasado, sin identidad.

El maestro dice: «¡Acoge al león en tu camino!». Hasta que no lo hagas, siempre vas a estar planeando un mañana que no tienes, una próxima semana que nadie puede garantizarte. Tu mente reverberará constantemente con el ruido de lo cambiante y de «lo otro».

¡ACOGE AL LEÓN EN TU CAMINO! HASTA QUE NO LO HAGAS, SIEMPRE VAS A ESTAR PLANEANDO UN MAÑANA QUE NO TIENES, UNA PRÓXIMA SEMANA QUE NADIE PUEDE GARANTIZARTE.

Todos hemos adquirido el hábito de proyectarnos hacia el futuro y de aferrarnos al pasado. Estamos llenos del ruido claustrofóbico de la identidad, de la intención, de las promesas y las fantasías, del futuro y el pasado. ¿Qué es lo que puede despojarte de todo eso para dejarte de nuevo en ese lugar que es anterior y está más allá del tiempo y de la intención? ¿A qué distancia estás ahora mismo? ¿Qué te queda por hacer, qué asuntos pendientes tienes que atender, antes de que puedas quedarte tan solo como el Ser sin presión alguna? Recuerda que la mente no va simplemente a tomarse unas vacaciones. ¿Qué es lo que puede devolverte a este instante? ¿Cuándo vas a tener un momento para ser simplemente tú, sin acarrear ningún mensaje para el futuro, sino tan solo un momento para tu propio Ser?

AUTOINDAGACIÓN GUIADA
Permanece vacío

Hay algo que no se encuentra ni en el momento siguiente ni en el momento que acaba de pasar. No tienes que ir a buscarlo a ningún sitio para encontrarlo; la misma búsqueda que emprendes para encontrarlo surge en su seno.

Hemos estado pasando por alto lo obvio,
pero no le pidas a la mente que te ayude a encontrarlo.
Simplemente deja a un lado todo eso
en lo que tanto te involucras.
Deja a un lado todos los compromisos, toda intención,
toda especulación, toda promesa, toda aspiración.
Deja a un lado el pasado, no te preocupes en absoluto
por *lo siguiente*, por lo que ocurrirá *después*.
Deja a un lado incluso el concepto del *ahora*.
Déjalo todo a un lado por un momento.
No toques nada –sensaciones, pensamientos, sentimientos,
recuerdos, expectativas–, déjalo todo a un lado.
Descarta todo interés por estas cosas y permanece vacío.

Estás simplemente aquí.
Percibe la sensación *yo estoy aquí*.

Ahora suelta el *aquí*,
suelta el *estoy*,
suelta el *yo*.

Si no tocas nada, ni siquiera el *yo*,
¿qué es lo que queda?

Aquí, ¿qué tamaño tienes? ¿Qué forma?
¿Puede esto desaparecer?

¿Acaso puedes llegar hasta el borde de tu Ser,
más allá del cual no eres?

Algo queda de lo que no puedes separarte.
Está libre de cualidad alguna y es inmutable.
Este es el Ser de todo.

Antes creía

No puedo aceptar la forma en la que la gente se ve a sí misma porque esas versiones ¡sencillamente son versiones falsas! Por ese motivo soy capaz de servir a la humanidad. Conozco a todos los seres porque conozco el estado perfecto y sagrado del que habita en su interior. Yo solo veo al Ser, pero cuando la gente habla, surge algo distinto. Dejo que las personas hablen, las miro a los ojos y espero a que digan por sí mismas: «¡Ajá! ¡Todo esto no es nada!».

«Esta noche he visto un ángel, pero... no era nada».

«Ayer pensaba que me iba a morir, pero resultó que... no era nada».

«¡He tenido una experiencia increíble! ¡Era tan sorprendentemente... nada!».

«Quiero liberarme de... nada».

«Tengo que hablarte de tal y tal cosa, porque algo se está poniendo serio con... nada».

«Estaba sentado en una cueva y, de repente... nada».

«De todos modos, ¿de qué estás hablando? ¡Está claro! Es... nada».

Algún día considerarás que este cuerpo y esta personalidad no son nada, nada, nada.

Si la historia se corta de un tajo, ¿qué queda como *tú*?

A medida que te vayas acostumbrando a prestar atención a ese espacio de consciencia en tu interior, el pasado irá perdiendo gradualmente su importancia y su influencia, y te sentirás mucho más radiante, más presente.

Para algunos –aunque son casos excepcionales y muy poco comunes– descubrir la inmensidad de la consciencia es algo tan profundo que llega a erradicar en ellos todo sufrimiento –y también a ese que sufre–. Has de descubrir el valor de la consciencia por medio de observar más e identificarte menos. Observa incluso la propia tendencia a identificarte. Obsérvala, pero no te «conectes» a tus observaciones. Llegará un momento en el que digas:

> Antes creía que tenía que gustar a todo el mundo
> y que necesitaba que la gente me respetase
> para poder ser válido como ser humano,
> pero ahora me doy cuenta de que no es así.
>
> Antes creía que para poder ser libre
> tenía que convertirme en la mejor persona que pudiera ser,
> pero ahora veo que mi esfuerzo
> acabó causando muchos problemas.

Antes creía que solo podría centrar mi atención
en la espiritualidad
después de haber dejado mi huella en el mundo,
pero ahora veo claramente que
esta forma de pensar era muy limitada.

Antes creía que eran los demás
los que tenían que hacerme feliz;
ahora sé que puedo ser feliz junto a otras personas,
pero la fuente de mi felicidad
no depende de ellas.

Antes creía que siempre podría recurrir a mis amigos
cuando los necesitase,
pero ahora me doy cuenta de que la ayuda
puede llegar de lugares inesperados y de formas misteriosas.

Antes creía que no era digno,
pero ahora me doy cuenta de que un pensamiento así
no es más que un sinsentido contraproducente.

Antes creía que tenía que practicar más,
meditar más tiempo, ser más sincero,
pero ahora entiendo que la vida
no tiene por qué ser tan extenuante.

Antes creía que no estaba
preparado para la Verdad,
pero ahora me doy cuenta
de que yo mismo ya soy esa Verdad.

¡Antes creía tantas cosas que no son ciertas!,
pero ahora veo que no eran más que imaginaciones,
y que durante todo ese tiempo simplemente
estaba pasando por alto mi verdadero Ser.

¡Antes creía tantas cosas
que sencillamente no eran verdad!
Ahora entiendo que nada obstaculiza
la libertad que soy.

Ahora estoy aquí.
Esta vida es para la libertad. Eso elijo.
Este día, esta hora, este momento, son para la libertad.

Al principio, cuanto más asiduamente regresas
a tu espacio de libertad,
más querrán brotar las semillas de la mente
como maleza agresiva que te pide
–casi te ordena– que le prestes atención.
Aunque todo el espectáculo de la mente
no es más que un fenómeno pasajero,
puede que sientas que estos efectos especiales son reales,
incluso aunque se hayan repetido mil veces
como ese viejo material psicológico
que arrastras contigo.

Las formas en las que opera la mente son antiguas,
pero el Ser es atemporal.
Así es que no te enredes con la maleza de la mente
y así no perderás el contacto con tu armonía interna
ni el enfoque en tu Ser.

RECORRE EL CAMINO HASTA EL FINAL

Muchos seres sienten una necesidad apremiante de encontrar la verdadera libertad y me preguntan cómo pueden liberarse de la limitante sensación de ser una persona. Me dicen: «Por favor, ayúdame a destruir este ego que me está causando tantos problemas. ¡Quiero librarme de él!». Sin embargo, yo prefiero decirte «trasciende el ego» en lugar de «destrúyelo»; no puedes destruir un fantasma, pero sí puedes darte cuenta de la verdad de su naturaleza ilusoria, y entonces dejarás de sentirte intimidado por él. Por ejemplo, si vas caminando por un desierto, puede que de pronto veas un espejismo: fabulosos manantiales que brotan a borbotones rodeados de arboledas llenas de palmeras. Sin dudarlo un instante, emprenderás la marcha para ir a su encuentro. Sin embargo, nunca puedes alcanzarlo. Y no importa si crees en los espejismos o no; empezar a ver espejismos es algo que les sucede a todos los viajeros del desierto. Incluso después de saber que no son reales, siguen estando ahí en el horizonte, justo frente a tus ojos. No puedes destruir un espejismo, ni tampoco puedes hacer que deje de aparecer. Lo que sí que puedes hacer es verlo como lo que es y, de este modo, llegar a comprender que es irreal.

El ego no existe en realidad, incluso aunque –como todo lo demás– nos *dé la sensación* de que así es. Podrías preguntarte: «Pero ¿por qué decimos esto únicamente del ego? Tanto el ego como el no-ego, el Ser y el no-ser son todos ilusorios. ¿No es *todo* tan solo una apariencia que tiene lugar en la mente y en el Ser?». Bueno, sí, es cierto, pero mientras sigamos creyendo que somos ese ego-mente, «todo lo demás» adquiere un sentido de realidad mucho más intenso.

En última instancia tan solo existe el Supremo, *Brahman*, y nosotros siempre somos Eso que todo lo abarca y todo lo incluye. Pero ciertamente son muy excepcionales los seres que saben esto de verdad, con todo su ser, y no tan solo como una convicción intelectual.

Todos queremos ser felices, pero no todos tenemos la misma idea respecto a *cómo* serlo. Puede que aún creamos que existen otras maneras de ser felices aparte de trascendiendo el ego. Puede que todavía alberguemos una cierta esperanza, una cierta convicción de que podemos ser felices y libres *siendo* ego. Otros ya han comprendido que la libertad no consiste en ser libre *como* ego, sino libre *del* ego.

Mucha gente me dice: «¡Quiero ser libre!». A lo que yo les respondo: «De acuerdo. Veamos qué es exactamente lo que te está impidiendo ser libre». Pero cuanto más cerca están, más excusas ponen. Parece que a la gente le gusta más la idea de ser libre que el hecho de *ser* libre en realidad –o eso es lo que creen.

Resistirse a la libertad

En cierta ocasión vino un hombre a mi casa para hablar conmigo. Nos sentamos y me dijo:

—Deseo con todas mis fuerzas ser libre.

Estuvimos hablando sobre esta cuestión durante un rato, y justo cuando estábamos llegando a un punto muy hermoso y sutil en la indagación que estábamos realizando juntos, comentó de pronto:

—Humm... Tengo la garganta muy seca. ¿Te importaría traerme un vaso de agua?

Así que me levanté y le llevé un vaso de agua. Tras habérselo bebido quiso retomar la conversación:

—Sí, muy bien. Gracias. Entonces, ¿dónde estábamos?

—Te estaba hablando sobre tu posición real como aquel que percibe todo esto. ¿Qué es esa consciencia? ¿Desde dónde observas las cosas (y como quién, o como qué)?

Entonces dio un fuerte suspiro e hizo otro comentario:

—Hace un poco de calor aquí dentro. ¿Puedo abrir un poco la puerta que da al jardín?

—Sí, claro. Abriré la puerta del jardín. Bien, ahora, ¿podemos centrarnos en esto? ¿Eres consciente de...?

—Ah, dame un segundo. ¿Puedo ir al baño? –preguntó.

Así es que terminé por decirle:

—Escucha, no tenemos ninguna necesidad de hacer esto en absoluto, y si quieres marcharte puedes hacerlo. Mi casa no es una prisión.

—Para serte sincero, mi mente realmente quiere salir corriendo porque está sintiendo algo que la hace sentir muy incómoda.

—Pero puedes irte. No me voy a ofender.

—No, no –insistió él–. Por favor, ¿podemos intentarlo de nuevo?

En ese momento hizo una elección más elevada y decidió no seguir el juego a la resistencia de la mente. Mientras nos sentamos y miramos juntos de nuevo, su mente se abrió y finalmente se asentó dentro de su Ser.

Hay algo en nosotros que le dedica una cantidad considerable de energía a lo falso. No cabe duda de que es fácil decir: «Estoy buscando la Verdad», pero cuando llegamos justo al momento de la verdad, es cuando casi siempre oigo: «¡Espera un momento! Vuelvo en diez minutos, ¿de acuerdo? Espérame, no te vayas. ¡Vuelvo enseguida!». Alguien así no va a volver ni en diez minutos, ni en diez horas, ni en diez días –y puede que ni siquiera en diez años... si es que vuelve en algún momento– porque hay algo en su interior que tiene miedo de afrontar lo Real. Es muy sencillo decir: «Quiero la Verdad», pero son muy excepcionales aquellos que se abandonan realmente a sí mismos en aras de la Verdad.

El verdadero buscador debe indagar en las actitudes que subyacen y motivan su postura ante la vida y ante la misma búsqueda de la Verdad. Aprovecha tu oportunidad, que es siempre ahora. Algunos dicen que indagar sobre la naturaleza del Ser es algo que resulta muy difícil, pero eso no es cierto. Lo que ocurre en realidad es que hay una parte de la mente psicológica que se resiste a participar en cualquier investigación que pueda poner al descubierto su inexistencia última.

> EL VERDADERO BUSCADOR TIENE QUE INDAGAR EN ESAS ACTITUDES QUE SUBYACEN, MOTIVAN Y CONFIGURAN LA FORMA EN LA QUE VE LA VIDA Y TAMBIÉN CÓMO CONCIBE LA MISMA BÚSQUEDA DE LA VERDAD.

Sumérgete en este campo de energía del *satsang* mediante el cual te haces más consciente de ese poder superior que descansa en –y como– el Ser mismo. Puede que el miedo siga apareciendo, pero ya no te rindes a él, ya no tiene poder sobre ti. Conocer este espacio natural del Ser hace que sea mucho más sencillo superar la fascinación que sentimos por el ego. Ahora puedes retirar tu atención de él y mantenerla en el seno de la presencia misma. Cuando la atención deja de alimentar al ego, su poder se ve disminuido, su autoridad se resquebraja. Pero si sientes que la vieja fascinación por lo transitorio está constantemente acechando en la periferia de tu atención, es porque aún sigues teniendo, aunque sea pequeña, una cierta implicación emocional con ello. El ego se queda ahí sentado en la puerta, esperando y lloriqueando, porque sabe que, tarde o temprano, lo vas a alimentar de nuevo.

Todo esto puede ser un proceso lento, porque convivir con nuestro ego es como estar inmerso en una mala relación: estamos deseando estallar y decir: «¡Hemos terminado! ¡Lárgate de aquí!», pero luego se nos pasa el enfado y lo reconsideramos: «Hummm, puede que esté sacando conclusiones precipitadas...». Así es que le enviamos un mensajito de texto: «Está bien, démonos otra oportunidad».

Para algunas personas resulta sencillo romper con el ego. Para ellas es tan fácil como partir en dos una galleta; un pequeño esfuerzo y ¡listo! Pero para otras es como cortar una pizza con mucha *mozzarella* pegajosa, y tienen que dedicar un cierto tiempo a separar el queso. Poco a poco, empezamos a visitar cada vez menos la página de Facebook del ego, pero terminar con ello de verdad lleva tiempo, porque seguimos sin estar del todo seguros de que estemos haciendo lo correcto: «¿De verdad tengo que renunciar completamente a mi apego a la mente?».

Sin embargo, a medida que vayas descubriendo tu propio Ser verdadero imbuido de amor, te resultará cada vez más sencillo soltar todo aquello que no es verdad. No se trata siquiera de que tengas que abandonar tus propósitos vanos o tus actividades mundanas; Dios no te está pidiendo que renuncies a tus «golosinas», a tus placeres favoritos. Lo que ocurre es que simplemente comienzas a perder el interés por ellos. Y en algún momento te darás cuenta de que en realidad nunca tuviste esas «golosinas» a las que pensabas que tenías que renunciar. Comprenderás que no eran más que las falsas promesas de la mente –para tenerte feliz y contento– sobre algo que ibas a ganar o a conseguir en el futuro. Y así, poco a poco, de forma gradual, uno va escuchando la llamada de la mente cada vez desde más lejos, a más distancia.

Puedes verlo de esta forma: aunque hay manchas oscuras en la luna, estas no hacen que su luz sea menos intensa. En la luz de tu propia realidad interna, la superficialidad de la mente egoica ha perdido su atractivo para ti. Ya no es el foco de tu interés, porque ahora hay una luz mucho más intensa iluminando el mundo.

MÁS ALLÁ DE ABRIRSE O CERRARSE

Algunas personas que han probado el sabor de la Verdad, que han tenido un atisbo de ella, se han abierto, y eso es maravilloso, pero después de algún tiempo comienzan a tener la sensación de que se están cerrando nuevamente. Así es que adoptan la firme intención de volver a abrirse permanentemente. Acuden a mí con estas novedades y me piden que les ayude a eliminar los obstáculos que puedan quedar para llegar a la libertad total.

A esta sensación de abrirse y cerrarse se le ha dado mucha más importancia de la que en realidad merece. Tanto la gran alegría y la armonía que sentimos al abrirnos como la sensación más personal y tirante que se produce al cerrarnos son por igual estados que son observados desde un lugar más profundo. Yo apunto constantemente a este atestiguar porque *tú* eres el testigo. Todo lo que es visto, todo lo que es percibido, está sujeto al cambio –incluida la sensación de abrirse o cerrarse, de entrar o salir, de ir o venir–, mientras que el testigo es estable.

Muchos buscadores cuentan que encuentran y pierden alternativamente esta sensación de libertad. Esto es debido a que todavía están tratando de utilizar lo que es cambiante por naturaleza como referencia respecto de ellos mismos. Podemos invertir mucho tiempo y energía en la observación de lo que cambia, con la esperanza de que algún día todas esas hermosas manifestaciones se mantengan en su lugar. Pero no es así como funciona. No se trata de llegar a un nivel en lo manifiesto que nunca cambie.

Es más importante descubrir *desde dónde* estamos mirando –*desde dónde* percibimos– y *como qué* o *como quién* lo hacemos. Hasta ahora hemos estado tan atrapados en la burbuja de lo que es visto que nos hemos olvidado por completo de la fuente de esa percepción. Y cuando hablo de *ver* no me refiero tan solo a ver imágenes o impresiones sensoriales, sino también al efecto que nos provocan en el cuerpo y a los sentimientos que las acompañan –todo esto forma parte también de la percepción.

En realidad, no existe tal cosa como alguien que sea capaz de «estar de forma permanente» en el Ser. Nadie lo ha hecho nunca; Buda no lo *hizo*, ni Cristo pudo *hacerlo*. Más bien, lo que ocurre es que el Ser es reconocido como lo que somos, y nos damos cuenta de que, sin esfuerzo alguno y de forma atemporal, siempre es perfecto. En realidad, no hay ningún «entrar y salir» del Ser, no hay ninguna fluctuación, pues todo esto surge y es percibido en el seno de la consciencia inmutable.

Así es que no le prestes demasiada atención a la sensación de abrirse o de cerrarse, pues, si lo haces, la mente la usará para perpetuar el sentimiento y la creencia de que aún no eres lo que, de hecho, ya eres. Esgrimirá argumentos como: «Si de verdad fueses el Ser, ¡no estarías sintiendo esas fluctuaciones!». Las experiencias de abrirse y cerrarse siguen perteneciendo al ámbito de lo fenoménico cuando son vistas a la luz de una forma de percepción superior, pero, más profundamente que eso, estamos «abiertos» de un modo que trasciende lo fenoménico. No lo denominamos apertura porque carece de su opuesto –no hay en él ninguna clausura–. Está más allá de abrirse o cerrarse.

Cuando la persona ya se está marchando

Llega un momento en el que se reconoce que el sentido personal aparece en la presencia, siendo la presencia misma mucho mayor. La sensación de la persona individual sigue presente, pero es como si se estuviese yendo, como si ya se estuviera marchando. Es como una serpiente que está saliendo de la habitación: ya tiene la cabeza en el jardín, pero la cola aún está dentro de la habitación. Déjala que salga –se va a ir de todos modos–. No puede quedarse porque la temperatura ya no es la adecuada para las serpientes. De una forma muy parecida, la sensación de ser una persona seguirá ahí, pero poco a poco irá saliendo por la puerta y perderá su poder sobre ti. Sin embargo, tampoco se trata de que esperes a que se vaya, pues ese que estaría *esperando* seguiría siendo un aspecto de la mente.

Concentra tu atención y tu energía únicamente en el Ser, no en la personalidad. Si fueras ese sentido personal, no podrías observar la sensación de ser una persona ni sus disparates. La sensación de ser una persona es inestable e inconsistente, pero intenta ser consistente. Es la que nos in forma de las idas y venidas. Pero la paradoja está en que este que se esfuerza por alcanzar la consistencia es en sí mismo totalmente inconsistente. Si de verdad quieres encontrar la consistencia, la sensación de ser una persona tiene que irse –solo entonces puede revelarse la auténtica consistencia–. De algún modo, ahí está el truco.

Nos identificamos como la persona
que va a recibir algo hermoso,
pero lo hermoso ya está aquí presente.

Lo único que ocurre es que la propia persona lo oculta.
Ahora, este misterio te está siendo revelado.
Así es que no le prestes demasiada atención a la identidad,
pues cuanta más atención le dediques, más real parecerá.
Date cuenta de que eres tan solo tú
el que da realidad a estas ocurrencias;
no tienen ninguna realidad en sí mismas.

Por esta razón la mente necesita que le aportes tu energía y tus creencias. De lo contrario, no puede manifestarse más de lo que una bombilla puede alumbrar sin electricidad. Mediante tu atención, tu identidad, tu interés y tus creencias suministras la energía que necesitan los pensamientos para funcionar. Una vez que te des cuenta de esto, reconocerás en dónde reside el poder real. El poder siempre está *en ti*, no en el pensamiento. Mientras sigas sin tener esto claro, te seguirá pareciendo que los pensamientos tienen vida propia.

Los pensamientos no implican necesariamente pensar

Puede que durante un tiempo los pensamientos sigan apareciendo, pero el que surja un pensamiento no equivale a pensar. Un pensamiento sin creencia no tiene poder. Pero un pensamiento en el que se cree es capaz tanto de empezar una guerra como de sanar el dolor de una nación entera. Es tu creencia en los pensamientos –y tu identificación con ellos– lo que les da vida y lo que puede llegar a causar tanto dolor y tanto sufrimiento.

CUANDO UN PENSAMIENTO NO LLEVA NINGUNA CREENCIA ASOCIADA, NO TIENE NINGÚN PODER.

Al igual que los actores de una obra no salen a escena hasta que el público no está sentado, los pensamientos no actúan sin ti, el que los percibe. Los pensamientos no son conscientes y, por lo tanto, no pueden pensar por sí mismos. Así es que tampoco pueden convertirse por sí mismos en la actividad del pensar. Para que se dé el pensar, los pensamientos tienen que estar asociados con el «pensador», con el «yo» que está interesado en la representación y en su desenlace.

El mismo pensamiento que a ti te preocupa puede aparecer en otra persona y pasar prácticamente desapercibido. Ningún pensamiento tiene un sentido o un poder inherente. Eres tú –a través de los condicionamientos, los hábitos, las creencias y la identificación– el que confiere significado a los pensamientos particulares. Una vez que te identificas con un pensamiento y te ves aparentemente arrastrado a pensar, el observador de esa obra protagonizada por el pensamiento de algún modo también pasa a formar parte de la representación. Sin embargo, el que sabe *todo* esto no se ve atrapado en la burbuja de esa escenificación. En –y como– ese campo de consciencia mucho más amplio, podemos ver incluso como la atención misma se ve arrastrada a identificarse con los pensamientos.

Permanece en este espacio de neutralidad, en este lugar natural de observación. Este es el Ser real.

❖❖

Si te pidiese que detuvieses tus pensamientos, ¿serías capaz de lograr tal hazaña? Sería como matar moscas en el campo. Cuanto más vayas tras ellas, más moscas parece que hay. No podemos mantener a raya los recuerdos, las preocupaciones u otro tipo de pensamientos. Por lo tanto, deja que zumben las moscas del pensamiento, pero, en lugar de centrarte en ellas, enfoca tu atención en la consciencia misma. Simplemente deja que los pensamientos actúen, mientras tú permaneces como consciencia. Así, la actividad compulsiva de los pensamientos comenzará a remitir de forma natural y sin esfuerzo. Podríamos decir que has dejado de alimentarlos y, consecuentemente, pronto desaparecerán.

Deja de alimentar a las palomas

Trafalgar Square es uno de los monumentos más famosos de Londres y uno de los lugares que los turistas siempre visitan. Durante décadas fue tradición que la gente diese de comer a los miles de palomas que revoloteaban por esta plaza. Había puestos en los que vendían unas pequeñas latas con maíz y fotógrafos que te sacaban una foto alimentando a las palomas para sacarse unas monedas. Pero con la cantidad de excrementos de paloma que se acumulaban en el suelo y en los bancos, la plaza se estaba convirtiendo en un lugar muy sucio e insalubre. Así es que el alcalde convocó una rueda de prensa en Trafalgar Square en la que declaró: «A partir de tal fecha será ilegal alimentar a las palomas. ¿Por qué? Porque somos una ciudad moderna y no es nada higiénico que haya tantos excrementos de paloma por todas partes. Tenemos que deshacernos de ellas, pero, dado que somos un país civilizado, también es ilegal matarlas».

Así es que llegó el día en el que la gente dejó de dar de comer a las palomas. En tan solo dos semanas desaparecieron por completo. Fueron apareciendo en mi barrio y en otros lugares de Londres en los que hacía mucho tiempo que no se veía ninguna, pero en Trafalgar Square no quedó ni una sola.

Si dejas de alimentar a tus pensamientos –que son como estas palomas–, tampoco tendrás que matarlos. No alimentar a los pensamientos significa simplemente mantener tu atención en y como la consciencia misma.

Retirar tu atención del constante flujo de pensamientos no es ninguna cobardía; no se trata de que huyas de aquello de lo que tienes miedo, sino más bien de permanecer en la presencia. Esa es la respuesta más sabia, porque sin ese flujo de atención que les otorgas a los pensamientos, estos no pueden proliferar, no pueden crecer, y, consecuentemente, comienzan a sosegarse por sí mismos. Simplemente permanece como consciencia. Es así de simple. A algunos este consejo les parece ingenuo o demasiado simplista, ¡pero lo cierto es que es inmensamente poderoso!

Sin atención y sin identificación, los molestos pensamientos de la mente egoica pierden su fuerza y se convierten en algo así como la luna en el cielo diurno –pálida e insignificante–, hasta que, finalmente, dejas de notarlos por completo.

No te enredes en la maleza de la mente

Darle energía a la mente es como pedirle a alguien que te atormente. En cuanto te des cuenta de esto, ¡el juego ha terminado! Sin embargo, la mente psicológica, la mente taimada y retorcida, la mente seductora y tentadora nos habla con su voz de serpiente. Seguirá intentando encontrar la forma de sacar provecho de tus debilidades y, así, conseguir meterse de nuevo en tu casa. Se cuela a través de tus puntos ciegos, pero tú eres más fuerte e infinitamente mayor que la mentira –y todas las mentiras huyen cuando están frente a la Verdad.

Ahora bien, lo que has solicitado es que se retire el velo de la ilusión; por lo tanto, que así sea. Al principio, cuanto más asiduamente regresas a tu espacio de libertad, más se transforman las semillas de la mente en esa especie de maleza agresiva que te pide –casi te ordena– que le prestes atención. Aunque todo el espectáculo de la mente no es más que un fenómeno pasajero, puede que pienses que estos efectos especiales son reales, incluso aunque hayas repetido todo ese viejo material psicológico que arrastras contigo mil veces. Las formas en las que opera la mente son antiguas, pero el Ser es atemporal. Así es que no te enredes en la maleza de la mente y así no perderás el contacto con tu armonía interna ni el enfoque en tu Ser. Recuerda: nunca serás libre *como* ego; libertad significa liberarse *del* ego.

No olvides que suceda lo que suceda, sin importar lo intenso que pueda ser, sigue siendo tan solo un fenómeno. No se va a quedar para siempre; tan solo *nos da la impresión* de que las circunstancias o la situación actual no van a terminar nunca. Los efectos no pueden perdurar, porque no son reales. Están sujetos al cambio –y lo mismo vale para todo lo que sea fenoménico–. No prestes tanta atención a estas energías. Quédate anclado en tu fuerza unitiva –lo cual significa permanecer en una especie de neutralidad.

Mi propia vida hace que me mueva entre todo tipo de eventos. Todos los días me llegan muchísimas ideas y peticiones: «¿Puedes echarle un vistazo a esto?», «¿Puedes decidir sobre esto otro?». Pero nada de eso puede separarme de lo que soy. Al interactuar de forma natural con la gente desde y como esa fuerza unitiva, todo va contribuyendo a las acciones que realizo en el mundo sin necesidad de esforzarme por comprenderlo todo. Puedo ver que el universo en su totalidad se está desplegando por sí mismo y que mi cuerpo es parte de ese todo.

Probablemente nunca seamos capaces de dejar atrás nuestros condicionamientos totalmente. Puede que continúen con nosotros a nivel superficial y que sigan teniendo algún pequeño efecto e influencia sobre nosotros, pero dejarán de ser la autoridad, dejarán de ser dominantes. Si durante toda tu vida has preferido la comida ligera, ¡no te vas a levantar un buen día deseando de pronto un curri extrapicante!

Esta vida es tu oportunidad de habitar en tu poder y en tu sacralidad. Y se trata de una buena noticia, pues estás siendo liberado, no atado y sentenciado. Estás siendo entregado en virtud de tu propio ver, de tu propio *satsang*. La fuerza de tus condicionamientos te ha mantenido hipnotizado durante mucho tiempo, pero ahora estás siendo liberado de este hechizo. Y ¿cómo puede romperse el hechizo? Tan solo sigue esta indicación: permanece como consciencia.

LA LIBERTAD ES GRATIS, PERO NO BARATA

Después de haber tenido una experiencia tan profunda como lo es haber llegado a diferenciar lo real de lo irreal, es muy posible que tu mente quiera alardear de ello mostrando tu descubrimiento y atribuyéndose todo el mérito. Y ¿qué mejor audiencia que unas cuantas personas conocidas? Sin embargo, adoptar esta actitud y participar en este tipo de frívola cháchara y en otras actividades igualmente triviales solo drena tu energía. Es una forma segura de volver a caer en el engaño. Has vuelto a picar el anzuelo de la mente, y al caer de este modo en sus tentaciones es como si volvieses a estar en el mercado; te divides nuevamente a ti mismo. Así, la energía y los frutos de la realización que habías conseguido te abandonan.

Hay personas a las que veo tan solo una vez al año durante una o dos horas, pero en cuanto vuelvo a reencontrarme con ellas me doy cuenta de que durante el tiempo que hemos estado físicamente separados se han deshecho cada vez más del ruido conceptual que acarreaban consigo el año anterior. Durante ese tiempo han estado vaciándose silenciosamente hacia la nada. Para mí lo atractivo no es tu visibilidad sino tu invisibilidad. Tu presencia se revela tan solo en ausencia de tu sentido personal –y la presencia es deslumbrantemente hermosa–. Cuando eres presencia, te veo.

Hasta en los lugares sagrados hay gente que trabaja para generar ruido y para ayudarte a celebrar el tuyo propio. Aunque lo hagan sin maldad, has de evitar su compañía. Muchos de los que tienen un despertar intenso simplemente quieren mantenerse en silencio. No quieren estar en contacto con nadie para evitar perder energía en el sinsentido habitual del ámbito personal. Saben perfectamente bien que lo que han asimilado es demasiado valioso como para ir dispersándolo por ahí.

Cuando sientes que has tenido la oportunidad de disolver la mente en lo más profundo de su propia fuente, que puedes sentir la presencia del Ser Supremo en tu corazón, no es el momento de salir a tomar un café o de pasar el rato en internet. Vete a casa y reposa en esta unidad. Dile «sí» a la

Verdad dentro de tu corazón. Adopta esta actitud: «Libérame del ego y disuelve mi mente en Ti, la Presencia Divina. Reemplázame por Ti. Le digo "sí, sí, sí" a lo Verdadero».

Si acabas de lograr un avance tan importante hacia el verdadero mirar, pero justo después interactúas de un modo que refleja tu forma de pensar egoica habitual –y malgastas así tu tesoro–, bien pudiera ser que aún no hayas reconocido el verdadero valor de lo que acabas de descubrir.

El minero y la gema celestial

Había una vez un pobre hombre que malvivía buscando piedras semipreciosas. Todos los días salía con su burro a trabajar para poder subsistir. A veces se pasaba horas y horas trabajando con su pesado pico bajo un sol abrasador, arrancando pedacitos de roca mientras el sudor le caía a chorros por la frente. Cuando encontraba algún trozo de amatista o de cuarzo rosa, estallaba de emoción: «¡Oh, Dios mío! ¡Fíjate en esto!» y colocaba la piedra en un pequeño zurrón.

Su rutina consistía en picar piedras durante unas cuantas horas en el frío de la mañana, descansar un poco a la sombra de un árbol y comer un trozo de pan con un poco de agua antes de volver de nuevo a su arduo trabajo durante el resto del día.

Un buen día estaba sentado bajo un árbol, descansando un poco del sol abrasador, cuando de pronto oyó un fuerte estrépito, ¡bum! Una gema celestial cayó del cielo y aterrizó justo frente a él. Tras recuperarse de la sorpresa inicial, se inclinó sobre la piedra y la recogió. La reluciente gema era enorme y de valor incalculable. Era una joya que había caído del mismísimo cielo. La observó con más detalle y comprobó que era completamente transparente, clara como el cristal.

«Veamos, ¿qué será esto?», murmuró para sí mismo. Como minero de piedras semipreciosas que era, nunca, ni remotamente, había visto nada tan puro y cristalino, así es que tomó la gema celestial por un simple trozo de cristal llamativo y la ató al cuello de su burro con un pedazo de cuerda: «¡Ese es el lugar que le corresponde a este pequeño adorno brillante!». Y así, volvió a la tarea de picar las rocas de la colina en busca de algo de valor.

Un hombre le había estado observando a cierta distancia. Sospechaba que el meteorito que había visto caer del cielo era una gema rara y de gran valor, y al ver la despreocupación con la que el minero había despachado aquel asunto, decidió hacerle una visita.

Al acercarse, el resplandor de la piedra que colgaba del cuello del burro confirmó sus sospechas. Se acercó al hombre y le saludó:

—Buenos días, buen hombre.

El minero dejó de picar y alzó la vista:

—Buenos días.

—Discúlpeme –prosiguió el extraño–. Necesito llegar a la ciudad para acudir a una cita muy importante, pero estoy muy cansado. ¿Podría comprarle el burro?

El minero, que carecía de la perspicacia necesaria para darse cuenta del engaño, preguntó sorprendido:

—¿Mi burro? ¿Por qué iba a querer nadie comprar mi viejo burro?

El hombre astuto le explicó:

—Simplemente he de llegar al pueblo, y su burro es la única forma que hay de llegar sin tener que caminar. Le pagaré trescientos dólares por él.

—¿Trescientos dólares por este viejo animal? –exclamó el minero con incredulidad.

—Sí. Es un asunto importante, y sencillamente tengo que llegar cuanto antes.

—¡Claro! ¡A ese precio por supuesto que puede quedárselo!

Así es que el hombre le dio al minero los trescientos dólares y se marchó montado en el burro, clip-clop, clip-clop. Cuando ya se había alejado lo suficiente y había tomado varias curvas en la carretera, bajó de su montura, tomó la gema celestial y, dándole una palmada, hizo que el burro volviese al lugar del que había venido, clip-clop, clip-clop. El burro recorrió el mismo camino de vuelta y se detuvo cuando llegó junto a su verdadero dueño.

Cuando el minero vio regresar al burro –al que acababa de vender por un precio tan bueno–, pensó extrañado: «¡Qué gente tan rara hay por aquí hoy en día! Te pagan trescientos dólares por un viejo burro que apenas vale cien ¡y después cambian de opinión y le dejan marchar! ¡Ah, qué gente tan necia! ¡Qué insensatos! ¡Supongo que hay personas a las que les sobra el dinero!».

Y después comenzó a picar rocas de nuevo, sin dedicarle ni un solo pensamiento más a todo ese asunto.

Descubrir nuestro verdadero Ser es parecido a encontrar esa gema de valor incalculable, pero puede que no la apreciemos porque aún estamos demasiado interesados en las distracciones familiares del mundo. Nos vemos tentados con demasiada facilidad por la mente egoica y sus anodinas promesas. Con demasiada frecuencia escucho hablar de gente que reconoce la espaciosidad y la alegría del Ser, pero que luego se apresuran a regresar al distrito rojo de la mente, dilapidando así todo lo conseguido hasta ese momento. Después regresan diciendo: «Me siento un poco apagado. Tal vez tendría que haber aprovechado mejor esa oportunidad de profundizar en esta comprensión». Hemos de tomarnos esta oportunidad seriamente, porque la libertad es gratis, pero no barata. Lo tienes todo: estás vivo y sientes un fuerte impulso hacia la Verdad. Algo dentro de ti está llamando a gritos a la libertad, y tú deseas responder a esa llamada, pero también hay algo que escinde tu atención y te retiene. Tienes que vencer al dragón del engaño. Tienes la fuerza y el poder necesarios para imponerte –no como esa pequeña persona impotente, sino como la unidad que todo lo abarca–. Dispones de un gran poder, la mayor parte del cual no has empezado siquiera a utilizar, y estás aquí para reconocer y reclamar dicho poder. Pon todo tu Ser sobre la mesa de la Verdad.

LA VERDAD ÚLTIMA NO ES UNA EXPERIENCIA

Los buscadores espirituales suelen pedirme que hable sobre las experiencias catárticas, de gozo y éxtasis, u otras experiencias impactantes similares que han tenido al consagrarse a sí mismos a la Verdad. Me piden que les ayude a clarificar cuál puede ser el significado y la relevancia real de tales experiencias. Puede que durante unos cuantos días o semanas hayan estado teniendo una profunda sensación de unidad con todo, y ahora quieren saber si eso significa que ya «lo han captado», en cuyo caso ahora ya podrían compartir su descubrimiento con los demás.

También ocurre que, a medida que la gente profundiza más en su propia indagación o en su camino espiritual, puede que se manifiesten en esas personas algunos dones o talentos o que se acentúen más. Por ejemplo, puede que abraces a alguien y de repente te diga: «¡Gracias por curarme el hombro!», y entonces empieces a pensar: «¡Vaya! He sido bendecido con el don de sanar con las manos. Estoy destinado a convertirme en un sanador». O quizá descubras de pronto que puedes cantar como los ángeles y tengas la tentación de sacarle partido a este nuevo talento. Pero, si ocurre algo así, has de recordar que lo que elegiste fue buscar la libertad, no convertirte en un cantante famoso. Por supuesto que, si quieres cantar, canta, pero tan solo por el placer y el disfrute de hacerlo. Después, si surge algo más a raíz de esto, está bien. Simplemente no pongas tu carrera como cantante en la portada de la consciencia.

Sea lo que sea que experimentes, sigue siendo un fenómeno, sin importar lo hermoso o lo profundo que pueda ser. No sería de extrañar que te ocurriesen muchas cosas hermosas a medida que te vas vaciando de tu sentido de identificación personal, pero no se trata de un puñado de trucos o de pasar por una serie de acontecimientos excepcionales. Cuando surjan cosas así, has de recordarte a ti mismo: «No me he embarcado en un viaje espiritual para desarrollar cualidades especiales. ¡Estoy aquí para encontrar la

> SEA LO QUE SEA QUE EXPERIMENTES, SIGUE SIENDO UN FENÓMENO, SIN IMPORTAR LO HERMOSO O LO PROFUNDO QUE PUEDA SER.

libertad!». Recorre el camino hasta el final y no te conformes con menos.

Las tentaciones de una gran *yogini*

Una gran *yogini* estaba meditando en una cueva en las montañas con la intención de descubrir su verdadera naturaleza. Mientras se encontraba sumida en esta profunda contemplación, de pronto aparecieron frente a ella los colores más hermosos, los más brillantes e iridiscentes. Eran unos colores que resplandecían de un modo único, colores mucho más vivos que los que ningún artista hubiese sido capaz de pintar nunca; ninguna flor de la Tierra podría ser tan delicada, tan detallada y tan radiante como lo eran estas formas vivas y cambiantes. Pensó: «Esto es extraordinario, increíble, ¡es tan hermoso!». Pero entonces surgió una voz interior: «Esto no puede ser lo que soy, porque yo estoy aquí percibiendo estos colores». Y todas esas coloridas formas desaparecieron bailando.

Poco después comenzó a oír una música muy hermosa. Se trataba de la música más melodiosa, profunda y rítmica que había escuchado jamás, una melodía absolutamente deliciosa. Se sentía profundamente conmovida: «¿Quién la habrá compuesto? ¡Ningún compositor humano podría haber compuesto algo tan exquisito!». Pero entonces una consciencia más profunda le recordó: «Puede que sea hermosa, pero no puede ser lo que soy, porque yo estoy aquí escuchándola», y la música se fue haciendo cada vez más tenue hasta desaparecer por completo.

Después aparecieron unos luminosos seres celestiales que, flotando en el aire, se dirigieron hacia ella para envolverla con su luz. Sintió su profunda calidez, su divinidad y su pura inocencia, pero entonces pensó: «Puede que estos seres sean celestiales, pero no pueden ser la meta a la que aspiro, porque yo estoy aquí viéndolos».

Y, así, se desvanecieron. Finalmente, la mente de la *yogini* quedó totalmente absorbida en su corazón.

No cabe duda de que en el proceso del descubrimiento de la propia naturaleza podemos experimentar muchos estados hermosos provocados por el creciente sentido de unidad y de fascinación. Es posible que tengamos algunas experiencias verdaderas que en realidad sean necesarias para la consciencia en ese momento, pero la Verdad última no es una experiencia en absoluto. Hay que tener cuidado y no sacar conclusiones precipitadas, porque a la mente le encanta aseverar: «¡Eso es! ¡Lo he conseguido! ¡Aleluya!». La mente estaría encantada si fueses corriendo a contárselo a tus amigos.

Y después, una vez que haya pasado la experiencia –lo cual es inevitable en el ámbito de lo manifiesto, en la esfera del tiempo y el cambio–, la mente intentará usarla como prueba de que aún te queda mucho por recorrer en tu camino espiritual. Hay algo en tu interior que sabe muy bien que no se trata más que de otra voz: ambas son irreales, tanto la voz que reclama la experiencia como logro para sí misma como la voz que la interpreta. Y esta comprensión se fundamenta en una consciencia más profunda que no desea nada en absoluto.

Ese sentido de haber llegado a algo –basado en un cierto conjunto de sensaciones– sigue siendo la persona. Siempre está intentando llegar a la Verdad y se deja llevar por ideas del tipo: «¡Vaya! ¿Qué es lo que ha pasado? ¡Era tan hermoso! Debe de significar que ya he llegado». Puedes sentirte agradecido por todos esos estados tan hermosos que surgen y por las comprensiones a las que llegas a través de ellos, pero no te apegues a nada de lo que viene y va, y no dejes que ningún objeto te distraiga de la noción de que tú eres el sujeto en el cual aparecen incluso estos estados tan hermosos.

El Ser no es un estado. Puede que en ocasiones me refiera a él como el estado sin estado o el sentimiento sin sentimiento, pero es infinitamente mayor que cualquier estado o cualquier sentimiento. No obstante, tomar un sentimiento particular por la Verdad es un error común. Pero si la Verdad fuese un estado, o si requiriese que nos sintiésemos de un modo concreto, entonces esto supondría limitar lo ilimitado. La gente suele preguntarme qué puede hacer para estabilizarse en el Ser. Simplemente sé, limítate a ser. No pienses en cómo puedes llegar a convertirte en esto, pues no es algo que se consiga mediante el uso de ninguna técnica; es el reconocimiento de lo que está ya atemporalmente presente.

Tú ya estás aquí.

Esta existencia es poderosa,
y la Verdad última está en todos y cada uno de nosotros.
Si la vida tiene un propósito,
este es el de revelar esta Verdad
para poder salir del estado de hipnosis
en el que nos encontramos
y despertar a lo Real.

En el *satsang*, en este ambiente de gracia espiritual,
la naturaleza de Buda, la luz de Cristo, la consciencia
es revelada y liberada
de la prisión ilusoria de la identidad psicológica.

Que nuestras vidas sean
la evidencia misma de la Verdad.

LA GRACIA ESTÁ DE TU PARTE

A veces puede darte la impresión de que la mente hace todo lo posible por evitar que reconozcas la luz de la pura consciencia que ya resplandece como tu propio Ser. Es como si hubiese hecho una firme promesa: «¡Cueste lo que cueste, este no va a conseguirlo!». Así es que puedes estar totalmente seguro de que la mente va a utilizar cualquier resquicio de debilidad que pueda encontrar para impedirte penetrar en ese espacio de unidad al que llamamos *nirvana*.

A una ramita del *nirvana*

Había una vez un hombre bellamente desapasionado, amable y totalmente desapegado de todo. Estaba tan vacío de sí mismo, era tan tranquilo que era casi invisible. Estaba casado y tenía unos hijos a los que quería mucho, pero tampoco estaba apegado a ellos. Nada parecía molestarle, nada le importunaba. Incluso un día en el que después del trabajo llegó a casa antes de lo esperado y sorprendió a su mujer pasándoselo en grande en la cama con el lechero, simplemente dijo:

—Oh, hola. ¿Cómo estás, cariño? Veo que estás con un amigo. ¡Disfrutad, disfrutad! No quiero interrumpiros. ¿Queréis que os prepare una taza de té?

Solía decirle a su esposa que lo que fuera que le hiciese feliz a ella, también le hacía feliz a él. Pero ella lo único que pensaba era: «Pero ¿qué clase de hombre es este? La mayoría de los hombres se ponen furiosos cuando pillan a su mujer con otro, o, al menos, se sienten traicionados... ¡Pero a este no le preocupa en absoluto!». Así que, sin comprender ni apreciar el verdadero desapego, le dijo:

—Puede que seas una buena persona, pero lo que yo necesito es un hombre de verdad.

Así que le dejó. Después sus hijos también se encararon con él:

—Pero ¿qué clase de padre eres? Todo el mundo está enterado de este escándalo y de tu extraña reacción. ¡Eres un padre horrible! ¡El lechero sería mejor padre que tú!

Él les respondió con su característica actitud clara y pacífica:

—Oh, sí. Probablemente tengáis razón. No soy tan buen padre.

Cada vez más enfurecidos ante su desprendimiento sus hijos acabaron por anunciarle:

—¡No queremos volver a saber nada más de ti!

Así es que ahora le habían dejado completamente solo, pero como no estaba apegado a ningún resultado particular, no se sintió perturbado por los juicios de su familia. Entonces prosiguió su camino y después de un tiempo acabó en un monasterio. Estaba muy contento con el trabajo que realizaba allí, que consistía en mantener limpia la arena del jardín zen y rastrillarla creando hermosas formas circulares. Realizaba esta tarea con sumo cuidado y, una vez concluida, se sentaba a meditar en una roca. Pero en realidad no tenía que meditar, pues estaba tan absorto en su propio Ser que él era ya la meditación misma. Era tan desprendido, tan tranquilo, tan calmo, estaba tan vacío que incluso comenzó a hacerse invisible. Muchas veces, los monjes que pasaban caminando por el jardín zen ni siquiera se percataban de su presencia.

Pero el rey de los demonios oyó hablar de él e hizo venir a su presencia a sus mejores –es decir, a sus peores– demonios.

—Ha llegado a mis oídos que un simple mortal está a punto de entrar en el *nirvana*. ¿Quién es el responsable de esto? ¡Se supone que tenéis que vigilarle e impedirlo! ¿Cómo es posible que estéis permitiendo tal cosa? –bramó con su potente voz.

—Su majestad, ya le tenemos bajo vigilancia –respondieron los demonios.

—Muy bien, entonces, ¿por qué habéis dejado que se vuelva tan transparente? Casi ha desaparecido del todo. Y, sencillamente, ¡no podemos permitirlo!

—Pero, mi señor, ¡ya lo hemos intentado todo! Hemos puesto todo tipo de obstáculos en su camino. Enviamos al lechero a su casa para que sedujese a su mujer, ¡pero no pareció importarle en absoluto! Después hicimos que su esposa y sus hijos le rechazasen, pero se lo tomó todo con la más absoluta calma. Hemos hecho todo lo que se nos ha ocurrido, pero no conseguimos detenerle. ¡No sabemos qué más hacer!

El rey de los demonios concluyó:

—Sigue siendo una criatura mortal, así es que tiene que haber algo que le distraiga, algo que le moleste, y tenéis que dar con ello. No nos podemos permitir que escape ni siquiera un solo ser humano. ¿Sois conscientes de los problemas que nos causan cuando lo hacen? Ahora marchad y poned toda vuestra atención en él. ¡Todo el mundo tiene una debilidad, y tenemos que encontrar la suya!

—Sí, su majestad. –Los demonios hicieron una reverencia y se marcharon.

Un buen día, nuestro desapegado monje ya había terminado de rastrillar el jardín con todo cuidado y estaba sentado en su roca favorita. Respiró profundamente y no tardó en sumergirse en un profundo estado de meditación.

Los demonios llegaron y tomaron posiciones a su alrededor, fijándose con mucha atención en todos sus movimientos. Pero él simplemente estaba ahí plantado, casi invisible, profundamente inmerso en su meditación. Tanto que, en un momento dado, hasta uno de los demonios, que estaba sentado más cerca, comenzó también a entrar en ese estado meditativo. Otro demonio tuvo que zarandearle y avisarle:

—¡Eh, tú, no te acerques tanto! –y rápidamente dio unos pasos atrás para colocarse a una distancia más segura.

Estuvieron así durante horas, tan solo observando y esperando. Entonces un fuerte viento comenzó a soplar por las colinas y en el jardín, agitando la enorme higuera india que le daba sombra. Muchas hojas comenzaron a revolotear en remolinos, y una pequeña ramita cayó justo en la parte del jardín que el monje había rastrillado antes con tanta premura y cuidado. Las hojas pronto pasaron de largo, pero aquella ramita diminuta seguía ahí quieta en el inmaculado jardín zen. Inmediatamente, el monje abrió un ojo para ver qué había sucedido y rápidamente se bajó de la roca en la que estaba para remediar el agravio que suponía esa ramita. La lanzó lejos visiblemente irritado y después, con sumo cuidado, arregló la arena antes de volver a adoptar la postura del loto. Todos los demonios se miraron unos a otros con sonrisas ladinas y maliciosas: «¡Ajá!».

Así es que comenzaron a agitar el árbol con tanta fuerza que cayeron hojas y ramitas por todo el suelo. Después se pusieron a bailotear en la arena, esparciéndola por todas partes. El monje, totalmente aturdido y desconcertado, empezó a dar gritos y a correr de un lado a otro tratando de arreglar aquel desastre imposible. Estaba tan preocupado que perdió su invisibilidad –y hasta empezó a ponerse de un color verde intenso–. Y así fue como los demonios impidieron que nuestro monje entrase en el *nirvana*, ganándose con ello el favor de su rey, que los recibió como a héroes cuando regresaron al país de los demonios.

¿Cuál es tu ramita? Es decir, ¿qué es lo que consigue distraerte sin remedio?

Ahora bien, al oír esto puede que pienses: «¡Dios mío! ¡Esto es terrible! Hay que estar tan desapegado a todo y tan vigilante... Voy a tener que estar constantemente barriendo mi interior». Pero es así tan solo si insistes en ser una persona. En cuanto te quede claro que la persona misma también es un fenómeno, te dará igual que haya o no haya ramitas; dejarás de librar batallas personales.

No obstante, esto no quiere decir que no vaya a seguir habiendo ataques intensos por parte de la mente –a veces incluso sin ninguna ramita, sin ningún motivo aparente–. Ni tampoco significa que tales ataques indiquen algo en concreto. Si aparece una tormenta mental de este tipo, lo que tienes que hacer es incorporarla a la indagación. No te preocupes tanto por saber cuál ha sido el factor desencadenante; en lugar de eso pregúntate *quién* es ese al que tanto le importa, *quién* es ese que se ve perturbado o que está molesto, *quién* es el que aún carga algo de identidad. Y siéntete agradecido por la oportunidad que tienes de indagar, de descubrir dónde se está ocultando todavía el ego.

> NO TE PREOCUPES TANTO POR SABER CUÁL HA SIDO EL FACTOR DESENCADENANTE; EN LUGAR DE ESO PREGÚNTATE *QUIÉN* ES ESE AL QUE TANTO LE IMPORTA.

Aunque este monje estaba casi completamente liberado, aún había en él algunos apegos remanentes en juego. Así que fue necesario que esa ramita cayese en su jardín para poder dilucidar la razón por la que aún no era completamente libre. La necesidad de buscar y de indagar de este modo seguirá estando presente mientras sigamos identificándonos con lo personal, pero no preguntes cuándo llegará a su fin esta necesidad de indagar; a medida que profundizamos en nuestra comprensión, la autoindagación se va convirtiendo en un disfrute y muchas veces surge por sí misma de manera espontánea. Además, tampoco termina del modo que le gustaría a la mente –con alguien que alcanza alguna meta o algún destino final–. La indagación llega a su fin cuando no queda nadie ahí para indagar.

Cuando comienzas a vivir en la esfera del Ser, de la pura presencia –o cuando al menos has reconocido y aceptado esta realidad–, todo lo que haces en el día a día ocurre en la presencia, en lugar de suceder en el estado de persona. A veces la persona es como una pequeña sombra, que aparece, pero que sabes que pronto pasará. Si no le prestas demasiada atención a la creencia de ser una persona, ¡no irás por ahí inquieto y preocupado por tener que librarte de esta persona! Esa clase de autorrecriminación sería, nuevamente, algo personal. Ahora vemos claramente el manido repertorio de la mente y sabemos que no es nada en absoluto.

Ignorar el pensamiento es una herramienta muy potente, pero ten mucho cuidado de no convertirte en un «ignorador». No vuelvas a adquirir una identidad. ¡Simplemente ignora los pensamientos! Tan solo limítate a permanecer vacío. Es la opción más sencilla y la más directa –la opción más complicada es la de ser como este monje, que está desapegado de prácticamente todo, pero aún sigue apegado a algo.

Para algunos, esta etapa de refinamiento es como darle la vuelta a un guante: la palma queda perfectamente al revés, pero las puntas de los dedos se resisten y tienes que apretarlas un poco para que se den la vuelta. O, también, como una serpiente cuando muda la piel: ya ha conseguido despojarse de toda ella, salvo por un último fragmento que se le queda adherido y le sigue a dondequiera que vaya. Tiene que encontrar un par de ramas que hayan nacido muy juntas y escurrirse retorciéndose entre ellas para desprenderse de ese último trozo de piel, de forma que todo el pellejo caiga por fin. En ocasiones, puede parecer que la práctica espiritual esté cumpliendo la misma función que esas ramas. Puede que hayas dejado atrás muchísimas cosas pero aún quede en ti este residuo de adherencia del cual parece tan difícil desprenderse.

Durante un tiempo, la consciencia lleva puesta la etiqueta de «buscador», y la meta del buscador es llegar a la presencia, al Ser puro y sin mácula, pero cuando nos damos cuenta de que el buscador mismo es también fenoménico, entonces penetramos en el ámbito de la presencia, y la presencia no es una persona. La presencia no se adhiere a ninguna religión particular, ni tampoco requiere ningún mantenimiento mediante la realización de prácticas espirituales. Y es desde este lugar de la presencia desde el que puedo señalarte una realidad aún más profunda; incluso ese que está tan decidido a encontrar ese par de ramas para liberarse de su vieja piel es en sí mismo un fenómeno y, por lo tanto, en última instancia no es real. Así que no le des demasiada importancia a ese que está mudando la piel.

Puedes ser consciente de tus factores desencadenantes, de tus deficiencias y de las costumbres que están arraigadas en ti, pero cuando descubres que *absolutamente todo eso* es visto, incluido el que lo ve, el testigo mismo, ya no tienes que ocuparte de este último nunca más.

Y cuando consigas entender esto verdaderamente, ten cuidado, pues es justo en ese momento cuando puede presentarse la arrogancia y decir: «¡Sí! ¡Lo he conseguido!». Y, así, el ponzoñoso veneno de la persona vuelve a colarse en ti. Pero en tu honestidad, tu sinceridad y tu dedicación a la Verdad, hay algo ahí que recorre el camino junto a ti, algo que te protege. Puede que no la percibas visiblemente, pero la gracia está siempre aquí, de tu parte. Esta existencia es poderosa, y la Verdad última está en todos y cada uno de nosotros. Si la vida tiene un propósito, este es el de revelar esta Verdad para poder salir del estado de hipnosis en el que nos encontramos y despertar a lo Real. En el *satsang*, en este ambiente de gracia espiritual, la naturaleza de Buda, la luz de Cristo, la consciencia, es revelada y liberada de la prisión ilusoria de la identidad psicológica.

Que nuestras vidas sean la evidencia misma de la Verdad.

LA REACCIÓN DEL EGO

Parece que cuando alguien vuelve su atención hacia la libertad y cuestiona su identidad localizada o condicionada, aparece una resistencia interna muy intensa. Podríamos describirla como una reacción violenta del ego. Antes de eso nada, ni siquiera las adversidades o las pérdidas que hayamos podido sufrir en nuestra vida, nos han llegado a alterar tan profundamente; simplemente continuábamos con la acostumbrada forma de actuar basada en las acciones, las reacciones y las interacciones –todo ello con el permiso del ego–. Pero ahora que hemos elegido la libertad, es muy probable que sintamos una resistencia muy fuerte.

El ego nunca se hace tan evidente como cuando estás a punto de lograr esta comprensión, cuando la etapa de cuestionar y evaluar comienza a quedar atrás y empiezas a sumergirte profundamente en el descubrimiento de tu Ser, cuando estás penetrando en el mismísimo corazón de la Verdad. Es especialmente en esos momentos tan favorables y auspiciosos cuando entran en juego –tanto interna como externamente– fuerzas que pueden sabotear tu libertad por medio de hacerte enfocar la atención exclusivamente en tu existencia como cuerpo-mente, manteniéndote de este modo atrapado en una mentalidad que parece bloquear cualquier avance real hacia un auténtico descubrimiento del Ser.

¿De dónde proviene esta reacción tan intensa? Es debida a nuestros condicionamientos, a todos esos duendecillos traviesos que, agarrados de nuestra mano, nos han acompañado siempre en la vida mientras estábamos absolutamente convencidos de que eran inofensivos, de que eran nuestros amigos, nuestro apoyo en la vida –e incluso quienes éramos, nuestra propia identidad–. Cuando reconocemos que, aunque llevemos con nosotros todo esto, somos independientes de ello, puede que nos demos cuenta de que este individuo condicionado no es quien somos realmente. Reconocemos que tenemos alguna relación con ello –pues es cosecha propia–, pero comprendemos también que no constituye nuestro Ser esencial.

Parece que, con mucha frecuencia, tan pronto como reconocemos nuestro Ser esencial, estas fuerzas comienzan a subir como burbujas a la superficie. Y no se trata precisamente de pompas de jabón; no son fuerzas amistosas, ni «buenas vibraciones». Puede que empieces a gritar a la gente, o que no puedas dormir, que tengas pesadillas o que sudes profusamente cuando estás en la cama. Cualquier buscador –y no me refiero tan solo a los seguidores del *advaita*, sino a los buscadores de cualquier disciplina– sabrá a lo que me refiero, pues se trata de un tema universal. Da igual cuál sea la religión con la que te identifiques: si tu búsqueda es auténtica, siempre te va a llevar en última instancia a una lucha.

Pero ¿de qué trata esta lucha?

La lucha se da entre la tendencia a permanecer siendo únicamente una persona y la fuerte atracción hacia la liberación, que se siente como una llamada hacia lo desconocido.

Cuando la libertad llama, puede que sientas como si estuvieses siendo atraído por un agujero negro, siendo engullido de tal manera que nunca más serás capaz de encontrar nuevamente a ese pequeño «tú» –o, al menos, así es como lo interpreta la mente.

Estas fuerzas internas intentarán convencerte de que la liberación es el mayor riesgo que puedes tomar –algo así como hacer paracaidismo sin paracaídas–, pues, en última instancia, equivale a la disolución definitiva del ego.

Paradójicamente, lo único que estás haciendo es regresar a aquello que *nunca* puedes dejar de ser, pero de lo que has permanecido inconsciente hasta ahora. No te estás convirtiendo en algo distinto, sino que estás *dejando* de convertirte en algo, para descansar en tu Ser –y ahí es precisamente donde comienza la lucha–. Pero encarar estas fuerzas hostiles no tiene nada que ver con prepararse para salir al campo de batalla a luchar con el enemigo. No, tu lucha es una batalla épica interna contra el condicionamiento egoico y contra la idea que tienes respecto a quién o qué eres. Tu autorretrato se está enfrentando al pintor que lo ha creado. Aunque, en última instancia, lo Real no participa en ningún conflicto. La lucha tiene lugar únicamente en un sueño, y el guerrero que libra la batalla forma parte también del sueño. No obstante, el guerrero tiene que ganar la batalla, pues será solo entonces cuando pueda disolverse en lo que realmente es –en aquello que no está involucrado en batalla alguna–. Así es como se juega a este juego.

> MUCHAS VECES APARECERÁ UNA RESISTENCIA TREMENDA JUSTO CUANDO ESTÉS EN ALGÚN MOMENTO DECISIVO DE TU VIDA.

Para poder ayudarte me gustaría compartir contigo esta indicación fundamental: muchas veces aparecerá una resistencia tremenda justo cuando estés en algún momento decisivo de tu vida. Levantará su horrenda cabeza justo en el momento en el que tengas una oportunidad real de romper las ataduras de la identidad y las limitaciones de tu propia mentalidad.

¿Cómo puedes mantenerte firme a la hora de afrontar dicha resistencia? No has de ceder a la tiranía de tu mente. Aparecerá una gran resistencia psicológica, pero quiero que la interpretes de forma correcta: no como un fracaso sino como una purga. No intentes derrotarla con una actitud que podríamos denominar de «vigilancia paranoica»: «¿Cómo te atreves? ¡Como des un paso más, te voy a enseñar quién manda aquí!».

Ciertamente, adoptar este tipo de postura no te traería nada bueno cuando lo cierto es que la vida –en forma de tu mente psicológica– ya te tiene firmemente agarrado del cuello, y cuando te acercas demasiado a la liberación, te lo aprieta y tú te apresuras a disculparte: «¡De acuerdo, de acuerdo! ¡No iremos en esa dirección! ¡Te pido perdón por toda esa búsqueda de la libertad! Ahora ya me he dado cuenta de que la liberación no es para mí. ¡Al menos, no en esta vida!». Dile algo así, y la mente psicológica te soltará y podrás continuar con una vida más o menos aceptable.

Y así es como vive la vida la mayoría de la gente: estando «más o menos bien». Pero lo que te estoy diciendo es que no estás aquí tan solo para limitarte a sobrevivir. ¡Nadie lo está! Tú eres la vida misma y, al mismo tiempo, también eres su testigo. Deja que tu actitud sea la que te ayude a reconocer esto. Gozas del poder innato necesario para discernir que una presencia que no es la mente está surgiendo en tu interior.

La Divinidad te está dando un beso desde dentro.

Y basta con que Dios te lance un beso con un ligero soplido para agitarte por dentro y hacer que te embarques en la búsqueda de la libertad.

¡Ese beso prenderá fuego a tu corazón!

Ahora bien, si me dices que no has sentido tal beso, entonces, está bien, puede que la libertad no sea para ti, así que continúa con tu vida.

Pero incluso el más mínimo guiño de Dios encenderá la llama de este fuego que todos necesitamos tan desesperadamente. Cuando las llamas se acerquen a ti y comiences a sentir su calor, comprobarás que no se trata de la misma clase de fuego que aquel con el que cueces las verduras. No; es más bien un fuego en el que tienes que arrojarte. Así que ¡arrójate en el fuego del descubrimiento del Ser! No te quemará; tan solo quemará aquello que *no* eres.

Te estoy animando a que des este paso y te arrojes al fuego divino, pero también te estoy alertando de la posibilidad de que las fuerzas de la mente psicológica se alcen inmediatamente en tu contra. El miedo, el deseo, el apego, las aspiraciones, la trascendencia, el amor y el odio... Todas estas fuerzas forman parte de la historia humana, pero también tenemos el potencial para trascenderlas.

La trascendencia significa darte cuenta de tu divinidad innata, pero no es algo que resulte sencillo. ¿Por qué no? Porque es demasiado simple para la mente humana. ¿Por qué? Porque ya *eres* Eso. Has de imaginarte todo lo demás, pero tu verdadero Ser no es imaginación. Puede que tengas que crear, que construir todo lo demás, pero no puedes crear el Ser porque ya está aquí presente.

Los seres humanos somos adictos a la imaginación, a las proyecciones y a los juicios. Podemos llamar la caída de la gracia al momento en el que establecimos nuestra identificación con el cuerpo y la personalidad. Pero en realidad no se trata de un error, porque estaba previsto que cayésemos para experimentar el mecanismo del instrumento humano y saborear la diversidad, pues toda ella es divina.

Has de saber que no has nacido para permanecer atrapado en tu autorretrato, sino para despertar a tu Ser original. Sin embargo, en cuanto nos identificamos como personas, es como si los narcóticos de la existencia hubiesen sido inyectados en las arterias de nuestro ser y hubiésemos empezado a creer en ese efecto. Es un poco como cuando alguien habla estando bajo los efectos del alcohol: es fácil darse cuenta de que se expresa «desde el alcohol». O, también, como cuando alguien ha fumado hierba y tiene esa actitud, esa onda diferente. Todo tiene su efecto y, si tomas algo, entonces hablas y te expresas a través de esa sustancia –y ella a través de ti–. Y, del mismo modo, una vez que nos deshacemos del hábito de vivir en el autorretrato, nosotros, como el Ser original, nos sentimos llenos de dicha y felicidad y la felicidad habla y se expresa a través de nosotros.

Entonces, ¿en qué consiste este «subidón» natural y qué efectos tiene?

Es aquello que no depende de ninguna otra cosa.

Es simplemente *tú* tal y como eres, no «tú» como a tus sueños y a tus fascinaciones les gustaría que fueses.

Tan solo Eso, tal y como es.

Estamos aquí para descubrir eso.

Lo que aquí se te ofrece es la oportunidad de mirar hacia tu interior y descubrir *Eso* como tu mismísimo Ser.

LA GUÍA DE UN MAESTRO

Mientras permanezcamos en el estado de ser personas independientes y de creer: «Este soy yo, este es mi cuerpo, esta es mi vida, me dedico a lo mío, medito, soy cristiano, soy judío, etc.», será útil encontrar un guía que ya haya recorrido el camino a la libertad, alguien que conozca las trampas y pueda llevarnos de regreso a nuestro Hogar de la forma más directa posible. Aunque podemos referirnos a nuestros esfuerzos espirituales como un camino o un viaje, aquí estoy haciendo referencia a la manera más directa que hay de *reconocer* nuestro verdadero Ser, y no a la forma más directa de viajar –o de recorrer el camino–. Para poder embarcarnos en un viaje, previamente tenemos que estar intentando llegar a algún otro lugar distinto de aquel en el que ya estamos.

Si aceptase la idea de que hay un viaje, sería únicamente aquel que has de realizar para devolver tu mente o tu atención a la fuente, que siempre se encuentra justo aquí. Si de verdad creyeses que aún hay alguna distancia que recorrer para ser quien eres, ¿qué vehículo tendrías que usar para volver a tu Hogar, para regresar a tu propio Ser, a tu corazón? ¿Existe en realidad alguna distancia en absoluto entre tú y tu corazón, salvo la distancia de un simple pensamiento? Tales ideas de separación no son más

> EL MAESTRO NO PIERDE EL TIEMPO EN EXTIRPAR YA NO SOLO EL POTENCIAL, SINO LA CAPACIDAD DE MORAR EN NINGÚN OTRO SITIO QUE NO SEA EL CORAZÓN.

que tonterías que hemos aceptado como ciertas, pero ¿a qué precio? El maestro no se demora en extirpar tan solo el potencial, sino la capacidad de morar en ningún otro sitio que no sea el corazón. Sin embargo, la mayoría de los buscadores aún conservan la fuerte convicción de que han de llevar a cabo tareas extenuantes, someterse a pruebas o realizar arduos viajes. Es tarea del maestro discernir sobre si la mente del buscador es apta para un reconocimiento directo de la Verdad o si aún es necesario seguir derritiendo más bloques de conceptos rígidos y duros como el hielo.

La relación con un auténtico maestro espiritual enriquece la mente con verdadero entendimiento. Puede que al principio no sea sencillo vencer el poder de sugestión de la mente, pero con determinación, honestidad y gracia estás obligado a tener éxito. Si persistes con valentía, con confianza y con una firme fe en las instrucciones y en las directrices del maestro, nada impedirá que alcances tu objetivo. Podrías preguntarte: «¿Y si al final acabo apegándome a mi maestro?». Bueno, en la vida nos apegamos a tantas cosas que no son reales... Si se diese el caso de que nos apegásemos a alguien que está libre de apegos, esta persona rompería también nuestros propios apegos y ataduras, haciendo posible que nos convirtiésemos en la libertad misma.

La ardilla cautiva

Un grupo de ardillas vivían en las copas de unos árboles y se dedicaban a corretear, a jugar unas con otras y a hurgar aquí y allá en busca de frutos secos, cosas que les encanta hacer a las ardillas. Una de ellas comenzó a dejar que la gente se le acercase tanto como para poder lanzarle nueces y otros frutos que ella recogía, y a veces incluso les dejaba que le diesen de comer directamente de la mano.

Una mañana, un hombre se acercó al parque temprano y comenzó a lanzar algunos frutos aquí y allá. Confiada, la dócil ardilla bajó de su árbol para comérselos, y se acercó más y más hasta comer de la mano del hombre. De repente, el astuto hombre agarró a la desprevenida ardilla por el pescuezo. Aterrorizada, la ardilla se sacudió y luchó con todas sus fuerzas por liberarse, pero no lo consiguió.

El hombre metió a la ardilla en un pequeño saco de lona y se la llevó a su casa, en la que había un pequeño jardín y algunos árboles. Una vez allí abrió el saco y rápidamente le ató una cuerda al cuello. La cuerda tenía unos pocos metros de largo y el otro extremo estaba atado a un ladrillo. La ardilla luchó y luchó para liberarse, pero no pudo escapar. El tiempo fue pasando, cambiaron las estaciones, y la ardilla seguía prisionera en el patio trasero de la casa de aquel hombre. Llegó a identificar el chirrido de la puerta trasera como la señal de que su captor había regresado del trabajo y pronto le daría su ración de frutos secos. El hombre también le traía agua y le acariciaba el lomo. De algún modo, se acostumbró a esta nueva vida. Pasados unos meses, cuando se abría la puerta y aparecía el hombre, lo único que pensaba la ardilla era: «Oh, aquí está el que me da de comer».

La ardilla se iba adaptando a la vida en cautividad, pero en la casa de al lado vivía un perro y tan solo los separaba un frágil vallado. Se trataba de un dóberman –no precisamente la raza más amigable– y solía cargar contra la valla, la cual cada vez estaba más deteriorada a causa de los golpes. No cabía duda de que el propósito del perro era zamparse a la ardilla. Cada vez que hacía un nuevo intento por derribar la valla, la ardilla corría aterrada hasta el otro lado del patio arrastrando el ladrillo tras ella. A veces llegaba incluso a trepar un poco por un árbol, pero el peso del ladrillo que le colgaba del cuello no tardaba en hacerla caer al suelo.

Así es que esta era la vida que vivía la ardilla un mes tras otro a través del cambio de estaciones. No era una vida fácil, pero al menos aquel hombre la alimentaba regularmente.

Un buen día de primavera, la ardilla estaba ahí tan tranquila comiendo sus nueces cuando oyó cómo se zarandeaban las copas de los árboles. Cuando alzó la vista vio a toda una familia de ardillas correteando por las ramas, subiendo y bajando de los troncos tal y como les encanta hacer a las ardillas cuando están rebosantes de alegría primaveral. La ardilla cautiva contempló el bailoteo de sus congéneres a plena luz del sol y, en ese momento, una tristeza muy profunda inundó su corazón, pues lo que estaba viendo sobre su cabeza, en las copas de los árboles, era una verdadera vida de libertad. Se quedó mirando la cuerda que tenía atada al cuello, el ladrillo y los frutos secos que le daba el hombre y se lamentó: «¡Esta no es mi vida!». La sola visión de las ardillas libres estimuló en ella un profundo anhelo de libertad y, al mismo tiempo, una profunda tristeza, pues no podía saltar, correr y divertirse como lo hacían las demás.

En aquel grupo había una ardilla que era especialmente sabia y que, un buen día, miró hacia abajo y vio a nuestra pobre ardilla atada en el patio. Se dio cuenta enseguida de su aspecto cansado, enfermizo y triste. Así es que le pareció que tenían que hacer algo para salvar a su hermana. Al verlas llegar, a la ardilla cautiva le entró miedo. Antes, en los viejos tiempos, nunca habría sentido miedo de las otras ardillas, Pero ahora, al ver que la rodeaban y comenzaban a roer la cuerda que mantenía su cuello atado al ladrillo para liberarla, estaba asustada por lo que podrían hacer.

En ese preciso instante, las ardillas oyeron los ladridos y los lloriqueos del dóberman al que ya se le hacía la boca agua, completamente *loco* ante la perspectiva de conseguir atravesar el vallado y darse un buen banquete con todas aquellas ardillas. No paraba de dar golpes a la valla, pero las ardillas, aunque estaban aterrorizadas, no cejaron en su empeño de romper la cuerda. Y entonces, justo en el momento en el que el dóberman consiguió romper la valla, la última fibra cedió y todas las ardillas, incluida la cautiva, se escabulleron entre los árboles.

No es posible sentirse más feliz de lo que se sintió nuestra ardilla en ese momento. La sensación de estar ahí arriba, ¡mirando hacia abajo!... Estaba tan contenta de ser libre de nuevo que no podía parar de saltar de un lado para otro en las copas de los árboles. Desde ese día, nuestra ardilla vivió felizmente con sus nuevos amigos, disfrutando plenamente de su recobrada libertad. Las estaciones cambiaron, las hojas comenzaron a caer de los árboles y la nieve del cielo gris. Y entonces, un buen día, ya no había frutos que comer.

Una mañana de invierno, la ardilla estaba sentada en el extremo de una rama con un aspecto muy triste y decaído. La ardilla sabia se puso tras ella y le dio un mordisco en la cola.

—Pero ¡¿qué haces?! –dijo nuestra ardilla, dando un respingo.

—Sé lo que te pasa por la cabeza: recuerdas con nostalgia tus días de cautiverio –respondió la ardilla sabia–. Tu mente ha creado una imagen muy clara de alguien que te alimenta todos los días, y quieres volver a esa situación. ¡Pero fue precisamente esta forma de pensar lo que hizo que te atrapasen! ¡Abandona ese hábito inaceptable! Somos ardillas, y eso significa que somos libres y que buscamos nuestro propio alimento.

Entonces, la ardilla que anhelaba con todas sus fuerzas la libertad –aunque también la temiese– recordó su verdadera naturaleza y se sacudió para siempre ese miedo a la escasez mientras volvía a corretear de nuevo por las ramas y se perdía en la espesura.

Hay algo en nuestras vidas que también es así: somos libres por naturaleza, pero, de algún modo, la mano que nos da de comer nos ha atraído con engaños hacia el cautiverio. Entonces empezamos a fantasear pensando que ese cautiverio es en realidad alguna clase de libertad. Pero un día te encuentras con el Ser inmortal y algo en tu interior te toca tan profundamente que te sientes vigorizado y rebosante de energía. Ahora ya sabes que una libertad así es tu verdadera naturaleza, y también quieres ser libre. Es este mismo anhelo de libertad el que abre la oportunidad para tu liberación.

Pero a medida que pasa el tiempo, se presentarán algunos residuos de la mente y puede que empieces a proyectar y a fantasear con lo que sea que tu mente haya escogido para volver a captar tu atención. Una vez más, mediante el *satsang* se te recuerda que has de regresar a tu estado sagrado. Así es que, cuando te mueres por volver al cautiverio, alguien se cruza en tu camino y te lo hace notar; y si es absolutamente necesario, ¡ese alguien está dispuesto incluso a morderte la cola! De este modo, ayudado de forma tan valiosa para encontrar la libertad que habita en tu Ser, te llenas de alegría.

Olvídate de ese cautiverio cómodo y acogedor. Recuerda el ladrillo, recuerda al dóberman. No vuelvas a comer de la mano de tu captor. Así es como comenzaste a tener un sentido de no ser libre.

En lo que a mí respecta, solo siendo discípulo de Papaji fui capaz de comprender lo auspicioso que fue haber descubierto a un maestro espiritual verdadero. Tanto es así que hoy en día no es extraño oírme decir que «vivir con la cabeza a los pies del maestro es vivir en la cima del mundo».

SALIR DEL CAPULLO

Después de conocer a Papaji, mi maestro, y de haber estado durante cierto tiempo en *satsang* con él, tuve una experiencia muy intensa que hizo que me enfadase mucho con él. Había escrito una carta a Papaji y él la leyó en voz alta durante el *satsang*. Hasta ese momento, yo pensaba que me encontraba en un estado de serenidad amorosa y que ya había recorrido un buen trecho en mi desarrollo espiritual, pero cuando me senté frente a él y comenzó a leer mi carta, algo se puso a golpear dentro de mi cabeza, ¡pum, pum, pum! Esto fue creciendo en intensidad y no tardó en convertirse en un zumbido muy agudo que me pitaba en los oídos. Entonces todo empezó a tambalearse. Estaba que echaba humo. Papaji había conseguido poner al descubierto algo en mi interior que nunca antes había sentido, algo que yo no era consciente de que estuviese ahí, y no lo soltaba –aunque, en realidad, no estaba haciendo nada más que leer mi carta–. Me resultaba muy difícil ignorar aquello a lo que él se estaba refiriendo, pero yo aún no estaba preparado para verlo, por lo que surgió en mí una enorme resistencia.

Lo que me ocurrió después fue una especie de aislamiento o de desconexión del entorno. El ruido interior se hizo tan fuerte que, de hecho, ni siquiera podía escuchar las palabras de Papaji. Lo único que veía era cómo se movía su boca y toda la sala se reía a carcajadas. Pero, por dentro, en realidad no los oía, ¡lo único que escuchaba era un chirrido continuo! Y entonces, en ese mismo momento, decidí que había llegado la hora de abandonar el *sangha* para siempre y de marcharme de Lucknow. En mi mente, Lucknow se había convertido ahora en un lugar de mala suerte. Todo el peso aplastante de mis juicios hizo que surgiese en mi interior una intensa oleada de humillación y de ira. Me decía a mí mismo: «¿Cómo se atreve a tomar mi pregunta tan a la ligera? ¡Y qué descaro que el *sangha* se ría de mí de esta manera! Tengo que salir de aquí. No es mi maestro. No es Ramana Maharshi. Mira, aquí no hay más que occidentales. ¡Los indios ni siquiera se acercan!».

Aquel día hacía mucho calor. Intenté recoger mis cosas y hacer las maletas, pero mi cuerpo estaba empapado en sudor debido tanto al calor externo como al fuego que me consumía por dentro. Decidí salir a dar un paseo para tomar un poco del aire fresco que tanta falta me hacía en ese momento. Encontré un lugar agradable a la sombra de una vieja higuera india en el centro del barrio Indira Nagar, pero mi mente aún estaba en llamas. Pensé que si quería salir de la ciudad tendría que darme prisa. Así que me puse de nuevo en pie y comencé a caminar de vuelta a mi lugar de residencia.

Lo que vino después fue sencillamente indescriptible. No debía de llevar recorridos ni cincuenta metros cuando de pronto, de forma totalmente inesperada, todo, incluido yo mismo, se desvaneció. Fue como si me hubiese caído por un agujero en el universo. El tiempo se detuvo. No quedó ni la más mínima referencia a mí mismo, nada. Me miré las manos intentando recuperar algún sentido de «yo», pero estaban completamente vacías. No quedó ningún recuerdo, ningún sabor, ningún contexto en el que poder ubicar una identidad. Lo único que había era una inmensidad, una especie de experiencia sin experiencia, o quizá pudiera describirlo como un sentimiento sin sentimientos.

Sin embargo, quedaba algo ahí para ser consciente de la ausencia de todos esos puntos de referencia familiares, y no tenía la sensación de que me faltase nada. Más bien estaba sintiendo la inmensidad misma, una indescriptible vastedad sin límites, sin márgenes. Y entonces, en el seno de esa sensación de expansión, brotó un enorme amor hacia Papaji. Fue en ese momento cuando en realidad se convirtió en mi maestro dentro de mi corazón. Hasta entonces para mí había sido un gurú, pero no *mi* gurú.

A veces una resistencia de esta magnitud puede presentarse en forma de ira. Otras veces puede que simplemente te haga sentirte desorientado por no poder encontrarte a ti mismo, tu vida, o tus puntos de referencia. Algunos miedos también pueden aparecer en forma de pensamientos que te lloriquean al oído: «¿Cómo puedo seguir así?». Pero todos estos miedos no son más que el fétido olor de los últimos eructos de la mente. El *satsang* es un poderoso antídoto contra este estado agitado de ensoñación, y es una oportunidad de volver al Hogar, de regresar a tu verdadero Ser.

Has estado viviendo como una oruga, aunque una oruga con una fuerte inclinación a buscar en su propio interior. Has buscado dentro de ti y, ¡listo!, de pronto te has convertido en una mariposa. Pero tu primera reacción al percatarte de esto es: «¿Dónde está mi hoja? ¿Dónde está mi hoja?». Puede que incluso sigas intentando moverte como una oruga, pero ahora que puedes volar, descubres que arrastrarte ya no es para ti.

Deja a un lado todos esos pensamientos sobre cómo es o deja de ser tu vida. No hagas previsiones respecto a lo que crees que va a pasar, no proyectes qué es lo que va a ocurrir. Tan solo estate presente en el desplegar de la vida. Hay algo que sigue siendo capaz de sostener la experiencia como cuerpo-mente del mismo modo que lo ha hecho siempre. La diferencia está en que ahora sabes que la fuerza vital es el poder animado que impulsa el funcionamiento de ese cuerpo-mente; es la consciencia presente en el cuerpo la que le da vida y, simultáneamente, observa todas las fluctuaciones desapasionadamente.

Ahora también estás en condiciones de entender que les has dado una importancia excesiva al ego y a la mente, y puedes discernir que la Verdad y el amor lo abarcan todo. Esta es la grandeza de la consciencia que todos somos. Por lo tanto, no tienes que *dirigir* a la consciencia, pues los seres humanos no somos sus controladores ni sus creadores; somos la expresión y la encarnación viva de la consciencia apareciendo como el «autor» de las acciones, como el «pensador» de los pensamientos personal e independiente.

Este abandono de la sensación de control es una señal de que te estás haciendo más intuitivo, más espontáneo, de que el puro autoconocimiento está floreciendo dentro de ti. Sin embargo, esto no es algo que se aprenda de la forma tradicional –estudiando libros o clasificando lo que observamos–. No; este conocimiento generará de manera espontánea oleadas de iluminación en tu interior. Estás llegando al reconocimiento del lugar que ocupas realmente como consciencia inmutable. A medida que va surgiendo la auténtica comprensión, puedes por fin saborear los dulces frutos de esta resplandeciente consciencia expansiva que es tu verdadera naturaleza.

A MEDIDA QUE VA SURGIENDO LA AUTÉNTICA COMPRENSIÓN, PUEDES POR FIN SABOREAR LOS DULCES FRUTOS DE ESTA RESPLANDECIENTE CONSCIENCIA EXPANSIVA QUE ES TU VERDADERA NATURALEZA.

Te encuentras en estado de gracia, no para crear, sino para descubrir. Así es que ¡disfrútalo!

Abre completamente tu mente y tu corazón a la llamada de la presencia del Supremo que está floreciendo en ti.

SEGUNDA PARTE

LA VIDA EN SU EXPRESIÓN DINÁMICA

Un día, cuando me disponía a ir al *satsang*, le pedí a una amiga que me esperase para poder ir juntos. Cada uno tenía su propia moto y, por lo general, no nos preocupábamos de si íbamos juntos o no. Pero ese día en concreto, justo después de pedirle que me esperase, me di cuenta de que mi moto no arrancaba. Sin embargo, como algo en mi interior me había hecho pedirle que me esperase, pude ir con ella en su moto. Si no lo hubiese hecho así, sin duda habría llegado tarde al *satsang*.

—¡Vaya, Mooji! ¡Parece que lo sabes todo! –exclamó ella sorprendida.

—¡No sé nada de nada! –fue mi respuesta.

Las cosas funcionan porque hay una mente cósmica que se ocupa así de ellas. Cuando llegas a confiar en esa mente cósmica, empiezas a soltar gradualmente las riendas del control mental y dejas que sea ella la que conduzca para llevarte a donde quiera.

TU VIDA ES UN DESCUBRIMIENTO

El descubrimiento de la propia verdadera naturaleza no elimina tan solo los problemas, sino que también acaba con ese que *parece* que tiene problemas. Es un aspecto muy poderoso de nuestra búsqueda de la Verdad.

Si te sientes fuertemente identificado con tu personalidad, entonces esta forma de mirar te resultará simplemente frustrante. Podrías recriminarme: «Pero ¿de qué estás hablando? ¡Ni siquiera has *intentado* resolver mi problema!». Pero lo cierto es que ¡no intento resolverlo porque tanto tú como el problema sois irreales! El problema real es la falsa identificación con –y como– la persona. Tú eres siempre consciencia pura, incluso cuando no eres consciente de ello.

La buena noticia es que para que puedas realizar tu verdadera naturaleza no es necesario que elimines todos los problemas o los bloqueos aparentes que esa «persona» experimenta. Por una parte, si eliminas un bloqueo, es muy probable que otro ocupe su lugar. Y por otra –y más importante–, esta idea de que tienes que manejar o dirigir tu existencia aún está basada en la falsa noción de que la Verdad aparece como resultado de estabilizar el ámbito de la experiencia. Únicamente cuando nos sacudimos la convicción de ser una persona –lo cual puede suceder en un solo instante– nuestro ver surge de una altura más elevada. Desde ese lugar de consciencia, nos damos cuenta de que los problemas únicamente existen para nosotros cuando aceptamos como un hecho la falsa idea que tenemos de nosotros mismos, la creencia de que somos meramente «una persona».

Una vez que la consciencia se enamora de esa identidad basada en la persona, tan solo la abandonará cuando sienta que esa identificación es insoportable. Mientras siga atrapada en ese estado de ser persona, dedicará mucha energía a ocuparse de todo tipo de asuntos relacionados con su vida personal, dejando muy poca disponible para cualquier otro cometido. Durante algún tiempo, esta consciencia personalizada no es capaz de darse cuenta de nada más: «Solo yo y mi vida, mi familia y mis amigos. Eso es todo». Pero los parámetros de la consciencia personal son muy limitados y claustrofóbicos, así es que llega un momento en el que uno tiene que alcanzar un campo de visión y un espacio de ser más amplios.

Eso no quiere decir que debamos simplemente ignorar los problemas propios del aspecto dinámico de la vida, o que creamos que no tiene sentido intentar resolverlos. No, en absoluto. De hecho, mientras los problemas aparentes sigan surgiendo con cierta intensidad, podemos incorporarlos a nuestra indagación para ver de dónde sacan su fuerza y para clarificar nuestra posición real. A medida que vayas teniendo cada vez más claro cuál es tu verdadero lugar, verás cómo los problemas van desapareciendo por sí mismos de forma natural.

Para empezar, tus problemas nunca fueron reales –al menos no de la forma que te habías imaginado–. Si tus problemas fuesen reales, entonces también serían un problema para todo el mundo, no solo para ti. Pero, de hecho, parecen reales únicamente en la mente de aquel que los concibe. Lo que puede ser un problema o una preocupación para ti puede no significar nada en absoluto para otra persona. Y al contrario: los problemas de la otra persona a ti no te molestan en absoluto. Cuando empiezas a ver tus problemas desde el punto de vista de la consciencia, penetras en un ámbito completamente nuevo, y lo que antes creías y sentías que era muy difícil y complicado ahora lo percibes como nada en absoluto.

A medida que vayas profundizando en esta comprensión, puede que aún notes que tienes que afrontar retos y dificultades mientras te mueves en el mundo. No es que despiertes y entonces, de pronto, tu vida en su expresión dinámica sea perfecta. No, de algún modo aún se sigue produciendo una maduración en tu expresión dinámica, pero ahora el telón de fondo es esa perfección sin esfuerzo de la consciencia inmutable. Seguirás ocupándote de las cosas de tu vida diaria y seguirás refinando tu capacidad de discernimiento y verificando tu comprensión. Todo eso forma parte de la vida y sigue aquí, no desaparece. Se sigue produciendo una cierta profundización. A nivel superficial puede que también persista una cierta influencia de los antiguos condicionamientos, pero ahora ya no es suficiente como para abrumarte, ya no te asfixian como lo hacían antes; ahora pones muy poca energía en ese aspecto.

Sri Nisargadatta Maharaj dijo: «Permito que mi naturaleza humana se desarrolle de acuerdo con su propio destino mientras yo permanezco como lo que soy». Es una actitud hacia la vida sumamente hermosa. Hay una vida que le pertenece a nuestra expresión humana que parece simplemente desplegarse por sí misma, y no hay razón alguna para estar preocupado en exceso por ella. Puedes permitir que todos esos dramas y karmas se manifiesten, pero tú permaneces como el principio que atestigua. De esta manera algo responderá al momento apropiadamente de forma natural.

Al despertarnos esta mañana, ninguno de nosotros sabía qué era lo que iba a pasar o cómo se iba a manifestar hoy su vida. En lugar de eso, lo que hacemos es descubrirla. Puede que ayer estuvieses pensando sobre lo que iba a ocurrir hoy, pero ¿ha resultado ser exactamente como lo predijiste? Hay tantísimos detalles y sutilezas que no podrías haber previsto, tantos milagros que se producen en tu vida –como por ejemplo quién se va a sentar a tu lado en el autobús o toda la gente con la que te encuentras en tu camino.

Hay que dejar claro que la recomendación de permitir que la vida sea no significa que dejes de funcionar en la vida. Imagina que vas en un tren y sientes que alguien está rebuscando en tu bolsillo. ¿Vas a dejarlo estar, simplemente? ¡No! Aceptar lo que la vida nos traiga y ser libre no tiene nada que ver con esto. Si alguien está poniendo la mano en tu bolsillo y tú te enfadas, deja que ese enfado se manifieste también. Si lo que te apetece es darle un pisotón a esa persona, entonces ese acto también será la vida expresándose a sí misma.

No necesitas saber de antemano qué es lo que tienes que hacer, porque las cosas simplemente surgen y se desarrollan a su modo. La gente se reúne y habla de lo que va a hacer, pero después, cuando llega el momento, en realidad no saben qué hacer, porque han perdido la sincronicidad con su propia expresión natural. Es como cuando planeamos mentalmente lo que vamos a decirle a alguien con quien aún no nos hemos encontrado. Después, cuando ya tienes a esa persona enfrente, hay una vibración presente con la que no estás en sincronía, y todas las palabras que tan cuidadosamente habías preparado están muertas ante esa fuerza viva y natural. Esta es la naturaleza de estar atrapado en la propia historia, en la propia identidad: no conversamos con la vida porque vivimos en el pasado o en el futuro.

La vida no necesita de este tipo de planificación. Por supuesto, algo de planificación hace falta para los asuntos prácticos, pero la mente práctica no lleva implícita ningún aspecto psicológico. Lo que causa los problemas a la gente son los pensamientos psicológicos compulsivos que aparecen en la mente: «¿Cómo debo comportarme?», «¿Qué piensan los demás de mí?», «¿He tomado la decisión adecuada?». Aquellos que no se involucran en ese tipo de pensamientos están «centrados en sí mismos» en el mejor sentido de la expresión, no de una forma meramente psicológica. Están centrados en su propio corazón, y así la vida es muchísimo más fresca, más espontánea e intuitiva. Así es como se supone que debería ser la vida, así es como está destinada a ser, pero no quiere decir que seas salvaje. Eres un ser libre, no un ser salvaje.

Si vives de forma espontánea, no tienes que prepararte para la vida. Si sigues estos consejos, podrás comprobar y confirmar por ti mismo una y otra vez que todo lo que surge, todo lo que aparece, tan solo es fenoménico y que tú lo percibes como tal. Miras y te das cuenta de que todo es momentáneo en su discurrir. Cuando esto se comprende profundamente, tu actitud en la vida pasa a ser la de: «Permito que las cosas sean como son, y yo permanezco como lo que soy». Entonces tu atención deja de estar enfocada en darle importancia, en interpretar, en evaluar y en juzgar las manifestaciones de la vida y aprendes a descansar nuevamente en tu propio Ser. Puede que, de vez en cuando, te preguntes a ti mismo: «¿Quién es el testigo de todo esto?», y la mente volverá rápidamente a descansar en el corazón una vez más.

Tu vida es un descubrimiento, no algo que tú hayas creado, algo que controles o cuyo guion hayas escrito previamente. Incluso si pudieras ceñirte a un guion, este no podría compararse con lo que se despliega de forma natural. Alguien que ya es libre simplemente deja que la vida sea tal y como es, consciente de que, ocurra lo que ocurra, no va a imponerle ningún patrón a la vida –«Las cosas deberían ser de tal y tal modo»– para después aferrarse firmemente a su intención preferida. En lugar de eso, simplemente deja que la vida se desarrolle y que evolucione por sí misma.

> TU VIDA ES UN DESCUBRIMIENTO, NO ALGO QUE TÚ HAYAS CREADO, ALGO QUE CONTROLES O CUYO GUION HAYAS ESCRITO PREVIAMENTE.

Por lo tanto, sigue con tus actividades, pero mantén tu mente centrada y arraigada en tu corazón.

Una vez que descubras tu completitud
como la consciencia inmutable,
tu sensación de plenitud será mayor
de lo que nunca serás capaz de expresar.
Te encontrarás en un estado de presencia
tanto cuando estés solo
como cuando interactúes con los demás o con el mundo.
Cuando hagas algo, ya no sentirás
la necesidad de que alguien te dé las gracias por ello.
En lugar de eso, la gente se acercará a ti
y te dará las gracias,
¡y ni siquiera sabrás por qué!

EN EL MUNDO,
PERO NO DEL MUNDO

Incluso después de haber probado la libertad por medio del *satsang* o de la autoindagación, puede que sientas que en realidad *te gusta* tu identidad como persona. Es posible que notes que estás aprendiendo y evolucionando a través de ella –tanto de lo bueno que te aporta como de lo malo–. Puede que te dé la impresión de que aún hay cosas que te gustaría hacer, o de que todavía tienes sueños que te gustaría cumplir. En cierta ocasión una persona dijo en un *satsang* que se sentía muy agradecida por todo lo que había recibido en la vida, también por lo malo, y que, echando una mirada al futuro, aún había cosas que quería lograr, como ser una gran escritora y cantar profesionalmente. Dijo que no estaba preparada para abandonar todo esto en favor de la Verdad, que aún deseaba tener una vida fantástica.

Hay algo que me gustaría dejar claro: yo disfruto mucho de mi vida, y sin lugar a dudas no me gustaría fomentar la idea de que la gente tenga que llevar una vida infeliz. También es totalmente cierto que evolucionamos en la vida, y está muy bien disfrutar contemplando el cielo o conociendo a gente. Todo esto ha sido creado a partir de la alegría y la felicidad, así es que, ¿por qué no íbamos a amarlo? Disfruta por supuesto de este ámbito de la existencia –ninguna enseñanza válida te diría nunca lo contrario–, pero no te hagas adicto a la personalidad o a la identidad.

Una actitud de gratitud, incluso hacia las cosas aparentemente malas, es propicia para llevar un estilo de vida saludable; los eventos a los que ponemos la etiqueta de «malos» pueden ser los que estimulen el crecimiento más profundo, porque nos ayudan a ver a través de las aguas turbias de nuestros pensamientos ilusorios, permitiéndonos sumergirnos más profundamente en nosotros mismos.

CUANDO QUEREMOS LA VERDAD Y EL ÉXITO MUNDANO

Las actividades del mundo –sea lo que sea a lo que nos estemos refiriendo con ese término– no están en conflicto con la Verdad. Ninguna actividad puede en y por sí misma eludir la Verdad. Lo único que mantiene viva la dualidad es la identidad, el deseo y la falsa creencia en la incompatibilidad de la espiritualidad con tener una vida plena y fascinante.

El Ser ya está siempre firmemente establecido como ese espacio de consciencia en nuestro interior, que es un lugar de no-acción, en el cual y por medio del cual son vistas y percibidas las actividades de la vida. Por consiguiente, una búsqueda auténtica de la Verdad no implica que haya que asumir la postura: «Muy bien, voy a ser el Ser, así que ya no voy a actuar ni a hacer nada más en la vida».

Una persona puede tener todas las cosas del mundo y, aun así, no estar atada a nada, mientras que otra puede ser un monje que vive en el bosque, pero estar completamente apegado al cuenco con el que mendiga su alimento. Mientras haya un fuerte sentido de identidad que ansíe algo constantemente, siempre estarás negando, evitando o condenando lo que sea que se interponga en tu camino hacia la satisfacción de ese deseo. Vas a estar siempre posponiendo el descubrimiento de la Verdad, y este aplazamiento creará en ti una intensa sensación de dualidad. Y si retienes, mantienes y sostienes esta dualidad, entonces nunca vas a estar disponible para tu propio Ser. Es posible que el Ser tenga deseos a un nivel muy superficial, pero mientras le concedas tanta importancia a esos deseos no vas a estar abierto a la libertad.

Una vez que descubras tu plenitud como la consciencia inmutable, tu sensación de plenitud será mayor de lo que nunca serás capaz de expresar. Te encontrarás en un estado de presencia tanto cuando estés solo como cuando interactúes con los demás o con el mundo. Cuando hagas algo, ya no sentirás la necesidad de que alguien te dé las gracias por ello. En lugar de eso, la gente se acercará a ti, te dará las gracias, ¡y ni siquiera sabrás por qué! Cuando les preguntes por qué te dan las gracias, puede que te digan: «No lo sé. Simplemente me siento inspirado y revigorizado al verte. Me haces sentir que, de algún modo, puede que para mí también haya alguna posibilidad de ser libre».

Tal vez aún creamos que la espiritualidad y el disfrute de la propia vida son mutuamente excluyentes. Incluso si tuvieses la oportunidad de ser el arquitecto de tu vida ideal, esta no se podría comparar con la vida que ya se está desplegando de forma natural tal y como es percibida por un corazón puro. A veces lo que hacemos es proyectar una idealización de la vida en lugar de limitarnos a bajar el ritmo, permanecer en su seno y observar la magnificencia de lo que ya está aquí presente.

Quizá tu visión de una vida ideal sería convertirte en una escritora famosa, ser cantante profesional y, además, tener a un hombre apuesto y atractivo como pareja. Claro que puedes dedicarte a escribir o a cantar, pero no puedes saber de antemano si vas a ser una *gran* escritora o una *gran* cantante, ni tampoco puedes saber si vas a ser realmente feliz de la forma en la que imaginaste.

> INCLUSO SI TUVIESES LA OPORTUNIDAD DE SER EL ARQUITECTO DE TU PROPIA VIDA, ESTA NO SE PODRÍA COMPARAR CON LA VIDA QUE YA SE ESTÁ DESPLEGANDO DE FORMA NATURAL TAL Y COMO ES PERCIBIDA POR UN CORAZÓN PURO.

Pero no me malinterpretes, también es posible que lo hagas fantásticamente bien en todos esos aspectos. ¿Por qué no? Realizar el Ser no cancela la posibilidad de tener una vida fantástica, sea lo que sea a lo que nos refiramos con ello. Y si sientes un fuerte impulso de salir y hacer todo lo posible por conseguir los objetos de tu proyección, de tu imaginación o de tu deseo, no te diría que reprimas dicho impulso.

Estas fuerzas contradictorias siempre están operando en nosotros. Algo ha hecho que te veas atraído hacia el descubrimiento de tu verdadero Ser, la búsqueda de la Verdad, pero hay otra parte de ti que dice: «¡No estoy preparado para ser tan bueno! ¡Quiero divertirme y hacer todas esas cosas emocionantes y divertidas que hay en la vida!».

Puede que aparezca una cierta resistencia y proyecte todo tipo de imágenes negativas en torno a la búsqueda de la Verdad: que es una forma de vida demasiado disciplinada, que carece de alegría o que es únicamente para la gente que se siente triste y deprimida. Lo cierto es justo lo contrario: no creo que haya nadie que disfrute más de la vida que un sabio. ¡Alguien así emana alegría suficiente como para llenar con ella el mundo entero! Puedes disfrutar y hacer todas las fiestas que quieras, pero nunca vas a ser capaz de gozar de la vida tanto como lo hace tu naturaleza divina –que disfruta no solo de los objetos, sino también de tu propio Ser–. En este tipo de disfrute no hay ninguna adicción o apego involucrados. Más bien lo que ocurre es que es imposible no disfrutar.

A veces digo: «¡Hay demasiada alegría! ¡Hay demasiado amor, demasiada felicidad, demasiada paz y armonía!». ¿Quién dice algo así en el mundo cotidiano de la actividad humana?

Mientras tengamos un cuerpo es imposible dejar de experimentar. Ayer por la noche me acosté a las tres de la mañana porque me quedé viendo una película y después estuve viendo algunos vídeos graciosos en YouTube. ¿Disfrutar de este tipo de actividades de ocio hace que deje de ser quien soy verdaderamente o que me desvíe de ello de algún modo? En absoluto. Todo ocurre de forma natural. Quiero disipar el temor de que te vas a convertir en un Buda de piedra. Soy un ser humano que va y viene y que se ocupa de las cosas, pero no estoy preocupado por lo que voy a hacer mañana.

Incluso si eres el tipo de persona que siempre tiene el día de mañana y toda la semana siguiente estrictamente programados, no tengo nada que criticarte respecto a tu pasión por la vida. Y tampoco te animaría a tratar de suprimir esa energía que surge en ti. Pero lo que sí te pediría es que estuvieses abierto a la posibilidad de profundizar un poco más y de prestar atención a ese lugar en tu interior que es la fuente de la vida misma. No vas a perder nada significativo por hacerlo –salvo tus falsas ilusiones–. Así es que deja de lado la idea errónea de que descubrir tu propio Ser significa que tu vida ya no va a ser rica, plena, profunda.

Aunque la libertad no es cuestión de hacer grandes sacrificios, sí que es cierto que en algunas encrucijadas clave en la vida hay que priorizar. Como a veces digo, «la libertad es gratis, pero no barata». Mediante la autoindagación dispones de un medio para poner al descubierto esa voz interior que aún sigue diciendo: «Quiero llegar a la Verdad, pero también quiero tener éxito en la vida». Al escuchar esta voz, lo que estás haciendo es poner la libertad y el éxito en la misma categoría. Es como si fueran prácticamente lo mismo. Pero este éxito es tan solo para la identidad del ego, la cual seguirá enviándote nuevos deseos, pues te conoce muy bien y sabe lo que te gusta.

Si le concedes tanta importancia a tus deseos, entonces no cabe duda de que tu atención se irá volando hacia ellos. Notarás una sensación de agitación, de estar dividido, y también miedo a perder aquello que has conseguido con tanto esfuerzo. Todas estas alteraciones generan una especie de ruido psíquico interior que te hace sentir inquieto y agitado y que te sugiere que, de algún modo, has «perdido tu centro».

No es cierto, pero el hecho de que creas que lo has perdido hará que te parezca que es realmente así.

Los sueños y las ambiciones no son un problema en sí mismos. Lo que te mantiene dormido es lo que han llegado a representar para ti. Permanece como el espacio de la consciencia misma y no afirmes que nada debería o no debería ser. Así, llegará un momento en el que simplemente estarás establecido en el Ser y estas proyecciones ya no te importarán lo más mínimo.

Entonces puede que escribas, pero será puramente por el placer y la alegría que te produce esa expresión. Puede que cantes con un corazón desbordante, sin importarte si alguien te escucha o no, y amarás la serenidad tanto como ahora amas lo apasionante.

En el Ser siempre hay una alegría subyacente. Tus sueños darán paso a una paz ininterrumpida, a un amor inagotable y a la vida eterna.

TU LUGAR EN EL MUNDO

En cierta ocasión un hombre que se había criado en un *ashram* vino al *satsang* y nos contó que en un ambiente espiritual así, le resultaba fácil soltar la mente, pero ahora que había comenzado a ejercer la carrera de arquitectura, había entrado en un mundo en el que la mente es la que impera y se veía influenciado por la visión del mundo de otras personas y por la sensación de necesitar progresar en la vida. Quería saber cuál era mi consejo para poder reconciliar estas dos perspectivas opuestas.

La verdadera perspectiva está en darte cuenta de que no eres un «yo» individual que esté viviendo su vida, sino que eres la vida misma siendo vivida. Lo preparas todo para ir a algún lugar y entonces ocurre algo que cambia lo que tenías previsto. Moverse por el mundo sin la necesidad de que se produzca un resultado determinado nos produce un sentimiento de enorme alegría y libertad. Todo está bien. La vida se parece mucho más a un esbozo que vas dibujando que a uno de esos cuadros en los que hay números que te indican con qué color tienes que pintar cada sector.

Algunas personas sienten su libertad comprometida en cuanto regresan a un mundo más estructurado que les impone ciertas exigencias y limitaciones. En estos casos, es posible que se planteen cosas como: «¿He de abandonar mi carrera para poder estar plenamente presente y ser libre?». Yo digo que no necesariamente; no si comprendes que el arquitecto es una expresión de la consciencia en la misma medida que lo es el monje.

Si tus circunstancias empiezan a constreñirte demasiado y sientes que tu espíritu se asfixia, puede que sientas en tu corazón que no puedes seguir con la misma ocupación. Entonces puede que el miedo se adueñe de ti y replique: «Pero si abandonas ahora la carrera, ¿qué vas a hacer?». No vayas demasiado lejos con este tipo de pensamientos. Si piensas así puede ser que te quedes atrapado en una situación en la que tienes que hacer cosas que verdaderamente ya no quieres hacer. Nadie sabe nunca qué es lo que va a hacer. Por lo tanto, es mucho mejor mirar hacia el Ser interno que no piensa, el cual te revela la Verdad directamente.

A veces la vida te presenta un dilema para que, simplemente, tengas que escoger. En estos casos tienes que discernir cuál sería la elección más elevada en la situación que estás afrontando. Puede que descubras que lo que has estado haciendo no estaba siendo guiado por tus motivaciones y aspiraciones más altas, sino que más bien has seguido en ello porque creías que tenías que hacerlo y que no tenías elección. Este no es el camino de la Verdad. Nunca es cierto que *tengamos* que permanecer estancados en una situación. Lo que te ha traído hasta aquí está guiando tu vida y no te va a abandonar en la miseria.

Cooperas con el mundo en función de tu propio grado de madurez. Baja un poco tu ritmo; tus energías entrarán en armonía con esa vibración cósmica y después esta se expandirá de una forma muy diferente a como lo hacía con ese viejo hábito de forzar y forzar las cosas. Las cosas tienden a no salir bien cuando las forzamos. Incluso la frustración que sentimos cuando pulsamos una nota discordante y creamos una disonancia en el seno de la vibración cósmica sigue formando parte de la gracia; se trata simplemente de la gracia cocinándose a fuego lento.

Mantener el control de la manera a la que me estoy refiriendo –por ejemplo, permaneciendo demasiado tiempo en un trabajo que no nos gusta– es como una especie de paranoia, como un miedo a que, si lo dejas ir, tu vida se caerá a pedazos. Pero es que ¡a veces es necesario que tu vida se caiga a pedazos! Sin embargo, la mente se lamenta: «¡Pobrecito de mí! ¡Ahora sí que estoy acabado!». ¿Qué es lo que se ha acabado? Únicamente tus falsas ilusiones.

Hay personas que tienen un trabajo que les gusta y en el que disfrutan mucho, aunque no ganen mucho dinero con él. Luego encuentran otro empleo en el que les pagan más, pero en el que no se sienten felices. No tienen amigos en el trabajo y su jefe es cruel con ellos, pero han dado prioridad a tener dinero en lugar de a ser felices. En cambio, otras personas sienten como si sus carreras las estuviesen empezando a asfixiar y no les merece la pena continuar en esa situación independientemente de cuánto dinero les paguen. Cada persona ha de encontrar su propio camino a medida que va recorriendo la senda que ha elegido.

El Ser es la fuente del dinero del mismo modo que es la fuente de todo lo demás. No debes pensar nunca que la espiritualidad significa que no vas a tener dinero. Pero incluso si te vieses a ti mismo sin dinero, tendrías algo mucho más grande que eso. Algunas personas necesitan estar en la ruina para poder descubrir la verdadera felicidad, porque han dado mucho más valor a las posesiones materiales que a su propio Ser.

En mi caso, cuando empezaron a sucederme todos estos grandes cambios, me encontraba en Brixton, la zona de Londres en la que había crecido, en la que había ido al colegio y, después, había estado dando clases de arte. No pude darme el lujo de retirarme en el Himalaya cuando Dios me estaba cocinando en su caldero. La gente me miraba y decía: «¡Madre mía! Pero ¿qué le ha pasado? Antes era maestro, pero ahora se pasa todo el día sentado bajo los árboles. Antes al menos pintaba, pero ahora no hace ni siquiera eso».

La gente estaba realmente molesta por los cambios que se estaban produciendo en mí. Pero algo en mi interior sabía que las cosas tenían que ser así. Tenía que quedarme ahí, en el barrio en el que me crie. En cualquier caso, no tenía dinero suficiente para irme, pero, de algún modo, también era totalmente libre ahí, y poco a poco la gente me fue dejando en paz.

En los años siguientes, mucha gente procedente de todas partes del mundo empezó a venir a donde yo vivía, a Brixton, para sentarse en *satsang* conmigo, pero nadie del propio barrio acudió nunca. Un día, le dije a un amigo del *sangha*:

—La verdad es que no sé por qué sigo pasando el tiempo en este barrio, si nadie de aquí acude nunca a los *satsangs*. Viene gente de todas partes, pero no del barrio. Supongo que no necesito permanecer aquí por más tiempo.

Mi amigo me hizo la siguiente reflexión:

—Bueno, en realidad no es algo tan malo. Aquí al menos puedes moverte libremente.

Y yo pensé: «¡Claro! ¡Tiene razón! ¡Está muy bien! Puedo ir y venir por mi vecindario y sentarme en un café sin que nadie se dé cuenta de que estoy ahí, y eso está muy bien».

Simplemente no comprometas la Verdad que está viva dentro de tu corazón. No te preocupes por cómo te ve la gente ni por que digan esto o aquello. El Supremo, tu propio gurú interior, está ahí, en tu corazón, así que no te preocupes demasiado por el mundo externo. Mira en tu interior con calma y con sosiego y penetra en esa unicidad. No proyectes lo que ocurrirá mañana. Limítate a moverte en la unidad y te darás cuenta de que todo está bien.

El pescador satisfecho

Esta es la historia de un hombre rico de Bombay que se tomó unos días libres para escapar del ajetreo de la ciudad y se marchó a un tranquilo pueblo costero para descansar y disfrutar del sol y de la playa. Un buen día, mientras caminaba por la orilla, divisó un pequeño bote pesquero varado en la arena. Había también un hombre que estaba tranquilamente recostado sobre el casco fumando tabaco en pipa. El hombre de negocios estaba intrigado, así que le saludó:

—Hola, buen hombre. ¿Qué está usted haciendo?

—Es un hermoso día –respondió el pescador.

—Sí, sin duda hace un día espléndido. Pero ¿qué está usted haciendo ahí sentado? Es usted pescador, ¿verdad?

—Lo soy –fue su respuesta.

—Pero con el buen día que hace podría estar en el mar pescando, ¿no?

—Sí, ya lo he hecho más temprano.

El hombre de negocios insistió:

—Sí, pero hace muy buen día. Podría salir otra vez al mar. Hoy puede haber buena pesca, ¿no cree?

—Sí, sí, y después de hacer eso, ¿qué?

El hombre de Bombay continuó explicándole:

—Bueno, después podría vender el pescado en el pueblo y ganar un poco más de dinero de lo que está ganando ahora.

—Ya veo. ¿Y luego qué?

—Bueno, luego podría comprar un barco más grande.

—¿Y luego qué?

—Pues podría adentrarse más en el mar y capturar peces más grandes y en mayor cantidad.

—Ah, más peces y más grandes... Sí, sí. ¿Y luego qué?

—Bueno, entonces podría ganar una buena cantidad de dinero.

—Y después de eso, ¿qué?

—Pues después podría comprar un motor nuevo para su bote.

—Ah, ¡un motor! ¿Y luego qué?

—Luego podría adentrarse aún más en el océano, donde es más probable que pueda atrapar peces aún más grandes. Por otra parte, podría contratar a otros pescadores para que trabajasen para usted.

—Ah, ¿y luego qué?

—¡Pues que tendría mucho más dinero del que tiene ahora!

—Ah, sí, sí... ¿y luego qué?

—Luego podría tener una hermosa casa.

—Ah, una casa hermosa... –El pescador, pensativo, asentía con la cabeza–. ¿Y luego qué?

—Luego podría tumbarse tranquilamente y disfrutar de la vida.

Entonces, el pescador le dijo sonriendo:

—Pues eso es exactamente lo que estoy haciendo ahora.

Todo tiene que ver con la satisfacción. Cuanto menos desees, menos echarás en falta. El hombre de Bombay tan solo podía concebir que la satisfacción significaba conseguir todas esas cosas. Pero el hombre sencillo le dijo: «Ya estoy satisfecho. No estoy cansado. No le debo dinero a nadie. Puedo sentarme tranquilamente a fumar un poco de tabaco. Estoy en paz».

NADA ES UNA DISTRACCIÓN

Hoy en día muchas sociedades exigen un estilo de vida acelerado. Cuando vamos por ahí tan deprisa, casi siento como si hubiese algo que no quisiéramos ver. No es que lo esté juzgando. Simplemente me pregunto por qué vamos tan deprisa.

La única manera que tienen algunas personas de encontrar un cierto sentido a sus vidas es haciendo tantas cosas como les es posible. Todos sus días –semanas, meses, años– están completamente llenos de actividades y distracciones sin fin. En realidad, las distracciones no existen; somos nosotros los que nos distraemos por medio de concederles a las cosas una atención ciega.

LAS DISTRACCIONES NO EXISTEN; SOMOS NOSOTROS LOS QUE NOS DISTRAEMOS POR MEDIO DE CONCEDERLES A LAS COSAS UNA ATENCIÓN CIEGA.

A todos aquellos que piensan que el significado de sus vidas proviene de esa actividad interminable, yo les preguntaría si realmente se han parado a pensar en ello antes de llegar a una conclusión así. Mientras no seas capaz de quedarte quieto el tiempo suficiente para contemplar y sopesar la cuestión de si la vida tiene algún sentido, nunca vas a encontrar la respuesta. Será algo rápido y pasajero: «¿De qué se trata eso de la Verdad?... Ah, de eso... Muy bien. Gracias. Adiós». *¡Blam!*

Si las cosas deben ser rápidas para que les prestes atención, me pregunto si realmente podrás concederles a estos indicadores que apuntan hacia la Verdad el tiempo que requieren para calar realmente en tu interior. Has de dedicarle a esta introspección algo de tiempo. Al hacerlo, es probable que empieces a sentirte como una tortuga en un mundo lleno de liebres. Ya no estarás viviendo tu vida de acuerdo con los valores y las normas de la cultura dominante en la que, como suele decirse, el tiempo es dinero. Y no es fácil estar fuera de sincronía con respecto de ese ritmo frenético de los demás.

Incluso cuando disponemos de un poco de tiempo libre, inmediatamente surge algo con lo que estresarnos, de modo que podamos empezar a hacer planes para llenar ese vacío. Hay mucha gente que ha interiorizado esta actitud hasta tal punto que incluso comen de pie porque no quieren perder tiempo en sentarse un rato. Si esto te suena familiar, no eres el único que está en esta situación. ¡Hay tantísima gente que intenta atrapar el tiempo de este modo, evitando cualquier tiempo verdaderamente libre cueste lo que cueste! Si tuviesen un calendario para los compromisos del año que viene, ya estaría medio lleno. Y todo esto se debe a que los condicionamientos culturales refuerzan la idea de que tenemos que estar siempre activos y de que no podemos permitirnos ni un solo momento de descanso, no podemos tomarnos ni un respiro de toda esa actividad.

Darse cuenta de esto y ser consciente de que estamos usando todas esas actividades como forma de evasión es ya, en sí, una buena señal.

Ir corriendo de acá para allá con tal agitación no es un estado de felicidad, pues se trata de un estado en el que evadimos el encuentro con nuestro verdadero Ser. Cuando llegas a encontrarte verdaderamente con tu Ser, penetras en un espacio de ser sin esfuerzo, un espacio en el que todo se relaja y en el que tienes tiempo para simplemente Ser. Ni siquiera empiezas a reflexionar sobre ello; simplemente eres. Y entonces, en el silencio que el Ser se otorga a sí mismo, vuelves a ser consciente del aire que entra y sale de tu cuerpo con cada respiración y comienzas a aquietarte gradualmente.

Observar la inquietud

Aunque pueda parecerte que siempre hay algo ahí agitándose en el trasfondo, como un dóberman que no para de tirar de su cadena, si lo observas detenidamente, te darás cuentas de que las distracciones, las prisas y la inquietud no son más que una película en tu mente. Si estuviéramos sentados juntos y tú empezases a sentirte inquieto, yo me daría cuenta de tu nerviosismo y podríamos acabar teniendo una conversación de este estilo:

—Ya sabes, siento como un desasosiego, como un picor interno, algo dentro de mí que está deseando salir volando y escapar –podrías decir tú.

—Eres consciente de todo eso, así que no te identifiques con ello. Limítate a ser tan solo la consciencia –te señalaría yo.

—¡Pero simplemente permanecer así resulta muy incómodo!

—Hay algo en ti que es así, pero que no está tratando de *permanecer* así. Está simplemente aquí. Pon atención a eso.

—Pero no soy capaz de hacerlo.

—No es algo que tengas que hacer. Tan solo has de reconocerlo.

—Sí, pero es muy difícil.

—Eso es tan solo un pensamiento. No lo creas.

No tengo nada contra las actividades o contra el hecho de ser productivo, pero ¿qué hay del propio sentido de ser, de *quién* hace todas esas cosas? Si tienes la tendencia a estar ocupado todo el tiempo, te sugeriría que pares un momento. Date cuenta de lo que ocurre cuando espontánea pero deliberadamente observas las acciones y las reacciones que tienen lugar en tu cuerpo y en tu mente.

¿Qué es lo que ocurre? Puedes hacerlo ahora mismo.

AUTOINDAGACIÓN GUIADA
Sígueme hacia el interior

No toques el pensamiento: «¿Qué es lo siguiente?». Pon a un lado cualquier idea del tipo: «Después de esto voy a ir a yoga, y luego...». Simplemente deshazte del programa, porque *tú* no eres ningún programa. Puede que sea lo que *haces*, pero nada más. Date cuenta de la diferencia.

Si quisiera conocerte, no profesionalmente, no como compañero de actividades, sino tan solo conocerte *a ti*, ¿podría hacerlo? No me interesan tus actividades, tus intenciones o qué es lo que has estado haciendo hasta ahora. Todas esas cosas no son aquel al que quiero conocer. Para nada quiero conocer al «autor de las acciones».

Quiero conocer a ese que está detrás del autor, a ese que no está haciendo nada en absoluto. Es un lugar desde el que todas las cosas que se hacen –o que esperamos hacer en el futuro– son observadas, pero que no está inmerso en absoluto en esa burbuja de actividad.

Tan solo permanece en esta
nada durante un poco más de tiempo
sin asirte a ningún pensamiento o intención
que haya podido quedar extraviado.
¿Hay algo queriendo entrar en esta nada?
¿Estás esperando algo?

Este espacio, este lugar, esté donde esté,
dentro o fuera –simplemente da igual–,
no está asociado con ninguna intención.
Te pido que solo seas consciente de eso. Simplemente es.
Aquí, no hay nada que tengas que hacer.
Tan solo estate aquí.
Puede que te preguntes: «¿Se mueve?
¿Tiene alguna voluntad?».
Es ancestral, y sin embargo no se siente viejo.
Hace mil años era exactamente igual que hoy.
Siempre es fluido, siempre fresco.
Es atemporal –ayer, hoy o mañana
no significan nada para él.

No te digas a ti mismo: «Bueno, es una experiencia nueva. Ahora voy a intentar esto, pero después me espera mi clase de pilates, y más tarde iré a caminar». Permite que tu actitud sea: «Voy a dejar que mis actividades esperen por un rato, pues ahora he decidido estar totalmente presente aquí».

Tan solo permanece como esto.
Date cuenta de que *eres* Esto.
Esta es tu realidad más íntima.
No pertenece a ningún marco de referencia temporal.
La religión no puede poseerlo
ni ninguna empresa humana puede crearlo.
Simplemente está aquí.
Todo lo que se manifiesta a través de ti
surge en su seno, se mueve en su seno
y tiene la sensación de crecimiento, de expansión

y de disfrute en su seno,
pero *esto* permanece completamente intacto.
No se trata de escoger lo uno o lo otro.
No es cuestión de elegir.
Simplemente está *aquí*.
A veces digo que está aquí
esperando ser descubierto,
pero no es una espera.
La energía de la atención y de las creencias
brota de esta presencia,
produciendo todos los efectos del tiempo y del cambio.

La atención, los hábitos, los condicionamientos y la identidad, todos ellos vienen y van, y sus movimientos son observados. Por lo tanto, no eres *tú* el que viene y va. Si fueses *tú* el que viene y va, entonces cuando tus pensamientos se fuesen volando a otra parte, tú ni siquiera estarías ya aquí. Si tu atención fuese a la deriva, te irías con ella. Pero hay algo que es capaz de ser testigo de todo, algo que es capaz de sentir: «*A pesar de que la atención ahora está oscilando, yo no estoy oscilando*».

Estate aquí *completamente*, pero no aquí *solamente*.
Practica tanto yoga o taichí como quieras,
súbete a tantos árboles
y cruza nadando tantos ríos como te plazca.
No importa cuán lejos puedas llegar nadando;
no puedes nadar fuera de este océano infinito.
Todos los mundos pueden existir solo como apariencias
en la mente de esta unidad,
y ningún mundo puede conquistar a este.

Si conoces el «yo soy» y puedes confirmarlo ahora mismo, sabrás que el «yo soy» no está en movimiento; simplemente es.

A medida que te vayas acostumbrando a este estado de presencia o de «yo-soy-dad», incluso si sientes que estás volviendo de nuevo a tu mente estresada y preocupada, no podrás permanecer en ese estado mental durante mucho tiempo. No obstante, para sacar beneficio de tu atestiguar has de seguir contemplando desde una posición de quietud y de calma. Continúa marinándote en ese ver hasta que estés completamente impregnado del sabor de la unidad.

Demasiadas opciones en el menú

LA PRESIÓN DE TENER QUE DECIDIR LAS COSAS ES, EN SU MAYOR PARTE, AUTOIMPUESTA DESDE EL INTERIOR DE NUESTRA PROPIA MENTE.

Algunas personas son más proclives a sentirse inquietas o a distraerse fácilmente, mientras que otras tienen una enorme tendencia a dudar cada vez que toman una decisión. Esta fuerte necesidad de estar siempre sopesando todas las opciones para después, por lo general, acabar dudando de la elección que se ha tomado es un callejón sin salida. Es algo que le causa problemas a mucha gente. Este tipo de tendencia crea una atmósfera interna de prisa, y también de indecisión; se percibe como un malestar y una sensación de presión. Pero lo cierto es que en la vida no hay tantas decisiones importantes que tomar como pudiéramos pensar.

La presión de tener que decidir las cosas es, en su mayor parte, autoimpuesta desde el interior de nuestra propia mente. Es como cuando vas conduciendo por una carretera y de pronto ves una bifurcación a la derecha. Aunque estás prácticamente seguro de que la salida que tienes que tomar está por lo menos diez kilómetros más adelante, la mente te dice: «¿Estás seguro de que esta no era la salida que tenías que tomar? Si ahora no tomas la decisión correcta, ¡se va a producir una catástrofe!». Al hacer caso a esta voz entramos en pánico y sentimos que tenemos que decidir inmediatamente qué dirección tomar. Pero ¿cuán sabias serán las decisiones que tomemos en un estado de confusión como ese y mientras nos distraen el ruido y las proyecciones de nuestra propia mente?

Cuando vivía en Londres, a veces iba a un restaurante chino que es famoso por tener un menú con quinientos platos distintos para elegir. Pero ya sabes lo que pasa cuando hay demasiadas opciones en el menú. Cuando el camarero llega a tu mesa, estás nervioso y agobiado:

—Está bien, está bien. Tan solo deme un minuto. –Así que, casi al azar, señalas una de las opciones–: Ummm, ¡este!

Y nunca estaba satisfecho con mi elección. En lugar de eso, miraba los platos que los camareros les servían a los demás, pensando para mí mismo: «¡Vaya, ese sí que tiene buena pinta!». No iba a ese restaurante muy a menudo. Cuando voy a comer fuera, por lo general suelo preferir ir a un sitio al que también llaman restaurante, pero que en realidad es una casa familiar. La mujer que lo regenta ofrece tan solo un plato al día. No hay que decidir nada, salvo si te quedas o te marchas. Así es que no hay más que preguntarle:

—Señora, ¿cocinó usted hoy?

—Sí, arroz y guisantes.

—Muy bien.

¡Boom! Ya está. Hay gente que está contenta con esto, pero otros nunca irían a un sitio así, pues les gusta elegir.

¿QUIÉN ES EL QUE ELIGE?

Cuando alguien está siempre ocupado decidiendo cosas, no cabe duda de que necesita deshacerse de ese comportamiento compulsivo. Pero también hay otro tipo de personas que simplemente no son capaces de tomar una decisión cuando hace falta. En la espiritualidad es muy frecuente que esta tendencia a postergar las decisiones se excuse bajo la idea de que, en última instancia, no existe tal cosa como una elección porque todo está predestinado. Ambas actitudes han de ser incorporadas en la indagación: ¿quién es el que elige o evita elegir? y ¿quién es el que sufre por haber o no haber elegido?

Con mucha frecuencia son los condicionamientos, los hábitos, el miedo y la impaciencia los que eligen por nosotros o los que nos impiden elegir. Una vez que entendemos esto mediante la experiencia directa, aprendemos a ver ese sentido de elección de una forma muy diferente.

Cuando la consciencia quiere actuar como un ser humano autónomo, manifiesta un sentido de elección y de individualidad. Cuando estamos en el modo de la individualidad y la personalidad, nos encanta experimentar, nos encanta la sensación de libre albedrío, pero, al mismo tiempo, puede que tomemos decisiones impulsivamente y más tarde nos lamentemos de lo que hemos elegido, o que tengamos una sensación de confusión y de incertidumbre cuando estamos frente a algo que aparentemente tenemos que decidir. Esta idea de que en última instancia no hay libre albedrío no es una buena enseñanza –tan solo es un buen descubrimiento–. No se puede predicar como si de una doctrina se tratase que todo está predestinado y que no tenemos capacidad de elección. Es mejor dejar que la gente actúe con un sentido de elección. Por ejemplo, tú has elegido leer este libro. Eso fue una elección, ¿no es cierto? Sí, fue una elección. Pero ¿fue *absolutamente* tu decisión? No, en realidad fue un movimiento que comenzó en lo profundo de tu ser y que fue dirigido por el poder universal hasta llegar a presentarse y, cuando alcanzó tu mente consciente, sentiste: «Me gustaría leer este libro».

Podrías objetar: «¿Lo que estás diciendo es que, si quiero hacer algo que no esté destinado a suceder, Dios va a impedir que lo haga? ¡No lo creo! Puedo cambiar de idea tantas veces como quiera. ¡Es mi elección!». No hay ningún problema en tener un sentido de elección personal. Si carecer de él te hace sentir claustrofobia, entonces simplemente olvídate de toda noción de destino y disfruta plenamente de la sensación de poder elegir. En ese caso, cuando tomes una decisión, es mejor que la tomes sintiéndola en lugar de pensar demasiado en ella. A medida que nuestro enfoque de la vida se va haciendo más intuitivo llegamos a ver que, aunque resulte paradójico, lo que llamamos libre albedrío y lo que llamamos voluntad divina van de la mano; tomar decisiones o cambiar aparentemente de opinión son cosas que forman parte también del juego de la consciencia. Así es que no te preocupes demasiado por lo que tú o los demás consideréis que es el enfoque adecuado. Si tienes sensación de estar eligiendo, entonces sigue con ello y elige bien, si puedes. Pero si no hay en ti esa sensación de tener necesidad de elegir, disfruta este simple fluir con la vida sin favoritismos, sin preferencias, sin prejuicios y sin crítica. Si tu mente está libre de este tipo de energías, descubrirás que estás contento con lo que sea que suceda. No es que no te importen las cosas, sino simplemente que no te preocupas por ellas, porque ahora estás en sintonía con una armonía mayor.

En algunos casos se produce una maduración interior que hace posible llegar a discernir que, en realidad, no se trata ni de que tú tomes decisiones ni de que el Supremo esté eligiendo por ti, sino que, simplemente, todo está ocurriendo de forma espontánea. ¿Acaso hay alguien que le dé al interruptor para encender sus sentidos cuando se despierta por la mañana? No, los sentidos funcionan por sí mismos. No tenemos que hacer absolutamente nada para permitir que la percepción se dé a través de ellos. Cuando estamos establecidos en y como el Ser, nos damos cuenta de que, del mismo modo que la percepción, todo en la vida está ocurriendo de forma espontánea.

Desde el lugar puro de la consciencia, desde donde uno ve y experimenta que todo está bien, que están cuidando de nosotros en todo lo que hacemos, que todo funciona por sí mismo, el concepto de tener que decidir las cosas puede parecer irrelevante o excesivo. Cualquier acción que surja es la acción del universo. No obstante, mientras haya un cuerpo aquí, el juego de la elección se expresará a sí mismo como una voz en tu interior que te va guiando: «No, no vayas por ahí; debemos ir por este otro sitio», pero el sentido de elección en sí mismo nos parecerá superficial. Es una forma de expresión, pero a un nivel más profundo, es intrascendente.

En lo que a mí respecta, no pienso en lo que debería o no debería hacer, y, sin embargo, hay muchas cosas sobre las que tengo que decidir. Hay algo que simplemente discierne claramente si para un asunto concreto hay que tomar esta o aquella decisión. Se están tomando decisiones, pero no es la mente la que lo hace; son más bien decisiones que se sienten. De este modo, tu vida será más una existencia basada en el sentir, de manera que ya no estarás *pensando* tanto en tu vida, sino viviéndola simplemente siendo. El estado natural de la mente consiste en descansar en ese estado de neutralidad.

Sigue disfrutando de la vida y confiando en ella, y verás a dónde te conduce esta corriente. Te va llevando cada vez más y más profundo a un territorio en el que no querrás regresar a la mente. Puede que descubras que ya no tienes esa pasión por hacer muchas de las cosas que solías hacer antes, pero aún tendrás un sentido de preferencia, aún preferirás hacer esto antes que aquello. No obstante, ahora serás consciente de que la selectividad y el hecho de tener fuertes preferencias son cosas que desprenden ese hedor propio del mal aliento del ego, y las cortarás de forma radical en cuanto notes que empiezan a surgir.

ELEGIR SOLTANDO

Desprenderte de las garras de la mente no supone un gran sacrificio. De hecho, la mente no tiene nada que sacrificar. Si de verdad estuviese tan llena de tesoros, entonces quizá podrías tener alguna duda, pero ¿qué tiene en realidad la mente para negociar? En su mayoría, tan solo arrogancia y falsas ilusiones. Y, a cambio de eso, ¡recibes la libertad!

La próxima vez que te sientas intimidado por la perspectiva de tener que tomar alguna decisión y no sientas nada en tu corazón que te indique hacia qué opción decantarte, limítate tan solo a quedarte quieto y en silencio, pero sin esperar a que ocurra nada. Tendrás que soportar un cierto malestar durante un rato, pues algo en tu interior no quiere tener esa sensación de no saber. Hay una parte de ti que quiere terminar ya con eso, pero simplemente reposa en calma con ese malestar, con esa inquietud. Permanece como la consciencia misma. Entonces, en algún momento, todo se calmará. Una especie de reconocimiento, más que una decisión, entrará en tu corazón, la forma de proceder se manifestará claramente y tú simplemente te moverás en una cierta dirección.

Mira qué pasa

En cierta ocasión conocí a un hombre que trabajaba como actor. Llevaba algún tiempo viniendo al *satsang* y quería hacer un retiro conmigo, pero en cuanto tomó la decisión de hacer el retiro le llegó una oferta de trabajo –algo que no les suele ocurrir a la mayoría de los actores–. Así es que me dijo:

—Quiero ir al retiro, pero esta es la primera oferta de trabajo que tengo en mucho tiempo. ¿Qué debo hacer?

Le dije que no lo sabía, pero le aconsejé lo siguiente:

—No te dejes intimidar por la perspectiva de tener que tomar una decisión. Puede que las cosas se clarifiquen pronto.

Él me explicó la situación:

—El director me llamará mañana a las doce en punto, pues le he pedido que me diese un día antes de darle mi respuesta definitiva. Con todo este asunto, mi mente me está torturando. No sé qué hacer. He considerado todos los factores, lo he analizado desde todos los ángulos, pero sencillamente no puedo tomar una decisión.

Así es que le dije que simplemente se olvidase de ello y que se quedase únicamente consigo mismo.

—¿No podrías darme algún consejo mejor? –me preguntó en tono de súplica.

—No, no hay ningún otro consejo. Tan solo haz esto. Incluso si queda un cuarto de hora para las doce y no lo tienes claro, no entres en pánico. Si quedan diez minutos... cinco minutos... y aún nada..., si queda un minuto para las doce... medio minuto... y aún nada..., entonces será así: cuando suene el teléfono, responde y mira qué pasa.

Por supuesto, yo tampoco sabía lo que iba a pasar.

A la mañana siguiente, mi amigo actor me llamó por teléfono:

—Estuve haciendo lo que me dijiste, simplemente estando presente y permaneciendo en mi corazón. Pero no tuve que esperar a que llegaran las doce. Después de un par de horas sentado así, estuvo muy claro dentro de mí que iba a ir al retiro. Y ¿sabes lo que ha pasado? ¡Que esta misma mañana mi padre me ha llamado por teléfono para ofrecerse a pagármelo!

SI LA VIDA QUIERE PROPONERTE SEGUIR UNA DIRECCIÓN, PREPARARÁ EL CAMINO PARA QUE PUEDAS RECORRERLO.

Vive en tu corazón más que en tu cabeza. Si la vida quiere proponerte seguir una dirección, preparará el camino para ti presentando sensaciones en tu cuerpo y tu mente para permitir que ese movimiento ocurra. Y cuando tu mente esté asentada en el corazón, incluso si te sientes desgarrado por dentro, otros seres acudirán en el momento preciso para facilitarte la transición que sea que tenga que suceder. No es tan solo que comiences a tener el viento a favor en tu vida, sino que, además, descubrirás lo milagrosa que es esta existencia.

En toda relación, los buscadores
han de tener como prioridad la Verdad.
Puede que os améis el uno al otro profundamente,
pero para cada uno de vosotros el primer amor
ha de ser siempre el amor por la Verdad,
que es lo mismo que ser uno
con tu propio y verdadero Ser.

Asienta firmemente este amor universal en tu corazón,
y otras expresiones de amor fluirán a partir de él
de forma natural.
Entonces, en esa orientación hacia la Verdad,
tus relaciones encontrarán su lugar adecuado.

LAS RELACIONES CENTRADAS EN LA VERDAD

Asociarnos con otros seres es algo que forma parte de la misma naturaleza de la vida. Las relaciones también son una expresión de la consciencia, y es precisamente mediante relaciones de diversos tipos como maduramos y crecemos en nuestra experiencia como seres humanos. Las relaciones románticas en particular pueden desenterrar en nosotros motivaciones ocultas y tendencias latentes con más facilidad que cualquier otro tipo de relación. Ese tipo de intimidad va directamente al meollo de la cuestión, permitiéndonos ver dónde se encuentran nuestras inseguridades y nuestros apegos más profundos.

Incluso si el ego ha sido trascendido efectivamente en todos los demás tipos de relaciones y ahora eres capaz de disfrutar de ellas desde el lugar de la Verdad, la personalidad egoica puede seguir viva cuando se trata de las relaciones íntimas. Esta es la razón por la que tales relaciones suelen parecernos tan difíciles. La gente que no trabaja conscientemente en estos bloqueos que aparecen en sus relaciones se limita simplemente a padecerlos. Por otro lado, algunos buscadores conceden gran valor a este tipo de retos y hacen buen uso de ellos. Al afrontar este tipo de dificultades debemos limitarnos simplemente a admitir: «¡Me doy cuenta perfectamente de que es justo aquí donde el ego respira y de donde extrae su energía!».

Incluso los que comienzan con una cierta sensación de claridad y de espacio interior pueden verse impelidos de nuevo silenciosamente a algún tipo de drama personal, y entonces esa historia pasa rápidamente a estar en el primer plano de la consciencia. Todo vuelve a girar en torno al otro, ya sea para culparle, ya sea para aplacarle y culparnos a nosotros mismos. En medio de esta tormenta mental, la Verdad queda relegada al olvido.

Me gustaría dejar claro que, en toda relación, los buscadores han de tener como prioridad la Verdad. Puede que os améis el uno al otro profundamente, pero para cada uno de vosotros el primer amor ha de ser siempre el amor por la Verdad, que es lo mismo que ser uno con tu propio y verdadero Ser. Asienta firmemente este amor universal en tu corazón, y otras expresiones de amor fluirán a partir de él de forma natural. Entonces, con esa orientación hacia la Verdad, tus relaciones encontrarán su lugar adecuado.

DEJA QUE EL AMOR HUNDA SUS RAÍCES EN LA PRESENCIA

¿Es posible tener una relación que esté basada y arraigada en la presencia? Lo pregunto porque muchas veces albergamos la convicción de que hace falta tener una fuerte sensación de ser una persona para poder tener una relación, especialmente una que sea apasionada y rica en emociones. ¿Es posible tener una relación y, a la vez, disponer de la libertad y del espacio necesarios para descubrir la Verdad? Sí, es posible. De hecho, una relación tan solo puede florecer cuando pones la Verdad en primer lugar y estás firmemente establecido en y como dicha realidad. La Verdad es lo suficientemente amplia, profunda y sabia como para fortalecer y embellecer todos los aspectos de tu expresión.

No intentes aferrarte a tu pareja, ni siquiera a la idea misma de relación. Las relaciones de aquellos que dejan espacio el uno al otro siempre son las más hermosas. Cuando reclamas tu propia fortaleza, te conviertes en el mejor compañero para la persona adecuada, porque sabes de forma intuitiva cuándo uno de los dos necesita espacio. De este modo, puedes crecer y evolucionar mediante tu propia consciencia del Ser. Al respetar las preferencias y la forma de ser del otro, es posible que sean compatibles incluso personas que pertenecen a religiones o a contextos culturales diferentes, pero antes tiene que estar presente esta apertura subyacente. Cuando la relación no está cerrada en sí misma, cuando hay espacio en ella, puede llegar a ser muy hermosa.

Cuando la gente honra la Verdad, sus poderes de discernimiento se agudizan y, muy rápidamente, reconocen lo que es verdad y descartan lo falso. En cierto sentido, cada miembro de la pareja se convierte en un gurú para el otro; dejan de darle prioridad a sus naturalezas egoicas. Reconocen sus errores, pero no ceden simplemente para evitar el conflicto; ya no necesitan defender sus sentimientos, ni tampoco darles una importancia excesiva. Más bien, simplemente sostienen la Verdad cuando esta surge en sus corazones. Amar de esta manera no es difícil, y es una forma de ser muy hermosa.

Hemos de ser fuertes para vivir siendo fieles a los caminos del corazón, pues muchas veces tememos decepcionar al otro. Ese miedo hace que la gente introduzca energías muy perniciosas en sus relaciones –energías que, a veces, disfrazan de argumentos racionales–. Pero no es auténtico llevar estos disfraces. Y, en todo caso, al final la farsa nunca dura mucho. Simplemente perdemos muchísima energía y nos pasamos años y años en estados que no tendríamos por qué haber padecido.

Una buscadora me contó que tenía miedo de meditar en casa cuando su marido estaba cerca porque a él no le gustaba. Cuando lo hacía, él refunfuñaba y le decía que estaba perdiendo el tiempo y que les estaba dejando de dar a él y al resto de su familia el tiempo y la energía adecuados. Le dije que tenía que mantenerse firme en su propia Verdad.

—Cuando mi marido anda cerca –me decía ella–, no soy libre para expresarme desde el corazón de ese modo.

—¡No has de comportarte como un ratoncito frente a tu esposo! ¿Qué tipo de relación se supone que vas a tener si resulta que tienes que esconderte en el armario para meditar, o, cuando rezas, no puedes hacer más que susurrarle temerosamente a Dios: «Mi Señor, no puedo hablar más alto porque, si lo hago, me metería en problemas»? Esto equivale a declarar que tu relación es más importante que tu propio Ser interior. Y ¿qué nos dice *eso* de tu relación?

Una relación así no prosperará. Por lo tanto, atente a lo que sientes en tu corazón. Si haces lo que es correcto en tu corazón, no puede resultar equivocado para la otra persona

–incluso si acaba dejándote–. Puede que derrames algunas lágrimas, pero después descubrirás de nuevo una gran frescura interior.

En ocasiones la gente cree que sus relaciones tan solo van a salir bien si las convierten en su mayor prioridad en la vida. He descubierto que lo cierto es justo lo contrario; es mucho más saludable hacer que nuestra prioridad número uno sea la Verdad y dejar de poner las relaciones en un pedestal. Para que la relación prospere tiene que fluir, y las cosas fluyen cuando tu mente y tu corazón son uno como la consciencia misma. Estar siempre tratando de hacer todo lo que está en tu mano para arreglar las cosas, para poner parches en la relación y asegurarte de que este o aquel evento que tanto temes no llegue a ocurrir equivale a vivir en un estado de ansiedad y sufrimiento. Incluso si hay algo que deba ser eliminado de la relación, sucede en el seno de este flujo natural.

El *satsang* te purifica y, en consecuencia, purifica también tu relación. Dejarás de sufrir en nombre del «estar juntos a toda costa». En lugar de eso, puede que analicéis juntos las cosas que no funcionan, de modo que podáis poner en marcha una solución en el espacio de la Verdad. Y puede funcionar de una forma muy hermosa, pero sin la necesidad de tener un concepto tan fuerte y estrecho de la *relación*, sin aferramientos y sin tratar de evitar que las cosas cambien.

Las relaciones siempre pueden crecer y madurar. Mientras estés vivo, habrá espacio para el crecimiento y para el cambio. La manifestación dinámica de la consciencia es cambiante. Y, por supuesto, el cambio es vital en este ámbito de la existencia. Sin embargo, el ego le tiene miedo a los cambios, de manera que trata de convertir en absoluto lo que, por su misma naturaleza, es relativo; intenta congelar aquello que es líquido por naturaleza.

Me he dado cuenta de que mucha gente parece tener una idea muy clara de cómo deberían ser las cosas. Entonces, cuando intentan constreñir la vida para que adopte esa forma concreta, sufren experiencias muy dolorosas. Para empezar, los seres que ya son libres no pueden hacer contorsionismo para tratar de ajustarse a esos moldes –y, además, se negarán a hacerlo.

En cualquier tipo de relación es posible que llegues a un punto en el que sientas que es necesario un cambio de dirección, y puede que algo en tu interior te guíe para poder comunicárselo al otro. Ya sea que haya llegado el momento de poner fin a la relación, o simplemente de reclamar un poco de espacio, puede que digas: «Voy a alejarme durante un tiempo de esta relación. Es algo que necesitamos hacer, así que hagámoslo».

Si en última instancia lo que te hace falta para mantener tu propia integridad interna es terminar la relación por completo, entonces termínala. Será bueno para todas las partes involucradas, porque cuando tú mismo eres lo suficientemente fuerte como para defender tu verdad y lo haces –no de una manera egoísta, sino con amor y por el bien de ambos–, también le estás dando a la otra persona una oportunidad para reconocer la sabiduría que hay en esa acción y para mejorar.

A menudo probamos cosas tan solo por ver hasta dónde podemos llegar, en lugar de estar centrados en el corazón. Algunas relaciones también son muy competitivas, pero

¿qué tipo de amor puede haber cuando compites con el otro o sientes envidia de sus éxitos? Un remedio simple es honrar la Verdad tal y como esta se expresa dentro de tu corazón. Entonces encontrarás a alguien –o redescubrirás a esa misma persona– y creceréis juntos en armonía. He visto relaciones que estaban realmente a punto de romperse hasta que la pareja encontró una forma de estar juntos en la presencia, y pasaron a ser algo hermoso, porque habían encontrado el espacio en el que puede darse la transformación. Sin embargo, de una manera u otra, no parece que eso sea lo habitual. Con mucha frecuencia vivimos en nombre de la relación, simplemente soportando las cosas y reprimiendo nuestra danza natural.

La banalidad propia de la sensación de ser una persona suele verse claramente en las relaciones. La forma que tiene la mente psicológica de evitar el amor real consiste en atacar la relación carcomiéndola con quejas y protestas triviales a las que concede una importancia excesiva. Llegará un momento en el que te darás cuenta de que tu mejor guía siempre está en tu interior. Hay algo que siempre te está guiando en el momento. Es cuando lo llevas al piso de arriba –a la mente– cuando empiezan los problemas. Por el contrario, las cosas funcionan por sí mismas cuando permaneces centrado en y como tu neutralidad natural, ese espacio mayor de la consciencia, que siempre es imparcial e imperturbable.

Cuando te vayas estableciendo más en la Verdad y comiences a percibir cómo actúa esa banalidad propia del ego, la vida te hará cosquillas muchas veces y tú te limitarás a estallar en carcajadas ante tu propio sinsentido. Puede que en ocasiones te encuentres discutiendo, pero todo el tiempo esto aparecerá ante ti como si fuese una película. Al fin y al cabo, a cierto nivel debes de estar disfrutándolo, ¿no? Puedes observar todo este *ping-pong* verbal –*ping*, *pong*, *ping*, *pong*...– sabiendo que estás muy separado de eso. En cierto momento comienzas a reírte, porque te parece tan ridículo que ya no eres capaz de continuar.

Este presenciar, este atestiguar, ocurre espontáneamente, de forma muy similar a un reflejo. Y se debe a que tu corazón, tu Ser, está firmemente asentado en su propio Ser. Una vez que te has establecido en la Verdad, ya no le dedicas más energías a los estados mentales que se caracterizan por la inquietud y la inseguridad; todos esos juicios banales pierden su fuerza. Puede que durante un tiempo sigan apareciendo, pero ahora eres capaz de ser testigo de sus idas y venidas sin que te afecten profundamente.

SI PERMANECES CENTRADO EN EL CORAZÓN, TODAS TUS RELACIONES SERÁN FAVORABLES.

Entonces, ¿estoy *a favor* de las relaciones? Estoy a favor de las relaciones sea cual sea la forma en que puedan darse: entre padres e hijos, entre marido y mujer, entre amigos, entre compañeros de trabajo o respecto a la actitud que tenemos ante el mundo. Todo es lo mismo.

Si permaneces centrado en el corazón, todas tus relaciones serán favorables.

Cuando nos estamos disolviendo

Cuando nuestra consciencia va siendo cada vez mayor y crecemos en sabiduría, somos capaces de ver más claramente y de fomentar tanto en nosotros mismos como en nuestra pareja la disolución en la unidad universal. Pero lo que sucede muy a menudo en este tipo de relaciones es que una persona se está disolviendo en la Verdad mientras que la otra tan solo siente que la están abandonando, de manera que aparece el miedo y las oprime. Una persona atrapada por la inseguridad no va a desear ir demasiado lejos en lo que respecta a rendirse a la unidad.

Cuando no estamos lo suficientemente arraigados en la Verdad, imaginamos inocentemente que nuestra pareja cumplirá y satisfará sin esfuerzo nuestras propias nociones del amor –un amor conceptual que no es más que una fantasía para satisfacer lo que creemos que ha de ofrecer una relación–. Cuando este es el caso, es muy probable que la relación sea puesta a prueba. Al quedar los ideales románticos expuestos como irreales, aparecen frustraciones en la superficie y sobrevienen los conflictos. Entonces te limitas a decir cosas como: «Pero todo es Amor. Estamos destinados a estar juntos. Somos Uno». Cuando empezamos a hablar así, no es buena señal. En este punto, es muy posible que tu pareja te responda: «¿Que todos somos Uno? De ninguna manera. Yo soy uno, ¡y sin lugar a dudas tú eres el otro!».

Una mujer que participó en el *satsang* en cierta ocasión dijo:

—Puedo ver claramente que yo no soy real, ¡pero me da tanta pena que mi marido tampoco lo sea!

Ser simultáneamente un devoto de la Verdad y tener una relación puede hacer que queden al descubierto algunos puntos ciegos que aún puede haber en nosotros. Tendemos a identificarnos con esta voz temerosa que dice: «Tal vez sería mejor que no me abandonase tanto en esta unicidad, porque voy a desaparecer hasta tal punto que el mismo concepto de *compañero de vida* va a dejar de tener sentido». ¿Vas a alejarte de la libertad y de la Verdad tan solo por semejantes suposiciones infundadas? Es un temor muy común pensar que con la disolución de la personalidad condicionada la vida tal y como la conoces dejará de tener sentido. Puede que te preguntes: «En tal caso, ¿qué lugar pasará a ocupar mi familia? ¿Cómo voy a ser capaz de vivir en el mundo? ¿Qué va a ser de mi entusiasmo por la vida si ya no tengo personalidad?». Lo cierto es que estos aspectos de la vida no desaparecen de la manera que te imaginas; desaparecen únicamente como causas de separación y, en lugar de eso, son redescubiertos como expresiones del Ser puro.

En la India tenemos muchas imágenes de divinidades que son pareja –Radha y Krishna, Shiva y Parvati, Sita y Rama– que nos recuerdan que la noción de que las relaciones son incompatibles con la espiritualidad no es más que un mito y que *es* perfectamente posible alcanzar un punto de equilibrio entre ambas. Sin embargo, este equilibrio no es algo que la persona haga; es la Verdad la que lo guía.

Creer que la realización de la Verdad requiere que renunciemos a nuestros seres queridos puede ser una excusa para permanecer a una distancia segura de la espiritualidad. En el extremo contrario, hay quienes utilizan su profundización espiritual como una excusa para evitar cualquier tipo de relación, porque en alguna parte han escuchado que para ser espiritual hay que estar libre del deseo. Para ellos, tener un compañero de vida significa que aún queda algún deseo activo, y se preguntan cómo alguien que vive en una relación podría vivir la realización última. Mi respuesta es que ¡la vida misma es deseo! Hay muchos deseos que son puros, que provienen de la consciencia misma y que, por lo tanto, son naturales.

El principio «estar libre de deseo» se refiere a los deseos egoístas que brotan a partir de la identidad egoica, que apoyan un estado de ser contraído y personal. Por ejemplo, muy a menudo, en las primeras etapas de la búsqueda de la Verdad y en el punto mismo en que el reconocimiento real de la Verdad se está desarrollando, el ego se siente amenazado. Al verse asfixiado, jadeando en busca de aire que poder respirar, se agarra a cualquier cosa que pueda darle vida. Es muy parecido a la forma en la que una persona que se está ahogando se agarra hasta a las pequeñas ramitas que flotan en la superficie del agua. En tales casos, una nueva relación es claramente una distracción de la mente en lugar de un despliegue natural y espontáneo. A medida que vayas madurando en la Verdad serás capaz de discernir cuál es la diferencia y de actuar de acuerdo con esta armonía mayor.

Permanecer en la experiencia de la Verdad es muy distinto a cualquier visión de la espiritualidad que sea ajena a la realidad de los lazos humanos. Las relaciones pueden ser una expresión pura de la consciencia, pero ¿estás dispuesto a arriesgarte a tener una relación basada en la Verdad?

Si tienes la fortuna de mantener una relación íntima de este tipo con otra persona, entonces lo más probable es que seas puesto a prueba y que debas afrontar muchos desafíos. Has de estar dispuesto a decir sí hasta el final. No obstante, para que esa cercanía no desaparezca, es importante comunicarse de manera abierta, clara y efectiva. Incluso cuando tengas que ocuparte de temas muy incómodos o afrontar grandes diferencias, no pierdas de vista el hecho de que siempre estás tratando contigo mismo. Hay un dicho popular que reza: «No veo el mundo tal y como es realmente; veo el mundo tal y como soy». Tu pareja y el mundo que te rodea son un reflejo de tu estado interno. Cuando te has liberado de la identidad egoica y de la necesidad de proteger tus falsas ilusiones, ¿qué puede dificultar que te comuniques de una forma abierta, transparente y verdadera, incluso si se trata de los temas más difíciles?

La discusión

Esta es la historia de un hombre de negocios y de su esposa, que dejaron de hablarse después de tener una discusión especialmente acalorada. Cuando se cruzaban por la casa, evitaban cualquier contacto visual, pero aun así se seguían la pista el uno al otro. Llevaban ya unos cuantos días manteniendo este silencio, y ninguno de los dos tenía la más mínima intención de romperlo.

Pero resultó que el marido tenía una cita de negocios muy importante en otra ciudad y debía levantarse muy temprano para tomar su vuelo. El problema estaba en que dormía muy profundamente y no era capaz de levantarse por sí mismo de la cama, ni tan siquiera poniéndose el despertador. Era su mujer la que tenía que despertarle siempre. Así que el hombre pensaba: «¡Oh, no! ¡Si le pido que me despierte, tendré que hablar con ella!».

Se puso a darle vueltas a cómo podría hacer para afrontar esta situación. Finalmente, tuvo una brillante idea: «¡Simplemente le escribiré una nota!». Así que tomó un lápiz y un trozo de papel y escribió: «Despiértame a las 5 de la mañana». Después, sin haber escrito siquiera un «por favor» o un «gracias», puso la nota al lado de la cama de su mujer. Muy satisfecho por haber encontrado una solución tan creativa a su dilema, se fue a la cama y se quedó dormido.

Cuando se despertó a la mañana siguiente y miró el despertador, ¡ya eran las 6:30 de la mañana! No tardó en montar en cólera y estar completamente fuera de sí. Mientras tanto, su esposa se encontraba en la ducha cantando: «¡Oh, qué hermosa mañana! ¡Oh, qué hermoso día!». Furioso, él le espetó:

—¡Ahh! ¡No me has despertado! –y estaba a punto de iniciar una gran discusión cuando vio una notita en su mesa de noche en la que estaba escrito en grandes y gruesas letras: «¡SON LAS 5 DE LA MAÑANA! ¡DESPIERTA!».

Como se puede apreciar en este ejemplo, todo lo que no sea un intento genuino por comunicarse no da resultado. Si eres capaz de abrir los canales necesarios para establecer una comunicación honesta, entonces puede que tus puntos ciegos queden revelados. Puedes iluminar todas esas zonas oscuras, pues la oscuridad huye cuando queda expuesta a la luz. Sé real con tu pareja, y no perderás la conexión con ella. Tendrás una hermosa relación que siempre estará creciendo en Verdad y consciencia.

Vive la vida permitiendo que tus relaciones sean como dibujar un boceto de un paisaje hermoso: mientras lo estás dibujando, sabes que hay espacio para el crecimiento y el cambio. Así es como funciona la consciencia. No es cruel. No es rígida. Es un camino muy sutil y delicado hacia el corazón.

RELACIONARSE MÁS ALLÁ DE LA NECESIDAD EMOCIONAL

La mente egoica siempre quiere algo de los demás, pero esto nos prepara para tener malas relaciones, pues estas pasan a estar fundamentadas en la necesidad de ser amado; la necesidad de ser abrazado y aceptado; la necesidad de sentir intimidad, de estar juntos; la necesidad de ser elogiado, de ser apreciado. Y la necesidad emocional no es adecuada ni para tener una buena relación ni para tener una buena vida.

A veces me preguntan qué es lo que ocurre entre dos personas cuando una de ellas está despertando al Ser y la otra aún tiene este tipo de necesidades personales. Por supuesto, cada caso concreto es diferente, pero el Ser está perfectamente bien en toda situación. No tiene que seguir ningún patrón concreto. No tiene que practicar ninguna técnica: simplemente es. Y si la persona que aún siente estas necesidades está abierta, para ella también es maravilloso tener una relación con un ser que está despertando.

No obstante, puede que al principio cree tensiones en la relación el hecho de que uno de los miembros de la pareja ya no defienda lo que no es verdadero. No es que de pronto actúe como si fuese un oficial de policía, sino que simplemente siente y percibe las cosas de una forma natural, y en realidad eso fomenta el crecimiento. Pero hay personas que no están tan interesadas en madurar y evolucionar, sino que solamente quieren, quieren, quieren; pero cuando tienen una relación con alguien que está despertando, o que ya ha despertado, de alguna manera se ven compelidas a crecer, pues, de lo contrario, las cosas no funcionarán.

Además, siempre es bueno que nos saquen de nuestra zona de confort. Lo que quiere la mente es alcanzar algún tipo de llanura interminable en la que todo esté bien para siempre, pero la vida no es así. No es posible darle simplemente al botón de «pausa» o al de «guardar». Hay algo que siempre está creciendo, y no sabemos exactamente cómo funciona, así que mejor dejemos un poco de espacio para descubrir. Un espacio así, que no fomente adicciones, es mucho mejor.

Ninguna relación va a llegar nunca a ser perfecta, en el sentido de alcanzar una compatibilidad perfecta. Tan solo puede ser perfecta en el sentido de que cuando haya un desequilibrio, dicho desequilibrio sea reconocido como algo necesario para estimular la aspiración a crecer y a madurar. Pero tenemos que ser lo suficientemente sabios como para darnos cuenta de eso; de lo contrario simplemente empezamos a competir con nuestra pareja.

Entonces, ¿cómo tiene uno que encarar tales desajustes cuando surjan en la relación? No es posible sacar una receta de un manual, ponerla en práctica y esperar que funcione. Establecer cómo hay que proceder sería poner límites a lo ilimitado. Cada relación es única y fluye de acuerdo con sus necesidades particulares. Una relación es algo vivo, cambia a medida que los miembros de la pareja evolucionan y crecen juntos –y sin embargo también debe haber fortaleza en el ser independientes, en el poder estar separados de una forma sana y saludable–. No quiero decir con esto que haya que cultivar un sentido de «otredad», de diferencia entre la pareja, sino simplemente que cada uno debería ser capaz de sostenerse sobre sus propios pies.

Si nuestros corazones están abiertos, la relación será mucho mejor. Seremos mejores madres o padres, mejores jefes o empleados; todo mejorará en todos los ámbitos.

Puede que la mente intente ver el hecho de permanecer en nuestra ecuanimidad natural como algo insulso, aburrido, falto de sentimientos o demasiado serio; como si al estar en este estado nos convirtiésemos en algo así como en una silueta recortada en cartón. Pero la verdad en este asunto es precisamente la contraria: tú, en tu naturaleza de Buda, eres naturalmente el más vibrante, el más flexible, el más abierto, el más vivo, pero no estás tratando de cultivar ninguna de estas cualidades, porque no operas basándote en la necesidad. Todo puede estar ahí. Un ser despierto va a seguir sintiendo hambre y va a querer satisfacerla con comida, pero no está profundamente apegado a nada.

Del mismo modo en el que yo puedo venir y sentarme contigo sin haber preparado en absoluto lo que voy a decir, así la expresión del Ser y de la vida simplemente se va desplegando sin ningún plan preconcebido. A mí no me gustaría saber qué es lo que va a ocurrir. ¿Para qué? ¡Las cosas son hermosas cuando son nuevas, frescas! No quiero hablar de ni escuchar *sobre*. Yo *soy*, y esto es la vida –no una técnica–. No escuches a nadie que intente decirte cómo tienes que vivir; no es verdadero, pues tú eres la vida misma. Si tu atención está centrada en la observación y en el reconocimiento del Ser, todo lo demás encontrará su lugar de forma automática. Inténtalo y compruébalo por ti mismo.

Ver sin distorsiones

En las relaciones, simplemente esforzarse más no funciona. En lugar de eso, lo que tiene que haber para que una relación florezca de verdad es libertad, fortaleza interna, claridad y sabiduría. Una relación no funciona sobre la base de cuánto se invierta en ella. No se trata de una remuneración. Tampoco depende de cuánto hablemos de ella. Por lo general, tales esfuerzos no sirven más que para alejar a la gente, porque lo que se busca realmente es una conexión íntima, algo que es demasiado hermoso como para *tratar* de conseguirlo.

Cuando la necesidad emocional, los celos, el miedo al rechazo o cualquier otra energía negativa aparece en una relación, se trata en realidad de una oportunidad muy favorable para indagar sobre nuestra verdadera naturaleza.

Has de darte cuenta de que cuando se trata de relaciones, un exceso de intención crea tensión. Una vez que te liberes de esta o de cualquier otro tipo de necesidad, estarás en un estado natural en el que no necesitarás sentirte aceptado, ni siquiera sentirte amado. Y en esa libertad no hay ninguna arrogancia. ¿Puedes imaginarte cómo sería establecerte en un lugar de tu interior en el que verdaderamente no *necesites* ser amado? Se trata de un lugar de inmensa quietud, en el que tu amor se abre, se extiende y se amplía, se vuelve fuerte y hermoso.

En el contexto de la búsqueda de la libertad interior, muchas personas, en cuanto consiguen realizar un estado verdadero, inmediatamente preguntan cómo pueden mantenerlo. Esta misma tendencia se puede dar en las relaciones; la misma voz interna que se pregunta cómo puede hacer para mantener ese estado

> DEL MISMO MODO QUE NO PUEDES MANTENER SIEMPRE UN ESTADO VERDADERO, TAMPOCO UNA RELACIÓN ES ALGO QUE HAYA QUE MANTENER; SE TRATA MÁS BIEN DE ALGO QUE DISFRUTAR DESDE TU PROPIA FORTALEZA, DESDE TU PROPIA NATURALIDAD.

verdadero se pregunta también: «¿Cómo puedo mantener esta relación?». Pero del mismo modo que no puedes *mantener* un estado verdadero, tampoco una relación es algo que haya que mantener; se trata más bien de algo que disfrutar desde tu propia fortaleza, desde tu propia naturalidad. Entonces, descubrirás que todo el mundo quiere estar contigo.

AUTOINDAGACIÓN GUIADA
Enfrentarse al «yo» que sufre

Cuando te sientas abrumado por la necesidad emocional, por la posesividad, por los celos o por cualquier otra emoción, no los reprimas ni intentes negar que están ahí presentes. Limitarte a decir que no son reales cuando lo cierto es que los estás experimentando como reales no te va a ayudar. Es mucho mejor aprovechar la oportunidad que te ofrecen estos sentimientos para trascender no solo los pensamientos y los sentimientos, sino también la propia identidad a la que parecen pertenecer. Dirigirse a la raíz de la identidad es el único remedio que solventa todos los problemas.

Pregúntate: «¿Quién o qué está experimentando esto?».
Sé muy honesto con esta cuestión.
Llévala hacia lo más profundo de tu ser.
¿Qué ocurre en tu mente si imaginas vívidamente
y en detalle la situación que más temes,
tal vez que seas abandonado o traicionado por otra persona?

Echa un vistazo a eso que tanto te asusta
y usa tu imaginación para llevarlo al extremo:

¿cuál sería para ti el peor escenario posible?
Digamos que alguien te está dejando.
Has sido rechazado, abandonado.
Te han dicho: «Ya no te quiero».

Deja que esa escena se desarrolle en tu cabeza.
Usa todo el poder de tu imaginación
para crear el peor escenario.
Invítalo.
¿Cómo se siente?
¿Qué sensaciones aparecen en el cuerpo?
¿Qué pensamientos?

Siente plenamente lo que surja,
pero permanece presente en el lugar
desde el que estás observando,
mientras al mismo tiempo estás presente
con los fenómenos que estás examinando.
No te dejes atrapar por la historia.
Limítate a observar sin verte arrastrado por ella.

Identifica a ese que se siente dolido.
¿Quién es el que ha sido rechazado?
¿Es una persona? ¿Una imagen?
Ahora observa la imagen de ese dolor.
Observa a la persona que ha sido rechazada o herida.

Aquello que observa la forma rechazada,
¿puede en sí mismo ser rechazado?
¿Quién es ese que observa?

El que está observando ahora mismo,
¿es una persona?

Cuando evocamos nuestros miedos más profundos,
podemos ver quién es realmente ese que sufre.
Mira a ver si puedes identificar a ese «yo» que sufre.
Pon toda tu atención en ver si existe un «yo»
que sufre y si eres realmente tú.
¿No es cierto que hay un espacio mayor
en el que el observar es neutral?

De este modo neutralizarás completamente
todas estas cosas en tu vida
y llegarás a reconocer
que tú eres la consciencia misma.

Permanece como tal.

Esta visualización del peor escenario posible es un ejercicio muy provechoso. Cualquier escenario de vulnerabilidad que tu mente ni siquiera pueda permitirse imaginar es como un fantasma que te perseguirá para el resto de tu vida. Ir por ahí en tal estado de negación no es precisamente la mejor forma de ir por la vida, pues te mina las fuerzas. Tus miedos son ahora como una especie de fantasmas que te rondan, pero enfrentarte a ellos hace que pierdan todo el poder que tienen sobre ti.

¿De qué tienes tanto miedo? Observa lo que ocurre cuando llevas a cabo esta visualización. Permitirse a uno mismo representar mentalmente el peor escenario posible y enfrentarse a los propios miedos con la intención de liberarse de ellos es algo muy distinto a imaginar repetitivamente dicho escenario para reforzar el miedo que nos causa. En lugar de eso, en este ejercicio usamos la imaginación de un modo más inteligente. Además, puedes realizar este tipo de atestiguamiento con cualquier sentimiento o cualquier pensamiento. Así llegarás a darte cuenta de qué es lo que ha estado actuando en tu nombre y a saber si eres tú realmente o tan solo una imagen fraguada en tu propia mente.

Puede que llegues a darte cuenta de que aquel que ha estado sentado en el trono es un impostor. Esta comprensión, este ver, puede vivirse de una forma muy intensa, pero sigue observando, sigue indagando. Estate abierto para ver lo que sea que surja, sin que tu visión se vea alterada por las lentes de los juicios o las interpretaciones que siempre distorsionan lo que vemos. Si puedes limitarte a hacerlo así, brotará en ti una profunda sensación de paz.

LOS FRUTOS QUE RESULTAN DE DISTINGUIR LA VERDAD SON TAN DELICIOSOS QUE HACEN QUE ESTE VER SEA MÁS DULCE DE LO QUE PUDIERA LLEGAR A SERLO NINGUNA RELACIÓN.

Ver sin distorsión es una habilidad que puedes adquirir rápidamente, porque los frutos que resultan de distinguir la Verdad son tan deliciosos que hacen que este ver sea más dulce de lo que pudiera llegar a serlo ninguna relación.

¿Alguien dijo sexo?

En el *satsang*, de vez en cuando alguien me hace alguna pregunta relacionada con el sexo. Inevitablemente, todas las mentes que hasta ese momento estaban flotando a la deriva vuelven a centrar su atención de inmediato. Si en ese momento hay alguien que estaba saliendo del salón, se da la vuelta y regresa a su sitio. Es como si de pronto todo el mundo en la sala se pusiera derecho colectivamente. Tal vez alguien pregunta algo relacionado con tener demasiado deseo sexual, o demasiado poco, o simplemente quiere saber qué tengo que decir al respecto. Pero, independientemente de cuál sea la pregunta, todo el mundo parece estar interesado en la respuesta.

¿Cómo podríamos decir que hay algo malo en el sexo? Es algo natural, ¿no? Si de pronto no hubiese más sexo, ¿qué ocurriría? La raza humana no tardaría en extinguirse. El sexo puede ser una expresión hermosa cuando surge del amor. Sin el placer del sexo, no habría nadie sobre la faz de la Tierra –ni tampoco habría ningún *satsang*–. El sexo es lo que te ha traído aquí, pero no lo que te va a llevar a tu verdadero Hogar.

Cuando era niño solía escuchar este dicho: «Los hombres usan el afecto para conseguir sexo, y las mujeres usan el sexo para conseguir afecto». No estoy muy seguro de si esto es cierto o no, pero no cabe duda de que hay una idea persistente, y es la de que el hombre y la mujer son opuestos que se necesitan el uno al otro para completarse. Sin embargo, si «el hombre fue hecho para la mujer, y la mujer para el hombre» –como dice la canción–, entonces todos seríamos la respuesta unos de otros. Sin embargo, no parece que este sea el caso. Lo que yo diría en lugar de eso es que «el hombre está hecho para Dios, y la mujer está hecha para Dios». Esto elimina de un plumazo todos los problemas, porque los hombres y las mujeres no pueden satisfacerse mutuamente en lo más profundo de su corazón; es tan solo realizando la

Verdad como podemos descubrir nuestra verdadera e inherente completitud.

Cuando tu corazón está orientado hacia la Verdad, todo lo demás encuentra su propio lugar. Tu amor se vuelve puro, sincero y universal; todo queda incluido en tu amor. Pero si tu centro de atención está puesto en cualquier otra parte, te verás asediado por los deseos y las proyecciones incesantes de la personalidad egoica, que, en realidad, nunca pueden satisfacerse, porque el ego mismo está siempre cambiando, siempre inmerso en un flujo de transformación constante. Después, nos vemos obligados a crear artilugios y estrategias en un intento por conseguir lo que queremos, y ahí es cuando entran en juego también los engaños y las medias verdades.

No estés constantemente buscando algo concreto en la vida, como cuando piensas: «Necesito tener tal grado de intimidad» o «Quiero tener tal cantidad de sexo». A medida que vas madurando en la Verdad comienzas a sentir una paz y una estabilidad internas, y tu atención deja de estar centrada en ese tipo de cosas. Ya no les concedes tanta importancia a las proyecciones de la mente.

Hay personas que tienen algo en su interior que siempre necesita probarse o confirmarse a sí mismo, por lo que se muestran un tanto inquietas o nerviosas; piensan que tienen que actuar constantemente. Si este es tu caso, ya te encuentras en el lugar equivocado. Se trata de un falso apetito, en lugar de un gusto natural por estar junto a otras personas. El verdadero compartir llega de una forma mucho más natural, y no como una aventura de una sola noche. Ese tipo de encuentros también pueden estar bien. Si es lo que te apetece, ¿por qué no? Pero después de un tiempo, estos encuentros casuales tienden a volverse insustanciales y pierden su atractivo. Si ya has profundizado un poquito más en tu propio Ser y has comenzado a apreciar la belleza, la integridad, el amor y la compasión que conforman tu propia naturaleza, tampoco dejarás de ver todos esos atributos en la otra persona.

El sexo es una parte natural de la vida, pero si se trata simplemente de un deseo, entonces debes integrarlo en tu indagación. La costumbre de medir y comparar tu sexualidad basándote en una proyección particular o a un estándar obsesivo puede impedir que vivas plenamente en el presente. Se convierte en un obstáculo que no te deja establecer una conexión verdaderamente significativa, porque esas proyecciones y esa cosificación pueden conducirte a una visión muy parcial de los hombres o de las mujeres. En tu mente, pasan a representar únicamente una caricatura. Puede ser que continúes viéndolos así durante un tiempo. Deja que así sea; no suprimas ni reprimas nada. En lugar de eso, incluye más en tu propia indagación cualquier tendencia compulsiva que pudieras tener. Pregúntate: «¿Qué es lo que significa *realmente* mi actitud hacia los hombres o las mujeres?».

Supón que no fueses a tener sexo nunca más. ¿Qué significaría eso para ti –o para lo que sea que haya en tu interior que tiene este anhelo profundo?

Mi respuesta para las preguntas que tienen que ver con el sexo –que para mucha gente es un tema tan importante– siempre suele ser la misma: primero encuentra la fuente. ¡Descubre quién eres! Esta es en concreto mi indicación más esencial. ¿Quién es el que quiere poseer algo o a alguien? ¿Qué o quién es el que desea más o menos sexo, el que se siente culpable por tener sexo o está obsesionado con él?

Tan solo echa un vistazo, es todo lo que te pido. Y luego, cuando esta indagación se sigue de verdad, todo puede volver a resplandecer con su propia luz en el seno de esta mayor comprensión, de este descubrimiento –que no consiste en descubrir nada, sino en percibir la ausencia de ese alguien–, y el sexo puede aparecer a su propio tiempo y a su propio modo de forma natural. El sexo está bien, pero también tienes que descubrir quién eres.

CUANDO UNA RELACIÓN LLEGA A SU FIN

Cuando empiezas a tener una relación romántica con alguien, al principio todo está bien, todo es muy agradable. Generalmente tenemos mucha prisa por enamorarnos. Pero cuando, con el tiempo, empiezan a aparecer las incompatibilidades, tal vez comencemos a preguntarnos: «¿Voy a ser capaz de ir más allá de todo lo que me molesta de mi pareja sin intentar cambiarla ? ¿Es este amor más grande que nuestra aparente incompatibilidad?».

Algunas relaciones, al igual que algunas amistades, duran tan solo unas pocas semanas, unos meses o unos años. Otras personas están a nuestro lado durante toda nuestra vida mortal sobre la faz de la Tierra. ¿Qué es lo que determina si una relación va a durar o no? ¿Se trata simplemente de aprender a tener paciencia y a ser tolerante, o tiene que ver con la compatibilidad de caracteres –es decir, que sin intervención alguna por nuestra parte algunas relaciones se desarrollan de forma natural y otras llegan a su fin de forma igualmente natural–? A veces hay factores en juego que no son evidentes de forma inmediata y pueden ser los efectos de influencias imposibles de rastrear, que sencillamente no desaparecen, como si la relación llevase asociada a ella un virus que, desde el primer momento, ya le ha puesto fecha de caducidad. En cierto sentido, no hay nada más que puedas hacer salvo ver a Dios en la otra persona y seguir buscando la Verdad de quién eres.

A veces conozco a seres que se aferran de manera desesperada a su relación. Puede ser porque dependen del otro económicamente, porque quieren evitar la soledad o «por el bien de los niños». Pero me pregunto si realmente es algo tan noble mantener una relación carente de amor cuando, en realidad, las dos partes no hacen más que lanzarse bolas de fuego el uno al otro o comportarse como si el otro no existiera. Y, cuando hay niños de por medio, ¿de verdad se imaginan que serán felices viviendo a la sombra de una hostilidad y una indiferencia así? ¿Y puede *tu* propio corazón aguantar una situación así?

En muchas partes del mundo es algo común para la gente resignarse a hacer sacrificios en su vida cuando hay que afrontar este tipo de situaciones, pero la Verdad no debería ser uno de esos sacrificios. En la mayoría de los casos, los seres humanos acaban teniendo que tomar decisiones dolorosas por no haber sido capaces de ser sinceros en la relación. Una relación tan solo se arraiga en la Verdad cuando la pareja usa las dificultades que surgen en ella para trascender las tendencias negativas y las obsesiones arraigadas y, como resultado de ello, llega a una comprensión más profunda de su verdadera naturaleza.

Si estás pasando por una ruptura, es muy posible que te sientas forzado a mirar hacia atrás con culpa y con nostalgia. Puede incluso que desarrolles una memoria selectiva.

Podrías pensar: «Quizá podría haber hecho las cosas de otro modo». Pero lo cierto es que en esa etapa de tu propia evolución espiritual *no* habrías podido. Simplemente ha sido así como la vida se ha manifestado. No te culpes por ello. Date cuenta de que echarte la culpa –y, por lo tanto, sentirte culpable– son tendencias que pertenecen a la «persona», a la imagen que tienes de ti mismo; no te pertenecen *a ti*. Como suelo decir, es la idea que tienes de ti mismo lo que luego sufre a causa de otras ideas que tiene acerca de sí misma. Así es que no pongas más energía en lamentarte por el pasado, ni tampoco especules sobre cómo se va a desarrollar tu vida en el futuro. Envía el dolor de tu corazón al Ser y simplemente dite a ti mismo: «Me duele. No sé lo que tengo que hacer, pero no quiero gastar mi tiempo y mi energía esperando y fantaseando. Me abandono aquí mismo en Tu abrazo. ¿Qué más puedo hacer? Me rindo».

Has de regresar a casa a tu Ser real. Tienes que vivir desde el corazón. Entonces tus ojos se aclararán y empezarás a ver la vida a través de los ojos de Dios. La Verdad no es algo que les pertenezca a unos pocos y a otros no; no es parcial, es universal. Al principio puede haber alguna reacción que se sienta horrible, pero todo forma parte de liberarse de las falsas ilusiones. Simplemente continúa sumergiendo tu energía y tu mente en el descubrimiento de la Verdad. Lo mejor que puede hacer alguien cuando tiene que afrontar dificultades en la vida es aprovechar esas experiencias tan intensas para indagar quién es el que sufre. ¿Quién es el que soporta el impacto de la experiencia de la que se trate? Este punto de vista, este enfoque, no implica una actitud cínica o un intento por evitar la vida. No; al traer verdaderamente de vuelta la atención y enfocarla en el centro de gravedad, en el que el dolor palpita con mayor intensidad, retomas de nuevo tu verdadero poder, un poder que siempre está contigo.

Si te mantienes en la indagación, harás un verdadero descubrimiento no fenoménico: te darás cuenta de que no puedes encontrarte a ti mismo como entidad que sufre. En su lugar, lo que se revela ante ti es que eres esta consciencia tan inmensa como el espacio en cuyo seno están teniendo lugar todas estas cosas, todo este ruido. Pero la consciencia que eres nunca participa ni se ve afectada por nada de lo que en ella aparece. ¡Qué libertad tan enorme supone descubrir esta Verdad!

Dado que tu vida está dedicada al descubrimiento de tu verdadera e inherente libertad, tampoco tienes que disculparte por no estar en sincronía con la gente cuyas vidas aún no se han orientado hacia la Verdad. Sigue tu propio camino. Un poder mayor está contigo. ¿Está ese poder también con esa otra persona con la que estás teniendo dificultades, quienquiera que sea? Claro que sí, aunque puede que aún no sea consciente de ello. Tan solo mantente firme en la Verdad del corazón, y su poder alcanzará a todos los que estén a tu alrededor.

Estar sin pareja

Mucha gente cree firmemente que es mejor tener una relación que estar solo. Hasta me han llegado a preguntar si la gente sin pareja tiene algún papel en la sociedad. A lo cual solo puedo responder: «¡Pues claro que sí!». Pero tú no eres una «persona soltera». Más bien, como el Ser, eres un Ser singular. Sé Eso, permanece como *Eso*.

No hay nada malo en ninguna expresión de la vida. Da igual si eres célibe, si sales con alguien, si estás casado o divorciado. Una vez vi a una mujer que estaba sentada entre dos hombres que parecían ser muy buenos amigos. Con una sonrisa, me dijo:

—Mooji, este es mi exmarido y este otro es mi futuro marido.

La vida toca su sinfonía.

Una persona sola, ¿cuál es el problema? La «persona» es el problema, no el hecho de que esté «soltera». A veces no sabemos la suerte que tenemos de poder usar nuestra soledad y el espacio que nos da para poder crecer en sabiduría. Utiliza este tiempo contigo mismo para desarrollarte interiormente, de manera que puedas superar el ego que surge, entre otras cosas, como la tendencia a necesitar una conexión con otra persona para alcanzar un estado de satisfacción y plenitud. Si el ego es el que manda, es mucho más probable que nuestra actitud esté basada en la desesperación cuando empecemos una nueva relación.

Si empleas bien el tiempo que tengas mientras estés solo para afianzarte en el verdadero Ser, entonces desprenderás una fragancia que atraerá de forma natural a otros seres. Pero si tu búsqueda de la Verdad no pasa de ser una mera estrategia para atraer a alguien a tu lado, todavía estás permitiendo al ego camuflarse a sí mismo.

Si hay una relación escrita en tu destino, ocurrirá de forma natural y no será gobernada por la necesidad desesperada de estar con alguien para sentirte bien contigo mismo. Habrás superado esas falsas ilusiones. Solo entonces una relación puede ser realmente hermosa.

Hay mucha gente casada que quiere estar sola durante un tiempo. Yo creo que todas las relaciones a largo plazo se beneficiarían de un periodo en el que la pareja se separase un poco –no como una regla fija, sino como algo voluntario–. Ni siquiera hace falta plantearlo como una separación. Esto no significa que te vayas corriendo a Las Vegas ni que te juntes inmediatamente con otra persona. Es un tiempo para encontrar tu paz en la soledad y para volver a comprobar qué cosas son importantes para ti.

> EN ÚLTIMA INSTANCIA TODOS ESTAMOS SOLOS, PERO CON LA REALIZACIÓN DEL SER DESCUBRIMOS QUE ESTAMOS SOLOS COMO UNIVERSO, NO COMO INDIVIDUOS.

Todo el mundo empieza la vida estando soltero. ¡Nadie nace casado! Primero aprendemos a manejarnos por la vida estando solos. Estar soltero –o sin pareja– puede ser una etapa muy hermosa o puede ser terrible; todo depende de la mentalidad que tengas. En todo momento, tienes el poder para determinar cuál es tu experiencia. Tú, la existencia, la mismísima cualidad de Ser, tienes el poder de centrar tu energía en el silencio de tu Ser, o de dejar que se vaya detrás de los pensamientos condicionados. Durante la infancia se nos educa para que queramos convertirnos en Ken o en Barbie. Pero si no nos despojamos de este condicionamiento, nos perderemos la belleza que hay en el hecho de estar solo.

En última instancia todos estamos solos, pero con la realización del Ser descubrimos que estamos solos como el mismo universo.

ENVUÉLVETE EN LO ETERNO

Podrías preguntarte cómo podemos perdonar a aquellos que nos hacen daño, especialmente cuando se trata de personas a las que queremos y de las que nunca pensamos que podrían lastimarnos. Hay dos maneras de sentirse herido. La primera es una respuesta a quienes hacen cosas que lastiman. La otra es sentirse herido incluso aunque nadie haya tenido la intención de lastimarnos; nos sentimos dolidos cuando proyectamos sobre los demás y después les echamos la culpa de nuestros sentimientos si dichas proyecciones no son satisfechas.

Tal vez simplemente estemos esperando demasiado de nuestros seres queridos. Si tendemos a poner un montón de expectativas sobre los hombros de los demás y asumimos que han de satisfacer todas estas necesidades por completo, entonces estamos destinados a sentirnos defraudados. Simplemente estamos esperando demasiado de lo que es una «persona». No es que dejemos de confiar –no cabe duda de que la confianza es importante–, pero tenemos que quitarnos la costumbre de volcar nuestras expectativas en los demás. Para poder llegar más allá, tenemos que hacer estallar todas las burbujas de nuestras proyecciones. Por lo tanto, la vida te está haciendo el favor de defraudarte en ciertas ocasiones para alentarte a encontrar aquello que no puede defraudarte jamás. Pero incluso *eso*, búscalo sin expectativa alguna.

¿Cómo puedes perdonar a los demás? Descubriendo el Ser. Una vez que has descubierto el Ser, entonces puedes pasar por alto todas esas cosas, pues dejan de tener importancia. Dejas de esperar nada de nadie. Y cuando no *esperas* nada es muchísimo más fácil perdonar a aquellos a los que quieres.

En todo caso, ¿qué es lo que puedes desear con tanta fuerza de la otra persona? Hay algunas personas de las que piensas que nunca te harán daño, y luego resulta que te lo hacen. No te tomes la vida de un modo tan personal. Seamos un poco más ligeros en la forma en la que caminamos por la vida. Encuentra ese lugar en el que ya no dependes de nadie, un lugar en el que te vas impregnando de tu propio y verdadero Ser.

No olvides que todos los seres humanos tienen defectos. Incluso si estuvieses en compañía de un ángel, llegaría un momento en el que te molestaría por algo y le dirías: «Mira, lo siento pero te tienes que marchar. ¡Vuélvete al cielo del que saliste!».

> ENVUÉLVETE CON LO ETERNO. ESTE ESPACIO DE LA CONSCIENCIA INMUTABLE ES MUCHO MÁS AMPLIO; EN ÉL TE DARÁS CUENTA DE QUE LAS APARENTES DEFICIENCIAS DE LA GENTE NO EXISTEN REALMENTE.

Pero en lugar de echarlo por la puerta de una patada tal vez puedas reconocer simplemente que nadie es perfecto y de este modo no te tomarás nada de forma personal al descubrir que, a fin de cuentas, todos somos humanos. Suelta todas las expectativas que tienes respecto a los demás y deja de enredarlos en tus proyecciones. Envuélvete en lo eterno. Este espacio de la consciencia inmutable es mucho más amplio, y en él los aparentes defectos de la gente no te afectarán tan profundamente. De hecho, te darás cuenta de que tales cosas no existen realmente.

Regresa al Hogar, regresa a la Verdad y no habrá sufrimiento en tus relaciones. En lugar de eso, todos los aspectos de tus relaciones se verán beneficiados, ya se trate de tu pareja o de los encuentros que tienes con otras personas en tu vida diaria, en el trabajo o con los amigos y la familia. Todas ellas serán impregnadas de sabiduría, de luz y de una gran sensación de espacio, de amplitud.

La respuesta de muchas personas cuando están en presencia de un ser humano que está vacío –no vacío en un sentido psicológico, sino en el más puro sentido de la palabra– es abrirse ellas mismas también. En ese estado puro de no-mente sentimos la verdadera vacuidad. Se trata de un estado de neutralidad muy hermoso que también ejerce una poderosa atracción sobre los demás. Pero hay tan poca gente que esté vacía de sí misma... ¡Todo el mundo está completamente lleno! Nuestras vidas se han vuelto claustrofóbicas, llenas de confusión, constreñidas por tantísimos compromisos a los que atender, por todo lo que tenemos que acordarnos de hacer, por tantas y tantas presiones.

Así es que este es mi consejo: no separes las relaciones de la Verdad. De lo contrario, las relaciones serán tan solo una especie de marcha lastimosa hasta la tumba en compañía familiar. No te limites a «tener una relación» –hombre y mujer, tú y yo, Tarzán y Jane–. Una relación realmente viva no es así. Una relación basada en la Verdad es más bien un modelo para la consciencia que, de hecho, nos ayuda a volver a nuestro verdadero Hogar y a descubrir la Verdad.

Tanto si es en la familia, en una relación romántica o en cómo nos relacionamos con nuestros compañeros, las interacciones intensas y prolongadas como estas suelen poner de manifiesto lo que no es real. Por lo tanto, trabaja con lo que sea que surja en estas relaciones. Averigua qué es lo que no funciona. Asume tu responsabilidad en el más puro sentido de la palabra. Esfuérzate por liberarte de todas esas nociones que te están impidiendo entrar en la unidad. Alguien vacío de sí mismo es un muy buen candidato para ser feliz en una relación, porque una persona así ni siquiera concibe el amor como una relación; simplemente se relaciona espontáneamente desde la unicidad del Ser. Esta es la grandeza de la consciencia, la magnificencia del Ser.

Muchas veces lo que hace falta en las familias
es un cambio de perspectiva.
Deja de enfocar tu atención
en esperar que ellos cambien.
Tú mismo has de ser el cambio
que quieres ver en el mundo.
Cuando tú cambias, hay algo en todos los que te rodean
que se da cuenta de ello.
No es un acto fingido,
no es una nueva estrategia, no es un nuevo disfraz;
todo tu sistema energético
se comporta de forma diferente.
Ya no te alteras tan fácilmente.
No permites que se aprovechen de ti
ni nada por el estilo.
Una nueva luz,
una nueva comprensión y sabiduría
están operando en ti.
Cada día que pasa va siendo más claro,
más resplandeciente.
Puede que no ocurra de la noche a la mañana,
pero las cosas serán distintas.
¡Ahora Mamá es Dios!
Hay algo dentro que sabe:
«Espera un momento, Dios se ha mudado a casa
y ahora está viviendo en Mamá».

LA VERDAD
Y LA FAMILIA

Cuando estás descubriendo la Verdad de quién eres, también descubres una especie de intimidad impersonal. Sé que puede parecer una forma extraña de decirlo, porque normalmente concebimos la intimidad como algo efectivamente muy personal. A lo que me refiero al hablar de *intimidad impersonal* es a que este amor no necesita tener una historia, porque se reconoce a sí mismo en cada uno inmediatamente. En cambio, el sentido de ego es distinto: necesita tiempo para ver si eres una buena persona, si estás cumpliendo las expectativas, etc. Es algo que ocurre en todas las facetas de la vida, pero puede llegar a ser especialmente intenso en el ámbito familiar.

La intimidad personal siempre lleva asociados todos esos condicionantes, pero el amor que emana del corazón no necesita nada de eso. Si ves a la gente tan solo como personalidades o como el papel que esperas que cumplan, puede que te gusten o no, que te lleves bien con ellas o no. Eso no quiere decir que todo el mundo sea igual: en esencia somos Uno, pero cada uno de nosotros es único en su expresión. Puede que el sentido de individualidad aún esté presente, pero ya no lleva consigo el tufillo del ego.

Tu consciencia se hace mucho más sutil. Reconoce que todas las impresiones son momentáneas y que todo está en movimiento, pero la consciencia misma es estable, completa, y siempre está contenta con lo que hay. El Ser se reconoce a sí mismo en el interior de cada forma. Cuando somos capaces de amar de este modo, sin exigencias ni expectativas, nos movemos en una esfera de armonía natural.

DEDICA ALGÚN TIEMPO A DESCUBRIR LO ATEMPORAL

Mientras las personas van descubriendo su verdadera naturaleza, a veces se preguntan cómo estar con sus familias, especialmente con los niños. Surgen muchas cuestiones: «¿Es posible descubrir el Ser incluso cuando mis hijos exigen tanto tiempo y energía de mi parte? ¿Seguiré siendo capaz de cuidar a mi familia mientras estoy desapareciendo como persona? ¿Cómo puedo compartir este descubrimiento con mis seres queridos?».

Gracias al *satsang* se han producido cambios tremendos en muchas familias. Aunque no es el objetivo de la indagación, ha habido dinámicas familiares que han cambiado completamente cuando uno de sus miembros ha comenzado a descubrir su verdadera naturaleza. Este cambio comienza contigo; eres tú el que tienes que llegar a la realización del Ser, porque eres precisamente tú el que está abierto a ella. Recíbela completamente y, después, deja que esa luz se comparta a su modo. No te preocupes tanto de que tus seres queridos lo entiendan sin dilación; ni siquiera esperes que te entiendan. Tan solo imprégnate completamente, fúndete sin reservas en esta comprensión tanto como te sea posible. No se trata de que primero lo comprendas tú y después ellos, pero puede que te sorprendas al ver cómo cambian las dinámicas familiares cuando tú te abres.

Si tu forma de ver el mundo está muy influenciada por la maternidad o la paternidad, puede que te preguntes dónde puedes encontrar el espacio necesario para la introspección cuando tienes tantísimas responsabilidades familiares. Has de encontrar ese espacio en tu corazón. No existe ninguna situación que, en sí misma, te impida la realización del Ser; tan solo creemos que es así. Construimos nuestras propias defensas para permanecer aprisionados. Por supuesto que no lo hacemos deliberadamente, pero de algún modo nos preocupamos demasiado, de manera que la sabiduría que hay en nosotros no se manifiesta lo suficiente como para saber cómo pilotar nuestro barco y guiar la situación.

A veces uno tiene que dar un paso atrás y dejar de sobreproteger tanto, de preocuparse tanto. ¿Cabe esperar que tu forma de guiar sea sabia cuando está basada en proyecciones, en expectativas, en miedos y en todas estas cuestiones que tanto abundan en el ámbito de la mente egoica? Muchas veces le damos demasiada importancia a las cosas y nos echamos a la espalda más responsabilidad de la que realmente es necesaria. Seguirás amando a tu familia y cuidando de ella, pero también te darás cuenta de que ellos tienen su propio camino en la vida. La sabiduría te ayuda a hacer esa importante distinción.

Respeta tu propio espacio. Los hijos pueden exigir mucho esfuerzo de nuestra parte, sobre todo en el caso de los padres solteros, pero no pongas como excusa que tienes poco tiempo. Incluso aunque solo tengas cinco minutos, estate plenamente presente esos cinco minutos. El Supremo sabe –en cinco minutos puede hacer en ti lo que a otro puede llevarle cinco horas, por la sencilla razón de que ese es el tiempo del que dispones–. Lo que trato de decirte es que es posible.

Muchas veces lo que hace falta en las familias es un cambio de perspectiva. Deja de centrar tu atención en desear que *ellos* cambien. Tú has de ser el cambio que quieres ver en el mundo. Cuando tú cambias, hay algo en todos los que te rodean que se da cuenta de ello. No es un acto fingido, no es una nueva estrategia, no es un nuevo disfraz; todo tu sistema energético se comporta de forma diferente. Ya no te alteras tan fácilmente. No permites que se aprovechen de ti ni nada por el estilo. Una nueva luz, una nueva comprensión y sabiduría están operando ahora. Cada día que pasa va siendo más claro, más resplandeciente. Puede que no cambie de la noche a la mañana, pero las cosas serán distintas. ¡Ahora Mamá es Dios! Hay algo dentro que sabe: «Espera un momento, Dios se ha mudado a casa y ahora está viviendo en Mamá». Las reglas han cambiado.

Hay algo que te está cuidando. Así que no te distraigas. Cuando recibas este alimento espiritual, no te apresures a compartirlo inmediatamente con alguien más. Aliméntate tú. Necesitas estos nutrientes. Los demás pueden alimentarse después de ti. No les des de comer mientras estás aún muerto de hambre en una esquina.

Tienes que aceptar el desafío. Y ya te encuentras en una muy buena posición, porque tu corazón ha sido llamado a la Verdad. Una tremenda fuerza puede surgir y modificar por completo la forma en que las circunstancias se están desarrollando. Tal vez la situación lo esté pidiendo a gritos. Esto me recuerda la historia de una chica que fue a ver a Papaji.

Mi cabeza a tus pies

Esta jovencita tenía una relación con un hombre que solía pegarla. Un día, simplemente se escapó y se fue a la India. Allí conoció a Papaji y estuvo viviendo con él durante un tiempo. En un cierto momento, tenía que regresar a casa para asistir a un evento familiar importante. Ella nunca le había contado a su familia los detalles de su situación, y su novio aún mantenía contacto con ellos, de manera que también sabía que ella iba a regresar pronto.

Se acercó a Papaji en busca de consejo:

—Debo volver a casa, pero tengo miedo de lo que pueda suceder con mi novio. Es muy posible que trate de hacerme daño, sobre todo por haberme marchado sin dar ni una sola explicación.

Papaji le respondió:

—No, no, ve. Todo está bien.

Ella confió en sus palabras y tomó el avión de vuelta a casa. Sin embargo, cuando estaba aterrizando empezó a sentir una gran ansiedad. Mientras recogía su equipaje y pasaba por la aduana su nerviosismo fue en aumento. Entonces le vio a unos veinte metros de distancia y él comenzó a ir hacia ella, primero andando y, luego, corriendo.

Ella pensó que la iba a atacar y un escalofrío recorrió todo su ser, dejándola paralizada de terror. No veía a nadie de su familia por ningún lado, solamente a este hombre que iba corriendo hacia ella. Entonces, de pronto, el hombre cayó al suelo y puso su cabeza a los pies de ella, agarrándolos con las manos. ¡Ella se quedó completamente conmocionada y sorprendida!, pues esto era algo que no correspondía en absoluto al carácter de aquel hombre.

Aún estaba asustada, pero cuando él se puso de nuevo en pie, le preguntó:

—¿Qué estás haciendo? ¿Por qué has hecho eso?

Y la respuesta del hombre fue:

—Estaba tan feliz de volver a verte que corrí a abrazarte. ¡Pero cuando llegué fue como si alguna fuerza me empujara hacia abajo, hacia el suelo, para que pusiera la cabeza a tus pies!

> CUANDO HAS TOMADO LA DECISIÓN DE QUE ESTA VIDA ES PARA CONSAGRARLA A LA LIBERTAD, ENTONCES HAY UN GRAN PODER QUE VIENE A AYUDARTE Y A RESPALDARTE.

Esta historia no se me ha olvidado porque conozco este poder, y siempre está aquí presente. Cuando, de algún modo, en tu corazón has elegido consagrar esta vida a la libertad, a la Verdad, entonces un gran poder viene a apoyarte. Una gran fuerza viene a ayudar a que esta comprensión arraigue firmemente en ti. Tu vida se vuelve resplandeciente, fresca y fuerte de un modo muy real y verdadero.

Esta es la bendición que os doy.

TU VIDA TE TIENE QUE GUSTAR A TI

Muchas personas que están buscando la Verdad se enfrentan a ciertas presiones por parte de sus familiares, en particular de sus padres, que insisten en que han de ser de una determinada manera. Yo también entiendo la presión familiar. Ellos desean lo mejor para uno basándose en su propia manera de ver las cosas. Pero muchas veces pasan por alto el importante factor de que tu vida te tiene que gustar a ti. Esta presión por ser de una determinada manera puede conducir a todo un mundo que puede resultar muy agobiante –culpa, mentiras, pesadez, confusión, incluso el distanciamiento de tu propia familia.

Mucha gente ha pasado por la experiencia de no cumplir con algunas expectativas. A mí me ocurrió con mi madre. Pero una vez que dejas estas cosas atrás, si son auténticos, esa parte genuina que llevan en su interior volverá a la vida. Sin embargo, también hay personas que son muy necias, tal vez hasta arrogantes e ignorantes de estos temas, al menos por un tiempo. Pero esto forma parte también del juego de la consciencia, y si así es como se manifiesta, simplemente mantente fiel a lo que sabes que es correcto en tu corazón.

El quinto escalón

Acababa de llegar a esta realización de la Verdad. Durante un tiempo, mi madre pensó que mi renacimiento era de su agrado, pero en cuanto vio que mi expresión espiritual y religiosa no estaba en sintonía con la forma particular de cristianismo que ella practicaba, entonces dejó de parecerle bien. Armada con dos mil años de historia para reforzar sus puntos de vista, en ocasiones sus ataques podían llegar a ser bastante intensos y dolorosos. Un día me llamó para que bajase de mi cuarto y me dijo:

—Por favor, lee este pasaje de la Biblia.

Yo ya estaba acostumbrado a este tipo de cosas. En la comunidad en la que me crie era normal que los padres pidiesen a sus hijos que les leyesen pasajes de la Biblia. Lo cierto es que me sentí profundamente conmovido al ver que ella había decidido compartir esto nuevamente conmigo. Comencé a leer:

—Entonces el Señor hizo caer una lluvia de azufre y fuego sobre Sodoma y Gomorra...

Cuando terminé de leer el pasaje, ella se limitó a darme las gracias. Le devolví la Biblia y comencé a subir las escaleras para volver a mi habitación. Pero cuando llegué al quinto escalón, algo me golpeó con estrépito, *¡blam!*, y comprendí que mi madre acababa de emitir un gran juicio: al mostrarme este pasaje en particular de las Sagradas Escrituras me había revelado lo que pensaba de mí. Su intención con todo aquello era dejarme un mal sabor de boca –«Recuerda lo que ocurrió en Sodoma y Gomorra».

Ahí parado, en el quinto escalón, todo mi ser se estremeció, y durante unos segundos me quedé congelado en el sitio. Después me encontré bajando rápidamente las escaleras de nuevo y preguntándole a mi madre:

—Mamá, ¿por qué me has pedido que te leyese este pasaje en concreto?

Con aire inocente, ella empezó a elaborar su respuesta:

—Bueno, no lo sé.

Y en ese momento sentí una gran ira tanto por su ataque como por su negación. Tenía una sensación ácida por dentro, pero, en realidad, aquel incidente supuso un punto de inflexión en nuestra relación, aunque todavía serían necesarios unos cuantos años más para que la nueva dirección que había tomado resultase evidente.

Durante algún tiempo estuve llevando este resentimiento conmigo. Incluso me negué a contribuir económicamente cuando mis hermanos y hermanas juntaron dinero para pagarle el vuelo de vuelta de Jamaica a Londres.

Ya en Londres, mi madre veía de vez en cuando programas cristianos en la televisión, pero si la confesión de algún programa era diferente a la suya, murmuraba cosas como: «¡Oh, sí! ¡Irán directos al infierno! ¡Claro que sí!».

Una vez, estando sentado a su lado escuchándola cómo juzgaba constantemente de esta manera a los demás, volví a sentir esa antigua ira subiendo a la superficie, pero en lugar de responder poniéndome yo también a emitir juicios de ese modo, me encontré diciéndole:

—Mamá, si Jesús estuviese sentado ahora mismo a tu lado, ¿le gustaría lo que acabas de decir?

En ese momento estaba sintiendo una enorme ira recorriendo mi ser, pero alguna fuerza interior transmutó dicha ira y encontró la manera de acercarse a ella con calma y utilizando el lenguaje de la Biblia.

—¿Qué? ¿Cómo? –preguntó.

Así que le volví a repetir:

—Acabas de decir que esa gente de la tele va a ir al infierno. ¿Crees que a Jesús le gustaría que los juzgues de ese modo?

—¿Yo he dicho eso?

—Sí, lo has hecho.

—Oh, ¡pues eso no está bien!

Lo cierto es que me sorprendió su respuesta. Mi corazón se suavizó de inmediato. De ese día en adelante, la naturaleza de nuestras interacciones cambió. Antes yo no me había dado cuenta de que mi madre ladraba mucho más de lo que mordía. Resultó no ser tan estrecha de miras como yo siempre había creído. Había en ella una gran humildad, aunque enmascarada tras esa fachada de intolerancia. En realidad, debajo de todo eso había algo muy afectuoso y amable.

Así fue como toda la relación que había entre nosotros mejoró. Falleció hace poco, pero durante muchos años, de todos sus hijos, yo era el que más a gusto se encontraba con ella. Si hacía algún comentario absurdo o intolerante, yo no los temía ni me sentía atacado por ellos –ni tampoco dudaba en llamarle la atención al respecto–. Le decía: «Pero ¿cómo puedes ser tan hipócrita?», y ella se echaba a reír.

Sin embargo, a pesar de ese cambio que tuvo lugar en mi relación con mi madre, hasta la fecha, cuando tengo que subir una escalera, hay veces en las que justo cuando llego al quinto escalón se desencadena un sentimiento muy intenso. Casi me obliga a detenerme, como si algo me hubiese agarrado. No obstante, ese sentimiento no tarda más de unos instantes en esfumarse. Me atraviesa con rapidez porque sé que la contracción física que me produce en realidad no tiene nada que ver con mi madre, y que la persona que era por aquel entonces dejó de existir mucho antes de que falleciese. De hecho, puede que esa persona tan solo haya existido en mi propia percepción de ella.

Sin embargo, sigue habiendo un quinto escalón, así que, ¿qué podemos hacer al respecto? ¡Nada salvo olvidarnos de él! ¡El quinto escalón no es nada en absoluto!

No esperes a nada ni a nadie para descubrir quién eres verdaderamente –ciertamente no esperes a que se den determinadas circunstancias, o a que tu pasado o la actitud de tu familia cambien–. Si hay algún recuerdo que te incomode o que te esté molestando, ¡suéltalo! Y, si no puedes hacerlo, incorpóralo a tu indagación. A veces vivimos inmersos en el recuerdo de algo que alguien nos hizo en el pasado. Puede que ni siquiera fuese intencionalmente, pero te afectó profundamente y se convirtió en algo que acarreas contigo para el resto de tu vida. Entonces, finalmente te acercas a esa persona y le dices:

—He estado sufriendo toda mi vida por aquello que hiciste.

—¿Por qué? ¿Qué es lo que te hice?

—Ya sabes, ¡aquel día que me quitaste el caramelo que tenía y se lo diste a mi hermana! Desde aquel día supe que la querías más de lo que me querías a mí.

—¡Pero si fue para darte a ti otro caramelo que pensé que te gustaba más!

—Sí, pero yo quería el otro.

Muchos de nuestros recuerdos están hechos exactamente de ese tipo de malentendidos; vidas enteras que se construyen en torno a cosas como esta –el sufrimiento mismo se crea en torno a cosas así–. Y tales recuerdos pueden magnificarse y crecer como una bola de nieve hasta alcanzar proporciones

> HAY UNA PARTE TAN GRANDE DE NUESTROS RECUERDOS QUE ESTÁ BASADA EN NUESTRA PROPIA PERCEPCIÓN DE LO QUE OCURRE QUE SI MODIFICAMOS NUESTRA PERCEPCIÓN, ESENCIALMENTE CAMBIAMOS TAMBIÉN EL PASADO.

monstruosas. Pero si pudiéramos verlos como lo que verdaderamente son, si pudiéramos percibirlos en su forma original, simplemente nos reiríamos de ellos. Hay una parte tan grande de nuestros recuerdos que está basada en nuestra propia percepción de lo que ocurre que si modificamos nuestra percepción, esencialmente cambiamos también el pasado.

Sea lo que sea lo que haya podido ocurrir en el pasado, tienes que reconocerlo y dejarlo a un lado. Obsesionarte con los recuerdos no es algo que te vaya a hacer ningún bien. Nadie se beneficia de ello. ¿Hay algo como el quinto escalón que te impida ser el Ser? ¡Absolutamente no! Pero si crees que nunca vas a ser perfecto a menos que consigas conquistar ese quinto escalón, entonces el quinto escalón se convertirá en un gran problema para ti. Y, sin embargo, ¡no es nada en absoluto!

Los recuerdos traumáticos son como semillas plantadas en la mente, pero estas semillas necesitan que las riegues con tu atención y tus creencias para poder crecer –y eso precisamente es lo que has estado haciendo–. No les eches más agua. Incluso pensar que son lo suficientemente importantes como para tener que eliminarlas les aporta lo que necesitan para crecer. Tan solo olvídate de ellas.

Recuerda tu Ser.
Tú eres *ahora*. Lo que recuerdas, ya *fue*.
Pero el Ser no «fue»; el Ser *es*.
No es un recuerdo. La memoria
opera dentro de él.
Todas estas cosas, todas estas historias, están dentro de él,
pero él mismo permanece intacto.
Tú eres eso que permanece intacto.

CUANDO LA VIDA TE DA UN EMPUJÓN

Una mujer que estuvo en el *satsang* nos contó una historia sobre una amiga suya cuyo marido acababa de fallecer. En el testamento, su marido había estipulado que, técnicamente, la casa pertenecería a los hijos, pero que ella podría seguir viviendo en ella durante el resto de su vida. Pero después ¡uno de sus hijos la echó fuera de la casa!

Que tu propio hijo te eche de casa. ¿Te imaginas algo así? Tus hijos han estado siempre contigo en tu casa, has atendido todas sus necesidades, y ahora te ponen de patitas en la calle. Sin embargo, no hay que pensar que eso tenga que ser necesariamente algo malo. Por supuesto, puede parecer algo sumamente triste, pero para muchos este tipo de eventos han sido el detonante que necesitaban para empezar a reconocer su verdadera naturaleza como seres libres. En el caso de esta mujer, si su corazón está puesto en el lugar adecuado, habrá hecho buen uso de esta experiencia, de manera que algún día echará la vista atrás con gratitud y dirá: «Doy gracias a la vida por los actos de mi hijo. Gracias no solo por haberme echado de casa, ¡sino también por haberme hecho salir de mi vida!».

La Verdad divina te arroja fuera de ti mismo y entra en tu ausencia. Quieres ser alguien, quieres estar en algún lugar, quieres aferrarte a algo, pero a veces la vida simplemente te arroja fuera de todo eso. Si eres una persona con una mente principalmente racional, puede que no tenga mucho sentido para ti. Si te imaginas lo que tiene que ser que te echen de tu propia casa y tener que abandonar tu vida, puede que te parezca algo horrible, pero experimentarlo en realidad puede ser pura alegría.

En lugar de simplemente ser, pasamos muchísimo tiempo pensando en nuestra propia vida imaginando, proyectando y reviviendo recuerdos, como sustitutos del simple estar aquí y ahora. En este proceso, mentalmente estamos en cualquier otra parte, y nos perdemos la magnificencia de la vida y la realidad del único y verdadero Ser. Así es que, a veces, todos necesitamos que nos den un empujón. Y este puede llegar incluso en forma de algo aparentemente mundano, como por ejemplo un pájaro que te defeca en la cabeza. ¡Plof! Puede que justo eso sea lo que te dé el valor que necesitas para darle la vuelta a tu vida. Es la gracia misma cayendo sobre ti desde esa rama.

En una ocasión, un hombre que acudió al *satsang* nos contó la siguiente historia:

Ahí no hay nada para mí

En la zona en la que vivíamos mi pareja y yo, teníamos un gran grupo de amigos que para mí eran como mi propia familia. La gente solía acudir a nosotros para contarnos sus problemas y en busca de nuestro consejo. Siempre habíamos apoyado a esas personas y les habíamos sido leales.

Y un buen día, sin esperármelo en absoluto, encontré a mi pareja en la cama con otra persona. Por supuesto, rompí con ella de inmediato. Me quedé destrozado.

Pero entonces me acordé de mis amigos y sentí un cierto alivio al pensar: «Bueno, ¡al menos tengo amigos con los que puedo contar!».

Busqué en mi agenda... Muy bien, voy a llamar a George:

—Hola, George. ¿Qué tal te va? ¿Puedo hablar contigo?

—Lo siento, colega, pero ahora mismo no puedo. ¿Te puedo llamar después? Ahora mismo ando un poco liado.

Pensé: «Bueno, no hay problema. Llamaré a Matt».

—Eh, Matt, ¿cómo estás?

—«Este es el buzón de voz de Matt. Estaré fuera durante toda la semana. Me pondré en contacto contigo a mi regreso».

Bueno, entonces llamaré a Susan...

—Hola, Susan. Soy David.

—Hola, David. ¿Qué ocurre?

—Me gustaría hablar contigo sobre algo.

—Uf, David. Ahora no tengo la cabeza para eso. En este momento soy la última persona con la que querrías hablar. No es nada personal. Espero que lo comprendas. Quizá en otro momento.

Y lo mismo me fue pasando con toda la gente de la lista a la que iba llamando. Todos estos eran los amigos con los que yo pensaba que podía contar, porque yo nunca había dudado en dejarlo todo cuando ellos me necesitaban. Pero en ese día de tormento en el que sentía una angustia tan grande, cuando finalmente llegó el momento en el que yo los necesitaba a ellos, ninguno estuvo disponible. ¿Qué podía hacer?

Sentía tanto dolor que tuve que marcharme. Más tarde, ya solo en una desconocida habitación de hotel lejos de casa, me di cuenta de que yo era como una hoja que flota en la superficie de un río, y que me estaba hundiendo rápidamente. En mi mente, gritaba: «¡No, no! No quiero tocar fondo, no quiero hundirme solo en este lodo. ¡No, por favor! George, ¿dónde estás? Matt, ¿dónde estás? Susan, ¿dónde estás? ¿Mildred? ¿Frank? ¡Ahhhhh!».

No había nadie ahí para salvarme. Entonces, de pronto, todo me pareció completamente distinto a como había sido tan solo un instante antes: «¡Vaya! ¡Uau!». Había llegado al lugar que siempre había temido alcanzar: el mismísimo fondo de mi vida. ¡Y era sublime!

Me puse tan contento que me entraron ganas de enviar un correo electrónico a todos mis amigos para agradecerles que *no* hubiesen estado ahí para mí, no para restregárselo de forma cínica, sino con sincera y verdadera gratitud, porque lo que de verdad necesitaba era estar solo. Necesitaba tener ese momento solo para mí.

Mi mente deseaba poder estrechar la mano de un amigo, pero no había nadie con quien poder hacerlo. Ahora mi corazón no está resentido. En lugar de eso, siento un gran agradecimiento hacia ellos y una enorme gratitud hacia la vida por haber hecho que no estuviesen ahí conmigo. Por primera vez, no había nada para mí; tan solo esta nada.

CUANDO LA GENTE DICE QUE SUS VIDAS SE HAN DERRUMBADO, NORMALMENTE SÉ LO QUE ESO SIGNIFICA: QUE ALGO PROMETEDOR ACABA DE OCURRIR.

Este hombre había tocado fondo y estaba totalmente solo. Sin embargo, por primera vez en su vida, se sentía realmente vivo y su corazón desbordaba amor.

Cuando la gente dice que sus vidas se han derrumbado, normalmente sé lo que eso significa: que algo prometedor acaba de ocurrir. Por lo general, este derrumbe siempre conduce a esas personas a un lugar mejor, a menos que tengan el tipo de mentalidad que se aferra a las interpretaciones negativas de las cosas. Si este es el caso, su experiencia les causará mucho sufrimiento. Pero puede que, finalmente, aún puedan aprender de ello y reconocer algo que ha estado presente todo el tiempo. Ver cómo tu vida queda reducida a cenizas puede ser la catarsis que te lance de vuelta a tu propio interior, actuando como un espejo que te revela la verdad de quién eres. Cuando se produce esta disolución, es un momento muy importante. Por lo tanto, no malgastes esta oportunidad creyendo erróneamente que se trata de algo que no debería haber sucedido.

Hay un dicho que lo expresa muy bien: «El granero se ha quemado; ahora ya se puede ver el cielo». A veces tu granero tiene que arder en llamas y te tienen que quitar todo lo que atesoras para así poder volver a la vida. La mente quiere que hagas que las cosas sean seguras, que te rodees de cosas familiares. Puedes ver todos esos tranquilizadores puntos de referencia a tu alrededor, pero quizá llegue un momento en el que ya no puedas encontrarlos, y puede que esta sea la mayor bendición que recibas.

La cultura occidental hace que vivir en un estado de verdadera satisfacción sea muy difícil. Todos hemos sido condicionados a sentir que siempre hemos de tener algún problema subyacente que ha de ser superado antes de poder ser libres. A menudo les echamos la culpa a las circunstancias:

- «¡Soy un desastre porque la vida me ha tratado mal!».
- «¡Ha sido mi familia la que me ha hecho esto!».
- «¡Todo es culpa del Gobierno! ¡O de la policía!».

O también puede que nos culpemos a nosotros mismos:

- «¡No, soy yo el que me estoy haciendo esto a mí mismo! ¡Es mi propia mente!».

- «¡No soy lo suficientemente devoto!».
- «No tengo la suficiente dedicación. No practico tanto como debería».

Esta creencia inculcada culturalmente en nuestra propia victimización y en la necesidad de llegar a ser algo diferente de lo que ya somos actualmente hace que estemos siempre a la defensiva y con actitud pesimista. Sin embargo, cuando miramos con los ojos de la Verdad, descubrimos que la mayor parte de las veces en realidad no hay ningún problema. Esa sensación de inquietud es tan solo el resultado de una mentalidad insatisfecha, y no de algo verdaderamente relevante o significativo. En un cierto sentido dependemos de nuestros problemas: necesitamos sentirnos mal, necesitamos llevar todas esas cargas. Algunas personas solo son felices cuando se están quejando, solo encuentran satisfacción en sentirse tristes y desdichadas.

Puede que estas cosas nos resulten algo duras, extrañas o incluso difíciles de escuchar, pero hay en ellas una verdad que está deseando salir a la luz. Aquel que ha alcanzado la libertad se ha despojado del traje raído y gastado de la persona. Pero no lo ha hecho de mala gana o disgustado, no se trata de un acto reaccionario; es simplemente que mediante el imperativo de llegar a una comprensión y a una forma de ver más profunda, la gente llega a entender que no son ni el que actúa, ni el que reacciona, ni el que interacciona. Más bien, hay algo que parece estar haciendo todo esto, y tú eres el que observa todos esos movimientos.

Al principio seguirás sintiendo que estás en el asiento del conductor. Después, a medida que vayas madurando en tu sabiduría, te irás viendo cada vez con más frecuencia como el pasajero, como el público que observa lo que está teniendo lugar. Finalmente, puede que llegues a ver que en realidad eres el testigo tanto de la sensación de ser el conductor como de la de ser el pasajero. No existe ningún término para nombrar ese estado de pura consciencia, pero podemos llamarlo libertad, despertar, iluminación, naturaleza de Buda, luz de Cristo, etc. Puedes llamarlo como quieras, pues los nombres no son importantes. Tan solo son indicadores.

Me gusta decir que en el *satsang* al comienzo somos cientos de personas, pero al final lo único que hay es presencia: de la persona a la presencia; hay un espacio de comprensión interior que eres *tú mismo* –y no es una biblioteca ni un disco duro–. No necesitas *ser* alguien, pero mantén esto como tu secreto. Por fuera puede que aún parezca que eres «alguien», pero en tu interior estás completamente consumido, totalmente vacío.

Acostúmbrate a sentirte vacío. Observa como la vida no se hace, sino que se despliega constantemente en este espacio, en esta inmensidad. ¿Cómo? Piensa en todo el pelo que tienes en la cabeza. ¿Acaso ha ido creciendo a partir de una gran mata de pelo que pudieras tener debajo del cuero cabelludo? No, ahí no hay nada. Entonces, ¿de dónde viene?

¡Todo aparece de ese modo!

¿Dónde están las flores que pronto aparecerán en el árbol? Brotarán a partir del árbol mismo. El árbol no tendrá que ir a ningún sitio a buscarlas.

Igualmente, tu vida simplemente está floreciendo, desplegándose por sí misma. No hay ningún «árbol» dentro de un árbol, ninguna «nube» dentro de una nube, ningún «caballo» dentro de un caballo. Ni tampoco hay ninguna «persona» dentro de un cuerpo humano. Tan solo hay consciencia y la danza de la fuerza vital. Reconoce la absoluta simplicidad de todo esto y disfruta de esta alegría inmutable.

Con este nuevo descubrimiento
y esta nueva comprensión
de tu Ser real como consciencia pura,
puedes darte cuenta de que tú eres distinto
de la actividad dinámica de la mente psicológica.
Eres consciente de todos esos viejos hábitos de la mente,
de lo constreñido y contraído que te hacen sentir
y de cómo parecen eclipsar el sentido de presencia.
Con el poder de la autoindagación
puedes romper el hechizo de las falsas ilusiones
y recuperar tu verdadero Ser.

SANAR POR MEDIO DE LA TRASCENDENCIA

Hay algunos seres que llegan al *satsang* después de haber sufrido mucho en la vida, tal vez a causa de alguna enfermedad o algún trauma físico, sexual o emocional. Son personas que han conseguido encontrar cierto consuelo y ciertas estrategias con las que poder afrontar su sufrimiento, lo cual está muy bien, pero llega un punto en el que ya no quieren tan solo sobrellevarlo. En cierta ocasión alguien me dijo: «Quiero escapar de los tentáculos de mi historia, pero parece como si las escenas de la película pasasen una y otra vez en un bucle infinito. ¿Puedo hacer que se detengan?».

Sin duda alguna, sí, pueden detenerse *ahora mismo*. Pero tienes que ver *claramente* qué es lo que puede detenerse, pues para que estas ilusiones se disipen tu visión ha de ser clara y tu intención genuina. Hoy mismo puedes poner fin a la creencia en una falsa identidad. El sufrimiento y las heridas emocionales no pueden llegar a curarse verdaderamente ni ser trascendidas mediante el mero razonamiento intelectual. La trascendencia ha de alcanzarse a través de la comprensión. Tienes que elegir qué es lo que quieres, ¿terapia o la Verdad? Si lo que quieres es terapia, hay muchos terapeutas y doctores con muy buena reputación que seguro que podrán ayudarte hasta cierto punto. Pero si lo que quieres es la Verdad, pon atención en lo que te estoy señalando.

A menos que te observes a ti mismo profundamente, seguirás otorgándole credibilidad a la forma personal en la que experimentas la vida y a la personalidad que crees ser. Mediante la fuerza atenazadora de tu identificación con los recuerdos y los traumas, la mente en su aspecto psicológico ha estado reteniendo tu atención y chupándote la energía durante demasiado tiempo.

Si estás sufriendo por algo que ocurrió en el pasado, este sufrimiento está provocado por tu identificación con esos recuerdos, proyecciones e imágenes. Muchas personas han pasado por experiencias traumáticas en la infancia o en la adolescencia y han sido capaces de utilizar esas mismas experiencias para superar los obstáculos y las dificultades que les crearon. Pero otras siguen cargando con el enorme peso que supone sentirse una víctima. Algunas siguen albergando un gran rencor incluso cuando los que les han causado algún daño hace ya mucho tiempo que se han enmendado. Puede que ahora incluso se lleven bien con esa persona, pero aun así sigue habiendo una parte de ellas que todavía sufre debido a esos dolorosos recuerdos personales.

Deberíamos darnos cuenta de que esa consciencia pura –el Ser– permanece intacta incluso cuando afloran los recuerdos y los traumas más difíciles. Sin embargo, simultáneamente vivimos la expresión dinámica de la consciencia, la cual se manifiesta como vida, como eso a lo que llamamos existencia –un mundo en el que experimentamos el tiempo, los recuerdos y la sensación de ser, y en el que también podemos encargarnos de asuntos como sanar los traumas emocionales.

Pronto te darás cuenta de que esa tendencia de la mente a actuar como una lente de aumento también se ve intensificada por tu propia creencia en esa perspectiva y por la mera fuerza de la costumbre. Una vez que seas capaz de ver más allá de la volubilidad de la mente y de su tendencia a centrarse en los problemas y a obsesionarse con ellos, te será mucho más fácil soltarlos y volver a una visión panorámica. Incluso cuando te ocupes de los asuntos cotidianos, permanecerás en la posición del testigo neutral y libre de imágenes. Y dado que estarás experimentando la vida a través de –y como– la presencia misma, dejarás de hurgar en el pasado y de proyectar sobre el futuro. Entonces te parecerá como si todos esos movimientos a los que llamamos vida estuviesen escritos sobre el agua: tan solo un instante después ya no se pueden leer.

SI NO PRESIONAS EL BOTÓN DE «GUARDAR», TAMPOCO TENDRÁS QUE PRESIONAR EL BOTÓN DE «ELIMINAR». TAN SOLO PERMANECE NEUTRAL Y DEJA QUE LOS RECUERDOS APAREZCAN MIENTRAS TÚ TE MANTIENES FIRMEMENTE ANCLADO EN LA ATEMPORALIDAD.

Si no presionas el botón de «guardar», tampoco tendrás que presionar el botón de «eliminar». Tan solo permanece neutral y deja que los recuerdos aparezcan mientras tú te mantienes firmemente anclado en la atemporalidad.

AUTOINDAGACIÓN GUIADA
Permanece como la consciencia que eres

Hay algunos conceptos de los que nos resulta fácil alejarnos y que se disuelven por sí mismos sin más problema, pero, en cambio, cuando algún asunto demanda constantemente nuestra atención y no hay ningún modo sencillo de alejarnos de él, no nos queda más remedio que encarar ese patrón negativo –ese *vasana*– que está tan arraigado en nosotros.

En ese caso, ponlo al descubierto, desenmascáralo a la luz de la autoindagación.

Tú no eres lo que percibes; por lo tanto, sabes inmediatamente que no eres tus experiencias. No eres ni siquiera aquel a quien le ocurren las experiencias, ya sean buenas o malas.

Entonces, ¿quién eres? Detente y mira en el interior.

Verifica aquello hacia lo que estoy señalando.

Deja de poner tu atención en la mente fenoménica y dirígela hacia ese espacio vacío que queda una vez que todo lo que se puede definir y conocer ha sido descartado como irreal.

Ahora confirma lo que eres en esa interioridad; este es tu Ser indivisible. Eres la consciencia en el seno de la cual todo aparece y desaparece, pero la consciencia misma no aparece junto a ningún fenómeno –ni nunca ha aparecido.

Desde este Ser consciencia eres consciente incluso de las idas y venidas de la mente consciente. Por lo tanto, tú debes de ser previo a esa parte de la consciencia que se manifiesta como la capacidad de la percepción para funcionar, anterior al espacio en el que se perciben todos los fenómenos a medida que adoptan la forma de algo y en el que después se disuelven en nada.

Permanece como consciencia pura.

¿Por qué tendríamos que mirar de este modo? Porque indagar en estas cuestiones –¿desde dónde está siendo percibido todo esto?, ¿con qué identidad *estoy viendo*?, ¿quién soy yo, el que percibe?– es el paso más importante que podemos dar hacia ese reconocimiento interno de nuestra naturaleza sin forma. Y si no aclaras y confirmas tu verdadera posición como el observador último libre de toda forma, seguirás identificándote con el que experimenta los fenómenos, con el ego. Entonces aparecerá algún pensamiento, algún recuerdo o algún evento que, inevitablemente, volverá a captar toda tu atención. Volverás a sentir que has perdido el equilibrio y te encontrarás deslizándote hacia el familiar e inestable estado de sentirte una persona. Y en esa caída habrás perdido la oportunidad de darte cuenta de que incluso la *memoria* es fenoménica.

EL FIN DEL SUFRIMIENTO

Podrías objetar que no crees en el fin del sufrimiento, que de algún modo no crees que sea posible. Y yo te diría que nunca creas en nada, porque las creencias siempre conciernen a algo que se encuentra en el futuro. También tienes una fuerte creencia en el pasado, aunque en realidad ya haya terminado; son tan solo tus creencias y el interés que tienes por tus recuerdos lo que lo perpetúan.

Es como si nos encontrásemos por primera vez y lo único que quisieras fuese enseñarme un álbum de fotos de tu infancia. Yo te recordaría que estamos aquí y ahora.

Tú seguirías mostrándome tus fotos:

—Mira, este soy yo cuando tenía seis años, aquí tenía siete, y fíjate, en esta otra foto tenía quince.

Y yo tendría que insistir:

—¡Pero ahora estás aquí! Eres mucho mejor y mucho más grande que cualquier álbum de fotos. Tú eres nuevo ahora, el álbum de fotos no. Eres nuevo, pero una parte de ti no confía en ello. Quieres retener todos esos recuerdos, como si eso fuese a hacer que el terreno que pisas se volviese más sólido.

¿Por qué tenemos tanto miedo de ser simplemente lo que realmente somos? Porque si te dices a ti mismo que tienes que deshacerte de tu historia, te da la sensación de que estás perdiendo algo valioso, y te parece que esto es algo que va a hacer que tu sufrimiento sea mayor. Pero lo cierto es que es precisamente así como te desprendes de tu sufrimiento.

Le oí contar muchas veces a Papaji la siguiente historia de un hombre que se dirigió al sabio Sri Nisargadatta Maharaj diciéndole:

—Señor, te he estado escuchando y creo en todo lo que dices. Pero, para ser honesto, en mi caso yo siempre estoy experimentando sufrimiento.

La respuesta de Maharaj fue la siguiente:

—No, lo que dices no es cierto. No estás experimentando sufrimiento; estás sufriendo tu experiencia.

El sufrimiento no es una cosa. El dolor sí, pero el sufrimiento no. El sufrimiento nos habla de una actitud que se manifiesta cuando nos sentimos atrapados en lo personal y nos lamentamos: «¡La vida está en mi contra! ¡No sé qué voy a hacer!». Es entonces cuando lo percibimos como sufrimiento con el que nos torturamos a nosotros mismos.

El sentido de identidad está en la raíz de todo sufrimiento. El verdadero problema reside en el concepto que tenemos del «yo». En cuanto reconoces este hecho, se puede producir un cambio genuino, pero hay algo que sigue insistiendo: «¡Socorro! ¡Tengo problemas!». Yo te diría que no solo *tienes* problemas, ¡sino que tú mismo *eres* el problema! Al escuchar esto puede que pienses: «Vaya, ¡me está insultando!», cuando en realidad lo único que estoy haciendo es ayudarte. Funcionar a un nivel personal resulta agotador, porque el estado de la individualidad personal –que ni siquiera es un verdadero estado– requiere muchísimo mantenimiento.

> HAY ALGO EN TI QUE SIGUE INSISTIENDO: «¡SOCORRO! ¡TENGO PROBLEMAS!». YO TE DIRÍA QUE NO *TIENES* PROBLEMAS, ¡SINO QUE TÚ MISMO *ERES* EL PROBLEMA!

La anciana del armario

Ocurrió en cierta ocasión que dos amigas que no habían sabido nada la una de la otra durante muchos años se encontraron. Inmediatamente acordaron pasar unos cuantos días juntas en una hermosa casa que una de ellas tenía en el campo. Ambas estaban muy emocionadas con la idea, pues en otro tiempo habían sido amigas íntimas y ahora tenían mucho que contarse para ponerse al día.

Cuando la amiga que estaba de visita llegó a la casa, la otra la recibió con entusiasmo:

—¡Bienvenida, querida! ¡Es fantástico volver a verte!

Se sentaron y estuvieron contándose historias y novedades durante horas. Fue un hermoso reencuentro.

Empezó a hacerse tarde, y la mujer que estaba de visita comenzaba a sentirse un poco cansada, así que la anfitriona tomó su equipaje y la llevó a su habitación. Se dieron las buenas noches y cada una se fue a dormir.

Cuando la invitada se estaba preparando para meterse en la cama, se dirigió al armario para guardar sus cosas. En cuanto abrió la puerta dio un salto hacia atrás y dejó escapar un sonoro grito: ¡había una anciana en el armario! La anciana estaba ahí sentada tan tranquila. Llevaba guantes blancos y sostenía un bolsito en su regazo. Convencida de que debía de tratarse de un fantasma, la invitada bajó las escaleras a todo correr gritando aterrorizada. Su amiga, al oír todo este alboroto, salió rápidamente de su cuarto:

—Pero ¿qué te pasa?

—Lo siento, querida –respondió temblando la invitada–. La habitación está muy bien, pero hay una anciana sentada en el armario. ¡Un fantasma!

—Pero ¿de qué rayos estás hablando? –le preguntó asombrada la anfitriona–. Yo misma construí esta casa y llevo muchos años viviendo en ella. No ha muerto nadie en ella. ¿Cómo va a haber un fantasma en un armario?

Pero la invitada le juró y perjuró que lo que había visto era cierto, así que su amiga decidió ir a echar un vistazo con ella. Poco a poco, la invitada fue recuperando la compostura y reunió el coraje suficiente como para ser capaz de volver con su amiga a la habitación.

La anfitriona abrió el armario y sonrió. Enseguida se dio cuenta de lo que había ocurrido. Había un bolsito y unos guantes dispuestos en una silla dentro del armario, de manera que un vestido le caía por encima. Con el resplandor de la luz de la luna y las sombras de los árboles meciéndose al viento, no cabía duda de que podría parecer la figura de una anciana, especialmente si uno se encontraba muy cansado y tenía una mente fácilmente excitable.

Aliviada, la anfitriona le preguntó a la invitada dónde estaba la anciana. Esta se acercó temerosa a echar un vistazo y vio el bolso, los guantes, la silla y el vestido. Se dio cuenta de su error al instante y comprendió que había confundido lo que había visto con un fantasma.

—¡Madre mía! Me he llevado un susto de muerte y a ti te he puesto los nervios de punta. Lo siento mucho. ¡Vaya mente tan desbocada que tengo! Ahora ya debería ser capaz de dormir. Buenas noches.

Así que las dos volvieron a la cama. A la mañana siguiente, la invitada bajó de su habitación para ir a desayunar y le preguntó a su amiga:

—¿Qué tal has dormido?

—He dormido muy bien, ¿y tú?

—No he pegado ojo en toda la noche.

—¿Por qué no? ¿Qué ha pasado?

—Pues... ¡que la anciana sigue dentro del armario!

—Pero ¿de qué rayos estás hablando? –le increpó sorprendida su amiga–. ¡Pensé que habíamos dejado claro este tema ayer por la noche!

—¡Está ahí, te lo prometo! No sé cómo puede ser, pero te digo que está ahí.

Así es que las dos amigas subieron de nuevo a echar un vistazo, esta vez a plena luz del día.

—Mira, es solo un vestido. ¿Quieres que lo saque del armario?

—Sí, por favor, llévatelo. Y saca también los guantes y el bolso y llévatelos a tu habitación.

El día pasó sin mayores novedades, y la invitada incluso fue capaz de echarse una siesta en su habitación a media tarde. Cuando cayó la noche, cada una se fue a su habitación nuevamente.

A la mañana siguiente la invitada anunció a su amiga:

—Me marcho hoy mismo.

—¿Por qué? ¿Qué ha ocurrido?

—Lo siento, pero esa anciana sigue molestándome. Ya sé que quitaste todas las cosas, pero cada vez que cierro los ojos por la noche la vuelvo a ver, ahí sentada frente a mí, mirándome fijamente.

Esta historia nos hace reír, ¿verdad? Nos parece que la invitada es un poco atolondrada porque ve cosas que en realidad no están ahí. Puede que no nos guste admitirlo, pero lo cierto es que todos somos un poco así. Las personas hablan de cosas que siguen apareciendo una y otra vez en sus vidas y que las angustian realmente. Después se las guía para que lo miren en el espejo de la autoindagación y se dan cuenta de que no hay nada ahí. No hay ninguna «persona» ahí dentro que pueda ser una víctima real. Y sin una víctima real, eso que tanto nos angustiaba se disipa como una nube en un cielo de verano. ¡Te sientes tan aliviado y tan agradecido! Pero poco después empiezas a decir otra vez: «Bueno, ya sabes... Lo he visto todo con mucha claridad, pero después, estando aquí sentado, mi mente ha regresado con mucha intensidad...», o «Mientras estoy meditando no hay ningún problema con mi mente, pero sé que está aguardando para volver a atraparme en cuanto vuelva al trabajo».

Cuando esto ocurre, lo único que puedo hacer es preguntarte, al igual que ya te he preguntado tantas veces: «¿Cuál es esa mente de la que hablas? ¿Quién es esta "persona" que está sufriendo?». Y recordarte, una vez más, que tan solo es una ilusión –tan irreal como la anciana imaginaria del armario–. Cuando este tipo de pensamientos y de sentimientos aparecen, sabemos muy bien el terror que nos causan, pero lo que tenemos que hacer en realidad es fijarnos en ese que está aterrorizado. Siempre que buscamos a aquel que está sufriendo la experiencia, descubrimos que no hay nadie ahí en absoluto que pudiera estar sufriendo. No es más que un producto de nuestra imaginación.

Este es el verdadero fruto de la autoindagación. No solo deja al descubierto el mito de la identidad egoica, sino que además revela el poder vinculante que tienen las creencias que no se cuestionan y el miedo de la mente a descubrir su propia irrealidad. De hecho, la autoindagación nos muestra cómo el ego es moldeado y alimentado por la atención y las creencias firmes y persistentes. De este modo, llegamos a darnos cuenta de que el ego mismo no es más que otro fenómeno.

Comprender que la entidad personal misma es también un fenómeno supone un extraordinario descubrimiento. Suele ocurrir que cuando la gente descubre esto –«¡Dios mío! ¡No hay nada ahí!»–, o bien se quedan en silencio por el asombro que les causa o bien estallan en carcajadas o en llanto –pero, por supuesto, no son lágrimas de tristeza ni risas provocadas por algo gracioso.

Actualmente hay por todo el mundo gente que está realizando este hermoso descubrimiento. Sin embargo, en la mayoría de los casos, cuando veo a esas personas al día siguiente, vuelven a estar envueltas en el pensamiento. Cuando les pregunto: «¿Cómo va todo?», adivina lo que suelen responder: «No sé… Creo que ha vuelto la anciana del armario…». ¿Cuál es la diferencia entre la historia de la anciana y la versión de esta historia que se representa en nuestra propia vida?

Con este nuevo descubrimiento y esta nueva comprensión de tu Ser real como consciencia pura, puedes sentir tu separación de la actividad dinámica de la mente psicológica. Eres consciente de todos esos viejos hábitos de la mente, de lo constreñido y contraído que te hacen sentir y de cómo parecen eclipsar tu sentido de presencia. Con el poder de la autoindagación puedes romper el hechizo de las falsas ilusiones y recuperar tu verdadero Ser.

No dejes de confirmar y de verificar

Cuando aparece el fantasma de la identidad personal, simplemente recordar lo que has llegado a comprender anteriormente no es suficiente. En vez de limitarte a pensar: «Sé que la anciana del armario no es real», y de algún modo seguir acompañando lo que la mente te sugiere, lo que has de hacer es indagar en la propia naturaleza de esta voz cada vez que aparezca. De este modo tienes la posibilidad de elegir permanecer en la posición neutral de la presencia testigo.

Como resultado, se producirá un trasvase de poder de la persona a la presencia, lo cual equivale a pasar del control manual al automático. Desde la posición propicia de la presencia nos damos cuenta de que meramente estamos atestiguando los fenómenos que aparecen como identidad, emoción, proyección, miedo o apego. Observamos su fugacidad y, al examinarlos más en profundidad, ponemos al descubierto su vacuidad.

No obstante, la capacidad de discernir que algo no es real no hace necesariamente que nos liberemos de sus grilletes. Puede que te encuentres a ti mismo diciendo: «Todavía me inflige dolor». Entonces, ¿qué podemos hacer en estos casos? Cada vez que ocurra esto, tienes que confirmar y verificar una y otra vez que tan solo es la voz de *la idea que tienes sobre quién eres*, y no la voz del Ser puro. Te puede parecer que la anciana sigue ahí, pero tan solo como una entidad ilusoria que ha establecido su residencia dentro de ti.

Ten cuidado con la frustración. No te quejes: «Pero ¿por qué no ha desaparecido ya? ¿Por qué sigo cayendo en el engaño una y otra vez?». En lugar de eso, investiga si aquel que se pregunta por qué le sigue molestando es en sí mismo real o no. ¿Quién es este que siempre siente lástima de sí mismo, que es tan dado a quejarse y a preguntarse por qué no termina todo esto?

Ahora es cuando llegamos a la indagación más desafiante, pues *esta* es la voz con la que prácticamente todos los seres humanos se identifican. Es la voz más íntima que la propia intimidad, la voz que parece estar intentando ayudarnos, cuando en realidad es la culpable, la causante de nuestros problemas. Hoy en día somos más de siete mil millones de personas las que caminamos por la faz de la Tierra, y la mayoría creemos firmemente en esta falsa identidad.

Puede que nos parezca un poco injusto aplicar la historia de la anciana en el armario a nuestro propio caso, pues nosotros, siendo ya adultos, no hemos abierto la puerta de ningún armario para encontrarnos ahí con alguna vaga sombra que parezca un fantasma. En lugar de eso, lo que hacemos es ver a esta anciana durante toda nuestra vida y creer que ella es quien somos realmente. Tomamos a este fantasma que siempre hemos visto por quienes somos. Es muy difícil descartar como falso algo que sentimos que es tan incuestionablemente cierto. La creencia en esta aparición nos corre por las venas, el aire mismo que respiramos está totalmente impregnado de esta identificación. En tales circunstancias, ¿quién está preparado realmente para confrontar esta creencia, cuando ya nos parece una parte integrante de nuestra configuración psicológica? ¿Y *quién* exactamente es el que va a enfrentarse a tal creencia?

Cuento esta historia siendo plenamente consciente de que no somos sino la consciencia pura y de que tan solo somos vulnerables a este engaño mientras sigamos estando en este estado de «sueño». Tan solo soñando una falsa identidad podemos sucumbir al hechizo de estos efectos especiales de la consciencia. Todo el juego de la existencia está diseñado para darnos –a menudo mediante frustraciones, mediante sueños rotos y por medio de destrozar y humillar nuestro ego– la oportunidad de despertar de estas falsas ilusiones y de estas limitaciones. Cuando despertamos del estado de vigilia, es como si despertáramos de un sueño y pudiésemos ver por primera vez las cosas tal y como realmente son. Con la fuerza y la claridad del verdadero ver, nada nos perturba.

Estate en el ahora sin «¿y entonces?»

Hay buscadores que dicen que después de periodos de gran silencio y paz, el conocido ruido mental regresa –puede que incluso con más intensidad que antes–, y que esto les hace sentir una gran frustración y tener muchas dudas.

Yo les digo que no huyan de todo eso. Todos escapamos de lo que no queremos sentir, nos alejamos lo más posible incluso de la más remota posibilidad de que se produzca alguna reacción intensa, alguna catarsis.

Entrega tu existencia a la existencia. Nada te va a hacer daño. No olvides que has elegido la Verdad; es tan solo lo falso lo que está siendo regurgitado, así que ¡deja que salga! Mantente firme en tu posición y deja que pase. Si no lo haces así, si sigues reprimiéndolo y retrasándolo, entonces has elegido vivir con este ruido interno. La mentira se mantendrá y lo falso se manifestará de formas cada vez más sutiles, de manera que, cada vez más, no podrás percatarte de ello. Podríamos decir que escuchar y dar crédito a una mentira es un poco como un inquilino que después se convierte en tu amante y comienza a dominarte, ¡hasta el punto de que es él quien empieza a cobrarte el alquiler *a ti*!

ENTREGA TU EXISTENCIA A LA EXISTENCIA.

No te resistas más a esas oleadas de náuseas. Tu propio *satsang* interior hará que ese tipo de cosas salgan a la superficie. No podemos ni imaginarnos la cantidad de basura psíquica que hemos ido ingiriendo en nuestro viaje por la vida. Ahora que le has dicho sí a la Verdad, estás dando un paso adelante hacia la luz, que está actuando como una especie de purgante, de manera que todas estas cosas están surgiendo espontáneamente.

Ahora podrías preguntarte: «Y entonces, ¿qué?».

Entonces terminan todos los «y entonces».

Tu vida entera ha sido un «y entonces»:

«Todo iba perfectamente bien, *y entonces...*»;
«Tenía una relación maravillosa, *y entonces...*»;
«Y entonces esto, y entonces lo otro...».
Estate en el *ahora* y déjate de más «y entonces».
De este modo, todo el sufrimiento se disipará
a la luz de la Verdad.

CUANDO EL MUNDO PARECE ESTAR LLENO DE CRUELDAD

De vez en cuando en el *satsang* hay alguien que pregunta por qué ha tenido que ocurrir una determinada tragedia, ya sea a nivel personal o a escala global. Se preguntan qué podemos o qué debemos hacer para resolver los problemas del mundo. Forma parte de la propia naturaleza de la vida que la gente a la que queremos se ponga enferma o pase por etapas difíciles. Y también es natural que sintamos empatía por estas personas y que queramos ayudarlas en lo que esté en nuestra mano. Todo esto también forma parte del juego de la consciencia. Muchas veces nos gustaría que ese tipo de cosas no sucedieran, pero ¿acaso sabemos lo que necesita la gente de verdad?

Lo cierto es que no sabemos qué está escrito en el libro de la vida. A veces tienen lugar acontecimientos trágicos y lo que hacemos es envolvernos en un manto de remordimiento y de culpa dudando de nosotros mismos: si hubiésemos hecho esto y no aquello, entonces no hubiese sucedido esta desgracia. Pero, en lo que respecta a estos asuntos, no sabemos nada en absoluto. Hay veces en las que la enfermedad o la tragedia constituyen una gran oportunidad para el descubrimiento del Ser. La consciencia se está manifestando como todo esto, y parece que es necesario que a veces las cosas vayan mal para poder ir bien.

El Ser tan solo es totalidad, unidad –incluso más allá del concepto de unidad–. Con la absorción de la atención en la presencia y al haber eliminado las viejas creencias y otras cargas similares del Ser, todo queda nuevamente reintegrado en la totalidad. La expresión única que brota de esa totalidad –y que no es sino la expresión manifiesta y dinámica del Ser– vuelve a estar en armonía con el Todo de forma natural y espontánea.

Ningún ser humano puede equilibrar el universo. De hecho, el estado egoico se caracteriza precisamente por su falta de equilibrio. Cuando nos encontramos en nuestro estado natural, descubrimos una sincronicidad, una sensación de unidad con la vida, que no hemos creado sino simplemente descubierto. Y siempre es mejor descubrir algo que crearlo. Cuando creas algo tienes que cuidarlo y mantenerlo, por lo que se convierte en una carga, en una tensión. Sin embargo, lo que descubres no conlleva ningún esfuerzo.

Cualquier idea del tipo: «Me gustaría que el mundo estuviese más equilibrado» surge de la consciencia que ya eres. Ciertamente el cuerpo es el instrumento a través del cual la consciencia saborea la experiencia en sus mil formas distintas. Es el vehículo y, en todo caso, siempre se mueve en el seno de la Totalidad. La Totalidad está en equilibrio de forma natural, y este equilibrio es tan poderoso que incluye incluso la sensación de falta de equilibrio; nada puede quedar fuera del equilibrio cósmico.

LA TOTALIDAD ESTÁ EN EQUILIBRIO DE FORMA NATURAL, Y ESTE EQUILIBRIO ES TAN PODEROSO QUE INCLUYE INCLUSO LA SENSACIÓN DE FALTA DE EQUILIBRIO.

Si te echas sobre tus espaldas la responsabilidad de resolver los problemas del mundo, jamás descansarás. Siempre estarás pensando: «¿A quién tengo que salvar ahora?», porque algo en ti está motivado por la culpa y por el miedo –y esa es una de las peores cargas que podemos llevar–. Te sentirás responsable del mundo entero. Relájate respecto a eso. Permite que la verdadera intuición llegue de forma espontánea. Aparecerá cuando no estés tratando de arreglar las cosas, cuando no estés viéndolo todo a través de tus proyecciones. Vas andando tranquilamente por la calle, de algún modo conoces a alguien, entabláis una conversación, y entonces surge algo por sí mismo que puede ser la solución a un problema determinado.

Eso no quiere decir que cuando se dé una situación apremiante, el sabio se quede parado ajeno a todo. Por ejemplo, digamos que el sabio se encuentra en un pueblo que, de pronto, se ve sacudido por un terremoto. En ese caso, por supuesto que se involucra y participa en los trabajos de rescate. Los actos de compasión brotan de forma natural en los sabios, y no cabe duda de que también en muchas otras personas cuando se encuentran en las mismas circunstancias, pero la diferencia estriba en que ellos permanecen todo el tiempo en un estado natural de serenidad y de calma, lo que facilita que sean incluso más útiles y eficaces. No se ponen a llorar y a lamentarse al ver tanto sufrimiento humano. Su serenidad y la serenidad de los ángeles son uno. Y cuando el trabajo ha concluido, siguen su camino.

No obstante, un sabio también se da cuenta de que muchas veces la Verdad se revela a través de las circunstancias difíciles, pues tales dificultades nos obligan a mirar en nuestro interior y más allá de nuestra identidad asumida. Así, cuando la identidad del que sufre se ha visto como lo que verdaderamente es, la experiencia en su totalidad puede aportarnos sanación tanto a nivel físico como emocional. Uno de los mejores bálsamos que existen es una mente y un ser pacíficos. Un estado de serenidad así nos ayuda a recuperar y a mantener la salud.

Así es que mi respuesta cuando me preguntan cómo podemos ayudar a los que sufren –ya sea a causa de la pobreza, de la enfermedad o de cualquier otro tipo de privación grave– consiste en decirles que la mayor sanación que hay es ser el Ser. Hasta que somos conscientes del Ser, seguimos padeciendo una especie de enfermedad mental. Estamos como perdidos, deambulando por ahí. ¿Cuán eficaz puede ser nuestro esfuerzo por ayudar a los demás cuando nos encontramos en tales circunstancias?

En cambio, cuando estamos establecidos en y como nuestra verdadera naturaleza, surge de forma espontánea la respuesta adecuada respecto a cómo apoyar y ayudar al que lo necesita –y puede que no nos conduzca a lo que la mente considera que sería el mejor resultado.

Hay gente que verdaderamente tiene intención de realizar buenas acciones en el mundo a gran escala. Venden sus casas, viajan al extranjero y utilizan ese dinero para tratar de ayudar a los demás. Esa es su llamada, su vocación. Y sin duda se trata de una vocación digna que apoyo sin reservas.

Pero si no sientes esa intensa atracción hacia el trabajo humanitario, no intentes crearla a la fuerza dentro de ti desde una posición basada en la culpa. Es mucho mejor que pases el tiempo investigando y descubriendo quién o qué eres realmente. No obstante, ten cuidado de no establecer mentalmente programas para ti mismo del tipo: «Voy a descubrir el Ser para así poder ayudar a los demás». Deja que la vida se despliegue por sí misma. Deja que el movimiento de la corriente cósmica se deje sentir en tu interior y fluye con él. Eso es más que suficiente.

Puede que a veces nos dé la sensación de que este planteamiento es un poco decepcionante: ¡realmente querías saber si realizando el Ser ibas a ser capaz de obrar milagros!

Si lo que está escrito es que la expresión de esos milagros se manifieste a través de un cuerpo concreto, entonces eso es lo que ocurrirá. Aquel que está despierto es tan inmenso que si una manifestación de la gracia llegase a ocurrir así, puede que ni siquiera fuese consciente del hecho de que había tenido lugar a través de él. No tiene por qué saber necesariamente las cosas particulares que ocurren fuera de su propia presencia, y el milagro ni siquiera tiene por qué haber sido hecho intencionadamente. Tal es el poder de la mente despierta.

Deja que el mismo que creó el mundo sea quien se ocupe de él. Es él quien dice: «No soy ni el pasado ni el futuro, ni tampoco soy el presente. Todo esto es mi danza; todo esto se manifiesta por sí mismo». ¿Podrías tú decir lo mismo? ¿Puedes ver el mundo de este modo? ¿O tan solo puedes bajar la cabeza y mirar hacia abajo porque cargas con el peso del mundo sobre tus hombros?

Cuando era pequeño vi una ilustración proveniente de la mitología griega de un hombre que cargaba con el mundo en su espalda. Estaba tan encorvado por el peso que ni siquiera se le veía la cara. A este personaje se le llama Atlas. Muchos años después vi en la India una imagen de la deidad a la que denominan Nataraj, el Señor Shiva, que baila encima del mundo. Enseguida me dije a mí mismo: «¡Me gusta más este!».

Así es que puedes ser Atlas y cargar con el mundo sobre tus hombros, o puedes lanzarte a la danza de la existencia como Nataraj –y hacer incluso eso sin identificación alguna–. No intentes crear un molde para tu vida, no intentes darle una forma concreta. No podes tu vida hasta que tenga la forma que crees que debería tener.

No seas un bonsái, sino un roble poderoso.

Reorientándonos hacia la compasión

Si tienes los ojos abiertos y no estás perdido en tu propia mitología o ideología privada, no podrás evitar ser consciente del dolor y el sufrimiento del mundo. Y, de hecho, no tienes que ir demasiado lejos para encontrarlo: está a la vista en cada aldea, en cada pueblo, en cada ciudad y en cada país del mundo. La gente lleva miles de años intentando crear paz –casi siempre en nombre de la religión o de las doctrinas políticas–, pero aún no lo ha logrado. Además, la mayoría de esas personas ni siquiera estaban realmente interesadas en la paz, sino que estaban mucho más centradas en atacar las religiones de la competencia o en luchar entre ellas, y muchas veces introdujeron la política en la religión tan solo para alcanzar sus propios fines. Por supuesto, esta no es la actitud de todos los que siguen estas doctrinas, pues todos los caminos cuentan también con genuinos buscadores de la Verdad.

De modo que podríamos preguntarnos qué podemos hacer para reorientarnos hacia la consecución de un mundo más compasivo.

Los seres humanos llevan miles de años sentándose en *satsang*, y a lo largo de los siglos grandes maestros como Buda o Jesús nos han dado hermosos ejemplos de compasión que la gente sigue. De vez en cuando, estos seres despiertos vienen a cubrir esta necesidad; son llamados a salir de su propia interioridad para comunicarse con sus semejantes. Sin embargo, estos benefactores de la humanidad no se dedican a buscar gente que les rinda devoción a ellos mismos. No; lo que buscan son devotos de la Verdad –aquellos que tienen un deseo ardiente de encontrar la Verdad en ellos mismos–. No obstante, dado que seguimos viendo por todas partes tanta crueldad y tanto sufrimiento, podríamos preguntarnos cuáles han sido los frutos de la realización de estos seres despiertos, qué impacto han dejado en el mundo.

El fruto de su *satsang* es la existencia de tantas y tantas personas que no ven tan solo sufrimiento en el mundo: su mero atestiguar ya transforma la escena. Hay miles de seres que, a través de su propia *sadhana*, de su propia práctica, introspección y meditación, han llegado a convertirse en personas extremadamente bondadosas y de buen corazón. Esto puede apreciarse claramente en la bondad que ofrecen a los demás sin esperar nada a cambio. Este fue el caso de Papaji.

Recuerdo que alguien le preguntó en cierta ocasión:

—Papaji, ¿cuándo alcanzará la humanidad verdaderamente el potencial del que hablas?

A lo que él respondió:

—Cuando la humanidad sea amable y bondadosa.

¿Quién es bondadoso de esta manera? Si tu realización es tan solo mental, personal y egoísta, entonces no es completa, no se trata de una verdadera realización. Como dice Sri

Ramana Maharshi: «Todas las cualidades positivas se manifiestan de forma espontánea en la mente despierta», lo cual significa que cuando realizamos el Ser único e indiviso ya no hay necesidad alguna de cultivar dichas cualidades, pues están ya presentes de forma natural y sin esfuerzo.

¿Cuál es la razón de que haya tanta crueldad en el mundo? En realidad, es muy sencillo: la crueldad persiste porque consideramos que somos únicamente nuestro cuerpo, nuestros condicionamientos culturales y nuestra personalidad. Mientras creamos que somos solo ese envase, seguirá manifestándose en el mundo un egoísmo tal como el que ahora vemos.

PUEDE QUE EN REALIDAD LO CONTRARIO DEL AMOR SEA EL EGOÍSMO, EL HECHO DE QUE CADA UNO SE PREOCUPE TAN SOLO DE SÍ MISMO –DE AQUELLO QUE CADA UNO CONSIDERA SER.

Hemos oído decir muchas veces que lo contrario del amor es el odio. Pero puede que en realidad lo contrario del amor sea el egoísmo, el hecho de que cada uno se preocupe tan solo de sí mismo –de aquello que cada uno considera ser–. Este estar centrado en uno mismo es característico del ego, y es precisamente lo que se aborda en el *satsang*. La mayor oportunidad que tiene un ser humano es hacerse consciente de sí mismo como consciencia, tal y como muchos otros seres han hecho antes que nosotros.

Alguien podría objetar: «Bueno, sí, pero Buda vivió hace dos mil seiscientos años, Cristo hace dos mil, Krishna hace unos cinco mil y Rama unos siete mil. ¿Cómo es posible que puedan seguir ayudando a la humanidad hoy en día?».

Te invito a que pienses a qué se debe que tan solo seamos capaces de nombrar ejemplos que están tan lejos en el tiempo. Si preguntásemos a la gente cuántos deportistas famosos pueden nombrar, seguro que se les ocurrirían unos cuantos. ¿Cuántos grandes músicos? Una larga lista. ¿Científicos? Algunos menos. ¿Dictadores? Un puñado. Pero ¿cuántos seres liberados conoces? «Umm... Buda, sí. Y... Jesús. Sí, Jesús... ¿no?».

En realidad, no es cierto que tan solo hayan existido unos pocos seres iluminados a lo largo de la historia. Lo que ocurre es que simplemente no hemos tenido la madurez necesaria para reconocerlos. Siempre ha habido –y siempre seguirá habiendo– muchos seres liberados en este mundo. Pero no todos los que llegan a la realización del Ser se convierten en maestros. Puede que ni siquiera los reconozcamos –algunos pueden estar incluso viviendo en la calle–. El despertar no es un desfile de moda.

Algunos de esos seres pueden no tener un aspecto demasiado impresionante. Puede que no encajen en la imagen que tenemos de cómo debería ser un ser espiritual. Puede que presenten un aspecto bastante ordinario, de manera que tienden a pasarnos desapercibidos, pero tienen la capacidad de estar allá donde se los necesita. Del mismo modo que los árboles producen oxígeno para el planeta incluso aunque no haya nadie a su alrededor para darles las gracias por ello, la influencia de estos seres discretos contribuye tremendamente a nuestra calidad de vida.

Una de mis plantas favoritas de Inglaterra es el arbusto de la budelia, también llamado arbusto de las mariposas o lila de verano. Las budelias crecen de forma salvaje, no hace falta plantarlas. Crecen en las rocas, encima de los tejados, en las grietas de las paredes..., pueden brotar incluso en los raíles del tren o en lugares en los que no haya agua. Crecen igualmente en zonas fuertemente azotadas por el viento. Nadie tiene que preocuparse de ir a comprarlas. Ni siquiera nos damos cuenta de que están ahí. Nos pasan desapercibidas. Pero cuando florecen, las mariposas más hermosas acuden de todas partes simplemente para estar con ellas durante toda la temporada de floración. Y a la budelia no le hace falta llamar a las mariposas para que vengan: «¡Eh, mariposas! ¡Estoy lista!». No, las mariposas acuden por sí mismas. Las dos son uno.

Así ocurre también con los seres iluminados; poco a poco, sin hacer ruido, van floreciendo. Y a medida que florecen todos los seres comienzan a buscar su compañía.

El amor es el perfume de tu Ser

Cuando eres el Ser resulta sencillo amar a todo el mundo. Solo entonces puedes empezar a ver a los demás como realmente son, como el Ser. Pero mientras nos veamos unos a otros percibiendo meramente nuestro aspecto personal, seguirán apareciendo los conflictos. No hay más que echar un vistazo para darse cuenta de lo que esta limitación le está haciendo a la gente y al planeta. La brutalidad, el miedo, los juicios y todo tipo de proyecciones son consecuencia de esta falta de comprensión fundamental de nuestra verdadera naturaleza. Y, sin embargo, la raza humana también se expresa a través de la belleza, de la creatividad, del amor y de las aspiraciones. Y todas estas expresiones forman parte de la manifestación de la consciencia.

Actualmente es una cuestión de cierta urgencia que la especie humana llegue al conocimiento del Ser y que comencemos a reconocer la unidad subyacente. Tal reorientación hacia la unidad es la medicina universal. Cuando empezamos a reconocer este lugar de pureza en nuestro interior –el Ser–, también nos damos cuenta de que el mundo y todos los seres que lo pueblan aparecen igualmente dentro de nuestro propio Ser; no están separados de lo que somos, de quien somos. Ver las cosas a través de los ojos de la unidad significa que también empiezas a verlas a través de los ojos del amor, un amor que no lleva asociada ninguna jerarquía ni ninguna estrategia. Este amor siempre está aquí. No se trata siquiera de que tengas necesariamente que hacer algo para conseguirlo; lo que ocurre es que no amar se vuelve imposible, porque tu propia naturaleza es el amor. Entonces no te limitas meramente a amar, sino que el amor es el mismísimo perfume de tu propio Ser y no puedes evitar irradiar esa fragancia. Nuestros cuerpos físicos son concebidos en el seno de la existencia, en el seno de su amor. Cuando el amor fluye con sabiduría y con comprensión pura, engendra un verdadero respeto por uno mismo, y ese tipo de amor hace que el mundo sea hermoso, pero cuando nos aferramos a nociones de nosotros mismos como meras personalidades, a menudo se produce una fricción natural que hace que salten chispas. La esfera de la individualidad es un ámbito agresivo en el que, a pesar de que la gente tenga las mejores intenciones y aspire a hacer el bien, a menudo se ve a sí misma haciendo cosas que resultan excesivas o poco razonables.

Por lo tanto, aquellos que están despiertos al Ser animan a los demás a superar esa visión limitada y limitante que tienen de sí mismos, esa idea de ser tan solo meras personas. El concepto que albergamos actualmente respecto de nosotros mismos es muy superficial, muy estrecho y distorsionado. La verdad es que no hay ningún concepto que nos limite, pues somos aquel que percibe todos los conceptos.

Descubre tu verdadera posición como el Ser indivisible –este es el consejo que los sabios ofrecen al mundo–. No puedo concebir otro camino hacia delante para la humanidad que no sea prestar atención a estas enseñanzas, pero el mundo ha de estar preparado para recibirlas y acogerlas. La alternativa está llena de dificultades y nos conducirá a tiempos de adversidad cuya intensidad será directamente proporcional a nuestro grado de arrogancia. Aunque, ciertamente, a veces los momentos difíciles nos ayudan a volver a nuestro estado natural. Por lo que parece, tenemos que generar un intenso dolor para liberarnos de la trampa de nuestra propia arrogancia. Sin embargo, en última instancia el mundo es bueno porque su origen es divino.

Podrías objetar: «¿Cómo puedes decir que el mundo está bien cuando algunas expresiones de la consciencia son tan brutales?». La realidad última no es la manera en que los seres humanos, como entidades cuerpo-mente, están acostumbrados a ver su relación con el mundo que los rodea. Los caminos del Supremo son inescrutables para la mente mundana. Esta existencia es poderosa, pero es imposible comprender su magnificencia únicamente a través del instrumento humano. La vida es un juego increíble, pero tan solo comenzarás a disfrutarlo de verdad una vez que te hayas liberado de su hechizo. Solo entonces comprenderás que la vida no es cruel. ¡Las capacidades que tenemos son sorprendentes! ¡Tanto amor, tanto altruismo y tanta luz! Y también tanto odio, tanto egoísmo y confusión. Todo está aquí presente potencialmente, y depende de nosotros elegir qué cualidades vamos a desarrollar en nosotros mismos.

Algunos seres excepcionales y poco comunes
desean llegar incluso más allá
de la presencia «yo soy».
¿Por qué querría alguien
ir más allá de un estado tan hermoso y armonioso?
Porque, al nivel más profundo,
incluso ese estado de presencia tampoco es quien tú eres.
La presencia es
lo que la fragancia es a la flor.

Cuando estás en una posición
en la que atestiguas este sentido de presencia,
te das cuenta de que también es fenoménico,
y entonces te sumerges en lo Inefable
–en lo Absoluto.

Te has convertido en la flor,
pero, paradójicamente,
en una flor que nadie puede encontrar.

TAN SOLO EL SER ES REAL

Cuando nos identificamos con el sentido de ser una persona, somos muy parecidos a una ola en la superficie del océano. En lugar de descansar en la inmensidad del espacio del Ser puro, nos hemos identificado con algún tipo de evento pasajero, con algún pensamiento o emoción –puede que con una ola de ira, con un papel concreto de nuestra vida o incluso con nuestro sentido de individualidad en su totalidad–. La inmensidad del Ser es como un océano, y cada ola es como una vida que se manifiesta, que se representa. La ola es el océano, el océano es océano, pero la ola se ha olvidado de su verdadero Ser oceánico. Entre su surgimiento y su desaparición, la ola sueña que está separada, cuando lo cierto es que no puede haber separación alguna de la inmensidad del Ser. Tan solo creemos que estamos separados –es una mera creencia–. Sin embargo, es posible despertar de ese sentido de separación en un instante, pues la Verdad no está a ninguna distancia.

Imagina que estás sentado tranquilamente y que hace un poco de calor, por lo que entornas ligeramente los ojos y acabas quedándote dormido. De repente estás caminando por una playa y el sol cae suavemente sobre tu piel, produciéndote una sensación muy agradable. Ahora estás recogiendo guijarros del suelo, y te da la sensación de que ya has recorrido unos cuantos kilómetros a lo largo de la playa. Pruebas el agua y, después, te zambulles de un salto. Comienzas a surfear las olas con tu cuerpo, pero una te derriba y empiezas a sentir que te estás ahogando. Y de pronto te despiertas de ese sueño y, al instante, estás de vuelta: «¡Un momento! ¡He estado aquí sentado todo el tiempo!». Cuando te despiertas descubres que en realidad no te estás ahogando y no has tenido que caminar varios kilómetros de regreso por la playa; todo eso ocurrió únicamente en el sueño.

Los sueños no tienen ninguna existencia independiente del soñador. El sueño no puede soñarse a sí mismo, ni tampoco tiene consciencia de sí mismo –el sueño no sabe que es un sueño–. Tan solo puede estar vinculado a la mente del soñador. Por lo tanto, cuando el soñador despierta, el sueño se termina.

DESPERTAR DEL ESTADO DE VIGILIA

Cuando despiertas del estado de vigilia a la verdadera vida, comprendes que has estado viviendo en una especie de estado de ensueño. Puede que percibas el estado de vigilia –tu vida diaria– como un buen sueño siempre que no desencadene alguna distorsión o cree algún mal sentimiento en ti. En ese caso, no te importará estar soñando. Puedes disfrutarlo. Sin embargo, al igual que ocurre en una obra de teatro, en tu vida diaria no hay únicamente papeles de personas buenas, amables y hermosas; no hay tan solo momentos dulces.

De hecho, si todos los personajes de la obra fuesen exclusivamente gente amable, nadie querría ir a verla. Tiene que tener un poco de contraste o algo dramático: una historia de amor con alguna ruptura dolorosa en el camino, un villano, una muerte, algún peligro, un rescate... Una vida solo llena de cosas agradables no es suficiente para mantener nuestra atención, ni tampoco nos daría la oportunidad de crecer y madurar.

Nos encantan los contrastes. La propia experiencia de vivir y transitar por la expresión dinámica de la vida nos otorga dicho contraste. ¿Te imaginas si solamente pudieses sonreír o reírte? Sería algo horrible. Sin la tristeza, ¿cómo sabrías lo que es la felicidad? La felicidad perdería todo sentido, no tendría ningún significado.

De hecho, somos completamente adictos al contraste y a la diversión propios de la experiencia. Hay algo que está apegado al pensamiento: «¿Qué es lo siguiente?». Pero tendemos a olvidar que todo esto tiene lugar en el ámbito del sueño al que denominamos nuestra vida en estado de vigilia. Tenemos que despertarnos incluso del sueño más dulce, y también hemos de despertar del propio estado de vigilia para entrar en el espacio del puro ver y del puro ser. Este es nuestro estado natural.

La hipnosis de ser una persona dentro del aspecto dinámico de la consciencia se puede comparar con un actor que se ha identificado tanto con su papel que se ha olvidado de que, en realidad, es un actor. Pongamos por caso que estás representando un papel en una obra de Shakespeare y que verdaderamente empiezas a creerte que eres el rey Enrique VIII. Te has olvidado de que, en realidad, eres Enrique García. Tu esposa prepara la cena y, cuando no te gusta, tiras el plato al suelo gritando con despotismo:

—¡Que le corten la cabeza!

Y ella te mira sorprendida y te recrimina:

—Pero ¿qué narices pasa contigo? ¿Quién te crees que eres?

De una manera muy parecida, cuando nos identificamos con el sentido de ser una persona, cada uno de nosotros representamos un papel. Dicho papel no está totalmente desconectado de la Verdad, pues también es una expresión de la consciencia, pero se trata de la consciencia en una forma limitada y contraída. Hemos llegado a creer tan profundamente en la solidez de la identidad personal que ya no podemos ser quien o lo que somos *realmente* –es decir, este gran espacio del puro ver y el puro ser en el cual aparece el sentido de ser una persona–. Vemos nuestras vidas como si nuestro punto de vista fuese una realidad objetiva, como si esa fuese sin lugar a dudas la forma en la que son las cosas. Pero la identidad misma nunca ha sido una realidad objetiva; es profundamente subjetiva. Al igual que el caminante que iba por la playa en nuestro sueño, la identidad también está cambiando de forma constantemente, convirtiéndose sin cesar en algo diferente en su intento por permanecer en su vida de ensueño.

A medida que vayas siendo cada vez más consciente de que eres el Ser, la vida de ensueño –es decir, la expresión dinámica de la vida y la mentalidad condicionada que suele llevar asociada– irá teniendo cada vez menos relevancia y será menos significativa. Llega un momento en el que uno descubre que es suficiente con simplemente Ser. E independientemente de que el sueño resulte de una manera o de otra, ya no te ves arrastrado por cada ola.

El sueño no es real. La prueba está en que no afecta a todo el mundo del mismo modo; los efectos que tenga el sueño dependerán del estado y de la capacidad de aquel que lo esté teniendo. Si sabes que es un sueño, sus efectos serán muy tenues. En cambio, si lo tomas como real, tendrá un fuerte impacto. Así es que, ¿cuánto va a durar el sueño? Eso depende de lo rápido que despiertes del estado de vigilia.

A medida que tu capacidad de discernimiento vaya siendo más aguda, irás despertando al reconocimiento: «¡Mira! ¡Después de todo resulta que no es real! He gastado tanto tiempo y energía luchando contra este fantasma, pero ahora me doy cuenta de que nunca ha sido real. Algo dentro de mí no quería soltar el apego, dejar ir mi *necesidad* de que la ilusión fuese real, y por eso seguía *pareciéndome* real. ¡Pero ahora veo que siempre he sido libre!».

MÁS ALLÁ DE LA PRESENCIA «YO SOY»

Si nos limitamos a observar cómo funciona la mente egoica y no ponemos ninguna energía en ella, entonces la mente se aquieta. Y cuando esto sucede, lo único que resplandece a través de ella es el sentido natural de Ser. Todo el mundo ama este resplandor, este brillo, esta forma natural de Ser. Se lo denomina *amrit ananda*: *amrit* es el néctar del Ser puro no disociado y *ananda* es la alegría que sentimos al saborear ese néctar.

Con este cambio de orientación de la persona a la presencia se produce un cambio en la manera en la que uno experimenta o percibe la vida. Este cambio es comparable con lo que sentimos cuando regresamos a nuestro hogar después de un largo viaje. Todo sigue ahí, todo sigue siendo familiar, pero cuando la gente te cuenta los últimos cotilleos, el efecto que tienen en ti es muy distinto al que tenían antes de tu partida. Los escuchas, pero ninguno de ellos te causa un impacto real. Es como si tu corazón estuviese encapsulado en un espacio de paz, de manera que ahora esas voces parecen muy lejanas.

En este estado, podrías exclamar: «¡Ah, la presencia! ¡Qué lugar tan hermoso!». Sin embargo, a algunas personas, incluso la posibilidad de perder el contexto de su existencia puede asustarlas hasta la médula, lo que puede hacer que se alejen de la Verdad pensando que esto no es para ellas y que ya no sabrían muy bien dónde iban a encajar. Pero esto no es más que la voz de la mente egoica tratando de perturbarlas.

Cuando regresas a tu Ser y tu atención permanece centrada en la consciencia de tu verdadero Ser, comienzas a experimentar la vida con mucho más desapego y te tomas las cosas de una manera mucho menos personal. Lo que la gente dice o piensa ya no te importa tanto ni te afecta tan profundamente. Escuchas a los demás, pero ya no los escuchas con la mente; descubres que el escuchar simplemente sucede de una forma energética. De vez en cuando, algo parece sobresalir sobre el resto y surge una respuesta de manera natural y espontánea. No se trata de un estado que tú cultives, sino que más bien este poder espontáneo se manifiesta a sí mismo cuando eres la presencia.

Todos los seres son felices en este estado. Sin embargo, algunos seres excepcionales y poco comunes desean ir incluso más allá de la presencia «yo soy». ¿Por qué motivo querría alguien ir más allá de un estado tan hermoso y armonioso? Pues porque, al nivel más profundo, incluso el estado de presencia tampoco es quien tú eres. La presencia es lo que la fragancia es a la flor. Cuando estás en una posición en la que puedes atestiguar el sentido de presencia, este también es visto como fenoménico, y entonces te sumerges en lo inefable –en lo Absoluto–. Te has convertido en la flor, pero, paradójicamente, en una flor que nadie puede encontrar.

En esto no hay ningún sentido de propiedad o de autoría. Estás en tu estado más puro. No luchas con la vida. No estás limitado por una raza o una religión –este tipo de cosas no te afectan lo más mínimo.

La luna que sale por el horizonte, los movimientos de los planetas, las estaciones que pasan y la manera en la que se comporta la gente..., nada de eso te afecta. Pero no estás en otro planeta; estás justo aquí.

Puede que te llamen un verdadero ser humano, pero a ti no te importa si los demás lo ven o no. No te preocupas por determinar qué vas a hacer. No tienes ninguna necesidad de especular sobre el futuro, ni tampoco estás obsesionado con el pasado. Noche y día dejan de ser conceptos sólidos para ti. De hecho, todos los conceptos, incluso los más elevados, tienen tan solo un impacto muy limitado sobre ti.

La mente aún puede seguir siendo utilizada para todo, incluso para las cosas más ordinarias. Sigue estando aquí, pero ya no la obedeces ciegamente, ya no la veneras –y ya no puede operar basándose en papel que tenía antes–. Ahora está al servicio del Supremo y actúa solo para bien.

Todo esto es tu reino. Todo esto eres tú. Una vez que te has establecido plenamente en tu propio ver, todo es «yo soy», tanto el aspecto temporal como la permanencia que nadie puede ver.

Podemos hablar mucho sobre esta transición que va de la persona a la presencia, pero no es necesario decir mucho sobre el cambio que va de la presencia al Absoluto, pues ningún esfuerzo puede alcanzarlo. Se te dirá tan solo lo suficiente para que entiendas que siempre estás en el lugar adecuado para reconocer el verdadero sentido de Ser.

Al llegar al conocimiento de esta Verdad, cuando vas pasando de la persona a la presencia y, finalmente, al Absoluto, no hay ninguna puerta que se vaya cerrando tras de ti a medida que vas dejando atrás cada etapa. En lugar de eso, ahora conoces la totalidad. Es un poco como cuando de niño tuviste que hacer un gran esfuerzo para aprenderte el abecedario. Después llegó un momento en el que ya podías escribir con fluidez y no tuviste que volver la vista atrás pensando: «¡Todo esto de aprenderse las letras es una tontería!». No, todo sigue ahí, todo ese conocimiento sigue siendo relevante cuando lees o cuando escribes. Tú sabes el alfabeto y se lo puedes enseñar a tus hijos, pero tú mismo ya no tienes ninguna necesidad de estudiarlo.

Del mismo modo, mientras la Verdad florece en tu corazón y te ves arrastrado por olas de iluminación, reconocerás las distintas etapas y también la belleza de la totalidad, y seguirás por la vida con esa comprensión.

Lo que Es ya está aquí, pero el cambio de enfoque inherente en el cambio de poder de persona a presencia es tremendo. Actualmente estamos centrados en los objetos de la mente –lo que percibimos en el mundo externo (lo que tenemos «enfrente» de los ojos) y en el mundo interno (lo que tenemos «detrás» de los ojos: pensamientos, emociones, sentimientos, sensaciones, recuerdos, deseos, proyecciones, juicios y la imagen que tenemos de nosotros mismos)–. Cuando creemos que todo esto es real, se trastorna el estado de paz propio del ser, por lo que hay que deshacerse de tales creencias. No obstante, seguirás siendo perfectamente capaz de relacionarte con los demás a ese nivel. Un ser que ha despertado no es un tonto. Un ser que ha entrado en el ámbito de lo Absoluto no está muerto; está intensamente vivo y despierto. Ha despertado del estado de vigilia.

TAN SOLO SENTADO

En mi ciudad natal, había un hermoso árbol con hojas negras que estaba situado justo en el centro de la ciudad. Nunca he vuelto a ver en ningún otro sitio hojas tan negras como esas. Un buen día pasé caminando cerca de él y me apeteció sentarme. Unos diez minutos más tarde un amigo mío pasó por ahí:

—¡Ey, qué alegría verte! Qué, ahí sentado viendo pasar el mundo, ¿no?

—No, tan solo estoy sentado –le contesté yo.

—Ah, sí, inmerso en tus pensamientos, ¿eh?

—No, solo estoy aquí sentado.

—Ah, bien. Entonces estás contemplando la existencia y esas cosas, ¿verdad?

—No, simplemente estoy sentado –volví a repetirle.

—Ah, ¿esperando a tus amigos?

—No, tan solo sentado.

—Oh, ya veo; quieres que te deje en paz...

A lo que yo volví a responderle:

—No, tan solo estoy aquí sentado.

¿Cómo puedes explicar tu Ser, cuando no sabes nada salvo que simplemente estás aquí, inmerso en este sentido de presencia? A veces la paz es tan inmensa que no puedes ni moverte, no puedes caminar, y hasta abrir los párpados te parece un gran esfuerzo. Si estás en compañía de gente que cree conocerte, de forma natural querrán saber qué es lo que te está ocurriendo: «¿Por qué estás así? ¡No tienes buen aspecto!». En tu interior estás completamente vacío, y sin embargo estás lleno de paz y de dicha. Aun así, los demás no pueden verlo y puede que incluso se preocupen por ti: «¿Hay algo que pueda hacer por ti?».

En una situación así puede que les digas: «Estoy bien. De hecho, estoy muy bien». Pero la gente que te rodea sigue sin creerte. ¿Cómo es posible explicar estas cosas? Es mejor no intentarlo siquiera. Limítate a quedarte quieto y en calma y a sumergirte en la plenitud de este descubrimiento. Sé consciente, verifica y confirma por ti mismo que incluso estos estados de dicha aparecen en el seno de un espacio mucho más vasto e inmenso, el espacio de la consciencia pura.

Si te encuentras en este espacio abierto del Ser, puede que te des cuenta de todos esos efectos especiales, pero sabrás que tras las apariencias está el Ser inmutable.

El Ser no pertenece a ningún marco temporal.
Hasta soñando experimenta una sensación
de alegría interna.

No tiene historia; no la necesita.
No hace planes, no proclama:
«La semana que viene voy a hacer esto y lo otro».
Es perfecto, y la perfección no necesita ningún futuro.
Simplemente continúa manifestando milagros sin fin.
Está bien si a veces te sientes abrumado por este gozo,
si te detienes a sentarte un rato o si necesitas
apoyarte en un árbol de lo rebosante de dicha que estás.
No hay ningún problema en que la gente te pregunte
si estás bien.
¿Qué puedes hacer? ¿Qué puedes decir?
Tan solo permanece tal y como eres.

Date a ti mismo algo de tiempo para madurar en tu sabiduría, para profundizar en tu comprensión. Sé firme en tu convicción hasta que ya ni siquiera necesites tener ninguna convicción. Entonces podrás ir a cualquier parte y hacer cualquier cosa sin que nada de ello deje huella alguna en la consciencia.

ERES UN RECIÉN NACIDO PARA TI MISMO, ASÍ QUE DATE UN MOMENTO PARA DESCANSAR EN EL REGAZO DE DIOS.

Eres un recién nacido para ti mismo, así que date un momento para descansar en el regazo de Dios y contemplar tu Ser. Sumérgete en tu propia consciencia. Estate con Eso como Eso.

Este es uno de los momentos más dulces que vas a tener,
así que ¡no lo desperdicies!
Sin tocar nada, sin ir a ninguna parte.
Quiero que saborees plenamente esa inmensidad del Ser,
ese silencio interminable, esa alegría inextinguible.

No tengas prisa. Ahora es el momento de quedarte quieto. Vete a casa, métete en el saco de dormir, cierra la cremallera hasta arriba y no salgas hasta que sea el saco de dormir el que te saque de una patada. Tan solo sumérgete en el Ser, imprégnate de él. No necesitas aprender nada más. No necesitas más experiencias, más conocimientos. Lo que necesitas no es *más*. Eso tan solo es útil para quien está viajando, para quien va a algún sitio. Pero tú no vas a ningún sitio; tú estás siempre aquí, atemporalmente presente.

Tan solo sumérgete en el océano del Ser.
Permanece con esto.

Usa esta vida de manera inteligente.
Sé tú mismo –tu Ser– completamente.
Entonces tu amor podrá abarcar al mundo entero,
no tan solo a tus familiares y a tus amigos.
Ya no escogerás, ya no elegirás,
ni tampoco juzgarás.

La Verdad ya está dentro de ti.
La personalidad no es más que una máscara.
Tan solo el Ser es real.

Que las semillas de la comprensión pura
florezcan con todo su esplendor en tu Ser.
Así sea.

Om shanti shanti shanti

GLOSARIO

Advaita: no-dual, no dos; todo es parte de una consciencia no-dual y todo está hecho de dicha consciencia. No hay nada que quede fuera de esta unidad. El término *advaita* también hace referencia al camino de las enseñanzas no-duales.

Bhakti: el amor que el buscador espiritual de la Verdad siente hacia su gurú o hacia Dios. La actitud espiritual de servicio hacia el gurú o hacia Dios que nos ayuda a purificar la mente. El camino de la devoción y de la entrega, al que también se conoce como *bhakti yoga*.

Brahman: el Ser Supremo, el Absoluto; la realidad última y no fenoménica que subyace e impregna todo fenómeno.

Chakras: centros de energía de la fuerza vital en el cuerpo.

Corazón: no se refiere al corazón físico o al centro emocional, sino que se usa como sinónimo del Ser Supremo.

Dualidad: el juego de los opuestos interrelacionados (por ejemplo: tú y yo, placer y dolor). Sin ella no puede darse ninguna experiencia. El mundo de los nombres y de las formas en el que nos tomamos a nosotros mismos por entidades individuales en un mundo poblado por otras entidades individuales.

Gurú: literalmente, el que disipa la oscuridad y el ego; un maestro o guía espiritual iluminado que nos ayuda a profundizar en nuestro interior y a realizar el verdadero Ser.

Jnana: el camino del conocimiento, de la sabiduría y de la autoindagación en el que se usa primordialmente el poder de discernimiento de la consciencia (es decir, la mente-corazón) para alcanzar la realización del Ser (la autorrealización).

Karma: la ley de causa y efecto; la acción. Como camino espiritual para alcanzar la realización del Ser se conoce también como *karma yoga*, el cual pone el énfasis en la acción desinteresada como medio para trascender al autor personal o ego.

Maya: la ilusión divina, el sueño divino de la dualidad en el universo fenoménico.

Sadhana: práctica espiritual cuyo objetivo es trascender el ego, como puede ser la autoindagación, la meditación, el recitar mantras, el *bhakti yoga* o el *jnana yoga*.

Sangha: una comunidad de seres que, siguiendo la llamada de la voz interna hacia el descubrimiento del Ser, se ven atraídos hacia un maestro espiritual determinado, el cual puede guiarlos para lograr la realización de la Verdad.

Satsang: asociación con la Verdad más elevada. Este término también se refiere a los encuentros en los que los buscadores pueden hacer preguntas y recibir orientación de un guía o un maestro.

Sri H. W. L. Poonja o Papaji (1910-1997): el maestro de Mooji y discípulo directo de Sri Ramana Maharshi. Aunque es considerado como maestro *advaita*, no está circunscrito a ninguna tradición en particular. Sus enseñanzas hacen hincapié en el hecho de que las palabras tan solo pueden apuntar a la Verdad última, pero nunca son en sí mismas la Verdad última; uno tiene que realizar directamente la Verdad por sí mismo mediante la propia investigación, en lugar de basarse en la comprensión intelectual.

Sri Nisargadatta Maharaj (1897-1981): un sabio liberado perteneciente al camino no-dual del *jnana*, conocido por la pasión de su sabiduría, por su comportamiento feroz y por su forma despiadada e inflexible de apuntar más allá de la consciencia «yo soy» para llegar directamente al Absoluto.

Sri Ramakrishna Paramahamsa (1836-1886): un gran santo hindú y devoto de la Divina Madre Kali, así como un sabio plenamente liberado perteneciente al camino del *jnana*. En su indefinible devoción a Dios, llevó a cabo las prácticas de todas las religiones del mundo y confirmó a partir de su propia experiencia directa que todas las religiones conducen a la realización del mismo Ser-Dios.

Sri Ramana Maharshi (1879-1950): un sabio ampliamente conocido por el poder de su autorrealización, la cual comunicaba principalmente a través del silencio, así como mediante su devoción y su unión con la montaña sagrada de Arunachala, en el sur de la India. Sri Ramana recomienda la autoindagación como herramienta certera para erradicar el persistente hábito de identificarnos con el ego. Papaji, el maestro de Mooji, era discípulo directo de Sri Ramana.

Vasanas: las tendencias habituales profundamente arraigadas que pertenecen a la identidad personal y que la refuerzan. Llevan asociadas una fuerte carga emocional.

Yogini: la fuerza sagrada femenina encarnada; las diosas de la mitología hindú, así como la mujer que se ha iluminado y que, poseyendo una profunda comprensión del Ser, dispone también de poderes espirituales.

Zen: doctrina que pone el énfasis en la comprensión de la naturaleza de Buda y que enseña que el potencial para alcanzar el despertar es inherente en todas las personas. Uno despierta no mediante el estudio, los ritos o las ceremonias, sino rompiendo los límites del pensamiento lógico mundano.

AGRADECIMIENTOS

Infinito amor y gratitud a nuestro maestro, Mooji Baba, por su inagotable amor, apoyo, sabiduría y guía, no solo en lo referente a la elaboración de este libro, sino también por mostrarnos que nuestra verdadera naturaleza es la Consciencia atemporal, el Ser ilimitado.

Nos sentimos profundamente bendecidos y honrados de poder participar en la difusión de las enseñanzas de nuestro amado maestro y estamos profundamente agradecidos por la oportunidad de poder así ser de utilidad. Nos gustaría extender nuestro agradecimiento al *sangha* de Mooji y a todos los que, de forma visible o invisible, han apoyado este proyecto. Vuestra presencia y vuestro servicio desinteresado son la evidencia misma de la Verdad a la que Mooji apunta.

En realidad, *Inmenso como el Cielo, Infinito como el Espacio* comenzó a gestarse en las manos de los transcriptores, quienes dedicaron muchas horas a mecanografiar las grabaciones de audio palabra por palabra: Tania Gerich, Bill Spain, Clara Carney, Dominic Waithe, Jennifer Baquero, Kristina Hart,

Lucinda Warner, Natalie Little Crow, Gayatri, Mantra, Niraja Mu, Shanti y Sumantra. Una vez que Abe Gutmann terminó de compilar los manuscritos extraídos de las transcripciones de *satsang* en colaboración con Mooji, muchas otras personas se unieron al proyecto para conseguir que este libro viese la luz. Sumantra, Zenji, Gayatri y Jayani –con su inestimable apoyo– formaron el equipo editorial que se ocupó del libro en Mooji Media Publications. Muchas gracias también a todos aquellos que aportaron sus comentarios y sugerencias durante las etapas finales: Nihal, Cyrus Irani, Laura María Palau, Mukti y Sue McCormick. Un agradecimiento especial a Amrita, que tomó la impresionante foto de la portada, y a Sivaganga, quien preparó los distintos elementos de la portada y las imágenes del libro junto con Mooji y el equipo de diseño de Sounds True.*

En Sounds True tuvimos el placer de poder trabajar con los equipos de edición, de diseño y de producción, compuestos por Jennifer Brown, Jade Lascelles, Jennifer Miles, Beth Skelley y Haven Iverson. Su talentosa editora externa, Joelle Hann, de Nueva York, se unió al equipo justo después de haberse inscrito para participar en un retiro de silencio con Mooji en Monte Sahaja en agosto de 2015. Ahí tuvimos la oportunidad de conocerla en persona antes de comenzar con esta parte vital de nuestra colaboración. ¡Una hermosa sincronía!

Finalmente, queremos dar las gracias a todos los lectores, cuyo amor por Mooji y por sus enseñanzas han hecho que este libro fuese necesario y posible. Que vuestras vidas sean la evidencia de la Verdad.

OM SHANTI

* Se refiere a la edición americana de esta obra, editada por Sounds True.

SOBRE MOOJI

El maestro zen *advaita* Mooji no se parece a ningún otro que puedas conocer. Desde el primer encuentro, su presencia obliga a la gente a cuestionarse su propia naturaleza y su mismísima existencia. Su indefinible presencia conmueve profundamente a personas provenientes de ámbitos muy diversos; inspira en ellas un natural sentido de la felicidad y de la paz a medida que comienzan a descubrir quién o qué son realmente.

Mooji (Anthony Paul Moo-Young) nació en Jamaica el 29 de enero de 1954. Siendo adolescente se trasladó a Brixton, en Londres, donde más tarde trabajó como artista callejero pintando retratos y, posteriormente, como profesor de arte en un instituto local. En 1987 un encuentro con un místico cristiano inspiró a Mooji a «salirse de su vida» –una expresión que él mismo suele utilizar para dar a entender la profundidad de ese encuentro–. En 1993 viajó a la India, donde, aparentemente por casualidad, conoció a su Maestro, Sri H. W. L. Poonja, o Papaji, como le llaman cariñosamente sus seguidores. A los pies de Papaji, los restos que aún pudieran quedar de un ego activo en Mooji fueron finalmente arrancados. Después de eso permaneció durante varios años solo y completamente inmerso en su Ser más íntimo –el Ser-Dios.

Algunos años más tarde, al reconocer la luz y el resplandor que brotaban de él, la gente comenzó a acercarse y a sentarse simplemente en silencio en su presencia. Pero llegó un momento en el que los buscadores comenzaron a hacerle preguntas sobre la naturaleza de la consciencia y sobre el Ser. Fue como si estas preguntas estallasen en su interior, lo cual le obligó a recogerse en sus oraciones: «Padre, has sido tú el que ha traído a toda esta gente aquí. Ahora deberías ser tú mismo el que les dé las respuestas». Poco tiempo después, la fuerza para guiar a estos buscadores brotó en el corazón de Mooji de forma espontánea. Era capaz de encontrar dentro del Ser las respuestas a sus preguntas –no en palabras, sino en espíritu–. Sus orientaciones simplemente se manifestaban a partir de este vacío, de esta vacuidad, y así sigue siendo hasta la fecha.

La presencia de Mooji irradia una entrañable compasión y una devoción amorosa, y comparte su unidad con la Verdad de una forma muy potente y efectiva a través de la autoindagación –esa luz implacable de la sabiduría no-dual que disipa las ilusiones y el sufrimiento que con tanta frecuencia aparecen en la experiencia humana–. Todo el que se acerca a Mooji con un deseo genuino por la comprensión pura –la libertad– se ve atraído por la profundidad de su amor incondicional y por el poder de sus indicaciones hacia el reconocimiento del Ser infinito que ya somos.

Mooji reside actualmente en Monte Sahaja, un *ashram* y un centro de retiro ubicado en Portugal. Sigue ofreciendo *satsang* por todo el mundo con todos aquellos que se ven atraídos por su luz y que anhelan descubrir su verdadera naturaleza.

MÁS INFORMACIÓN

Para saber más sobre el trabajo de Mooji y su programa de actividades, puedes visitar Mooji.org.

Para obtener más información sobre el resto de los libros de Mooji –*The Mala of God* (*El mala de Dios*), *White Fire* (*Fuego blanco*), *Before I Am* (*Antes de yo soy*), *Breath of the Absolute* (*El latido de lo absoluto*) y *Writing on Water* (*Escribiendo sobre agua*) y para acceder a las grabaciones de los *satsangs* en formato de audio y de vídeo, puedes visitar Mooji.org/shop.

Para acceder a las grabaciones *online* de los *satsangs* en audio y en vídeo, puedes visitar Mooji.tv.

Mooji también está en Facebook –Facebook.com/moojiji– y en YouTube –Youtube.com/moojiji.

ÍNDICE